Studien- und Übungsbücher der Wirtschafts- und Sozialwissenschaften

Herausgegeben von
Dr. Heiko Burchert
und
Privatdozent
Dr. Thomas Hering

Bisher erschienene Werke:

Burchert · Hering, Betriebliche Finanzwirtschaft
Burchert · Hering · Rollberg, Produktionswirtschaft
Guba · Ostheimer, PC-Praktikum
Keuper, Finanzmanagement

Finanz-
management

Aufgaben und Lösungen

Von

Dr. Frank Keuper

R. Oldenbourg Verlag München Wien

Die Deutsche Bibliothek - CIP-Einheitsaufnahme

Keuper, Frank:
Finanzmanagement : Aufgaben und Lösungen / von Frank Keuper. - München
; Wien : Oldenbourg, 2000
(Studien- und Übungsbücher der Wirtschafts- und
Sozialwissenschaften)
ISBN 3-486-25437-5

Rosenheimer Straße 145, D-81671 München
Telefon: (089) 45051-0, Internet: http://www.oldenbourg.de

Gedruckt auf säure- und chlorfreiem Papier
Gesamtherstellung: WB-Druck, Rieden

ISBN 3-486-25437-5

Vorwort

Die vorliegenden ausgewählten Fallstudien versuchen einen Einblick in die vielfältigen Planungs-, Bewertungs- und Entscheidungsproblematiken des Finanzmanagements bzw. der Betrieblichen Finanzierung zu ermöglichen. Ziel der Fallstudiensammlung ist es, geeignete Übungsaufgaben und Lösungen zum Selbststudium und zu Lehrzwecken an wissenschaftlichen Hochschulen bereitzustellen. Der Schwerpunkt des Buches liegt dabei auf der Wertpapieranalyse und dem Wertpapiermanagement. Herzlich danken möchte ich an dieser Stelle Frau Heike Heijnk M.A. und Frau Dipl.-Hdl. Meike Plehn, die mit Sorgfalt die Korrektur des Manuskripts übernommen haben.

Großen Dank schulde ich der Künstlerin Bettine Rosenberger, die ich – dem guten Sinne dieser Lehrbuchsammlung folgend – bat, eigens für dieses Fallstudienbuch die „Fima-Bande“ und weitere Illustrationen zu schaffen.

FRANK KEUPER

Inhaltsverzeichnis

Abbildungsverzeichnis

Tabellenverzeichnis

Abkürzungsverzeichnis

bzw.	beziehungsweise
d.h.	das heißt
ff.	und die folgenden Seiten
FIBOR	Frankfurt Interbank Offered Rate
i.a.	im allgemeinen
i.d.R.	in der Regel
LIBOR	London Interbank Offered Rate
RLZ	Restlaufzeit
S.	Seite
u.U.	unter Umständen
WSV	Wandelschuldverschreibung
ZBAF	Zerobondabzinsungsfaktor

Symbolverzeichnis

A	Aktienkurs
a	Zeit in Jahren, die seit der letzten Kuponzahlung verstrichen ist ($a = g - n$)
α	α-Niveau mit $\alpha \in [0, 1]$
A_{ud2}	Aktienkurs in Periode zwei als Ergebnis einer Aufwertung des Aktienkurses in $t = 0$ mit dem Aufwertungsfaktor u und anschließender Abwertung des aufgewerteten Aktienkurses mit dem Abwertungsfaktor d
AS_t^{EK}	Ausschüttungen an die Eigenkapitalgeber zum Zeitpunkt t
AS_t^{GK}	Ausschüttungen an die „Gesamtkapitalgeber" zum Zeitpunkt t
B	Bezugs- bzw. Basiskurs
$b_i^{ex\ post}$	Ex-post Schätzwert für den Beta-Faktor des Wertpapiers i
b_{APFo}	Sensitivität der Rendite des Arbitrageportfolios in bezug auf Faktor o im Rahmen der Arbitrage Pricing Theory
b_{io}	Sensitivität der Rendite des Wertpapiers i in bezug auf Faktor o im Rahmen der Arbitrage Pricing Theory
β_i	systematisches Risiko des Wertpapiers i
$\beta_U^{V\tau}$	systematisches Risiko eines verschuldeten V Unternehmens U unter Berücksichtigung ertragsabhängiger Steuern $\tau = s_{ESt}$
BD	Bardividende
bd	Bardividendenrendite
BS	Basisbetrag beim Swapgeschäft
BW	Börsenwert
C	Callpreis
$\bar{c}$	Cap Rate
C_d	mit dem Abwertungsfaktor d abgewerteter Callpreis C
C_u	mit dem Aufwertungsfaktor u aufgewerteter Callpreis C

Cl	Caplet
Cl_k	Preis des k-ten Caplet eines Cap
Co	Konvexität
COV	Kovarianz
D	Duration
d	Abwertungsfaktor im Binomialmodell
d_{cp}	Diskontierungsfaktor bei Commercial Paper
D_{PF}	Duration eines Portfolios
D_{uj}	unterjährige Duration ($D \cdot m^{-1}$)
e	EULERsche Zahl
ε_{APF}	unsystematische Störgröße, die auf das Arbitrageportfolio einwirkt
ε_i	unsystematische Störgröße, die auf das Wertpapier i einwirkt
$E(A_t)$	erwartete Auszahlung zum Zeitpunkt t
$E(E_t)$	erwartete Einzahlung zum Zeitpunkt t
EK^M	Marktwert des Eigenkapitals
EK_v^M	Marktwert des Eigenkapitals vor Durchführung einer Finanztransaktion
$EK_v^M(\varphi)$	Marktwert des Eigenkapitals vor Durchführung, aber nach Ankündigung einer Finanztransaktion
EK_{Mehr}	Eigenkapital der Mehrheitsgesellschafter
EK_{Min}	Eigenkapital der Minderheitsgesellschafter
EK_O	Eigenkapital der Obergesellschaft
$EK_{T\,Min}$	Eigenkapital der Minderheitsgesellschafter der Tochtergesellschaft T
$E(KP_t, U)$	erwartetes Kapital KP des Unternehmens U am Ende der Periode t
$E(r_{APF})$	erwartete Rendite des Arbitrageportfolios
$E(r_i)$	Erwartungswert der Rendite des Wertpapiers i
$E(r_{iz})$	erwartete Wertpapierrendite des Wertpapiers i bei Eintritt des Zustands z

$E(\bar{r}_{iz})$	durchschnittliche erwartete Rendite des Wertpapiers i auf Basis unterschiedlicher Zustände z
$E(r_M)$	erwartete Rendite des Marktportfolios
$E(r_{PF})$	Erwartungswert der Rendite eines Portfolios
$E(r_{PF_{max}})$	Renditeerwartungswert des Renditemaximumportfolios
$E(r_{PF_{min}})$	Renditeerwartungswert des Minimumvarianzportfolios
$E(r_{PF_o})$	Renditeerwartungswert des Mimicking Portfolio, das den Faktor o dupliziert
$E(r_U)$	erwartete Rendite des Unternehmens U
$E(Z_t)$	Erwartungswert der Einzahlungsüberschüsse zum Zeitpunkt t
EW_0	Erwartungswert zum Zeitpunkt 0
F	Anlagebetrag im Binomialmodell
$\bar{f}$	Floor Rate
ζ	Anzahl der systematischen Risikokomponenten
F_o	Risikofaktor o mit dem Erwartungswert null
F_{Kauf}	Aufzinsungsfaktor für den Kauf eines Zerobonds
F_o	Risikofaktor o mit dem Erwartungswert null im Rahmen der Arbitrage Pricing Theory
$F_{Verkauf}$	Aufzinsungsfaktor für den Verkauf eines Zerobonds
FK^M	Marktwert des Fremdkapitals
$FK_v^M(\varphi)$	Marktwert des Fremdkapitals vor Durchführung, aber nach Ankündigung einer Finanztransaktion
FK_O	Fremdkapital der Obergesellschaft
Fl	Floorlet
G	Bruttogewinn
g	kleinste ganze Zahl
γ	Kompensationsparameter des Gamma-Operators mit $\gamma \in [0, 1]$
G_N	Nettogewinn
g_{uj}	kleinste ganze Zahl bei unterjähriger Betrachtung
GK^M	Marktwert des Gesamtkapitals

$GK_v^M(\varphi)$	Marktwert des Gesamtkapitals vor Durchführung, aber nach Ankündigung einer Finanztransaktion
H	Nutzen
φ	Betrag der Eigenkapitalerhöhung bzw. -verringerung
$i^{1,2}$	Zinssatz für eine einjährige bzw. eine zweijährige Kapitalanlage- oder Kapitalaufnahmemöglichkeit
$i^{i}{}_{min}$	Zinsminimum eines vollständig immunisierten Portefeuilles
$i^{ti}{}_{min}$	Zinsminimum eines teilimmunisierten Portefeuilles
$i^{ti}{}_{krit,l}$	linker kritischer Zinssatz eines teilimmunisierten Portefeuilles
$i^{ti}{}_{krit,r}$	rechter kritischer Zinssatz eines teilimmunisierten Portefeuilles
i_A	Zinssatz des Anlageobjektes A
i_F	risikoloser Kapitalanlage- und Kapitalaufnahmezinssatz
$i_{FRt-1,t}$	Forward-Rate für den Zeitraum t – 1 bis t
i_{Ft}	risikoloser Kapitalanlage- und Kapitalaufnahmezinssatz zum Zeitpunkt t
i_{SM}	Sekundärmarktrendite
i_{Rt}	Referenzzins zum Zeitpunkt t
i_{SRt}	Spot Rate der Periode t
i_{MZ}	Marktzins
$i_{Null,t}$	Zinssatz der Periode t auf Basis einer Nullkuponstruktur-kurve
i_{nom}	Nominalverzinsung
$i_F(n_k)$	risikoloser Zins für die Laufzeit des Caplet k bzw. des Floorlet k
K^e	Emissionskurs
K_t^O	Kurs des Optionsrechtes einer Optionsanleihe
K_t^{Obl}	Kurs einer Obligation zum Zeitpunkt t
K_t^{Um}	Kurs der Umtauschkomponente einer Wandelschuld-verschreibung

K_{tU}^{V}	Kurs des verschuldeten (V) Unternehmens U zum Zeitpunkt t
K_{t}^{W}	Kurs einer Wandelschuldverschreibung zum Zeitpunkt t
K_t	Kurs zum Zeitpunkt t
$K_{Tilg.}$	Tilgungskurs
KD	Kreditbetrag im Binomialmodell
KU_O	Kapitalumschlag der Obergesellschaft
KU_T	Kapitalumschlag der Tochtergesellschaft
k_{ij}	Korrelationskoeffizient, der den linearen Zusammenhang zwischen der Renditeentwicklung des Wertpapiers i und der Renditeentwicklung des Wertpapiers j darstellt
k_{iM}	Korrelationskoeffizient, der den linearen Zusammenhang zwischen der Renditeentwicklung des Wertpapiers i und der Renditeentwicklung des Marktportfolios M darstellt
$k_{i_F M}$	Korrelationskoeffizient der Renditeerwartung der risikolosen Anlagemöglichkeit und des Marktportfolios
λ_A	Anteil des Wertpapiers A an einem Portfolio
m	Anzahl der Zinszahlungen pro Jahr
$\widetilde{M}$	unscharfe Menge
$\mu_{\widetilde{M}}(x)$	unscharfe Zugehörigkeitsfunktion der Menge M
MD	Modified Duration
N	Nominalbetrag der Cap- bzw. Floorvereinbarung
n	Laufzeit
η	faktorbezogene Risikoprämie
n_{Kauf}^{g}	ganze Jahre, die zwischen Emission und Kaufzeitpunkt liegen
$n_{Verkauf}^{g}$	ganze Jahre, die zwischen Emission und Verkaufszeitpunkt liegen
n_k	Laufzeit des k-ten Caplet bzw. des k-ten Floorlet
$N(d_1)$	Flächeninhalt unter der Standardnormalverteilungsdichtefunktion von $-\infty$ bis d_1

OO_t^M	Marktwert des Optionsrechtes einer Optionsanleihe zum Zeitpunkt t
P	Wert des Put
p	Wahrscheinlichkeit dafür, daß der Call/Put um das u-fache aufgewertet wird
P_d	mit dem Abwertungsfaktor d abgewerteter Putpreis P
P_u	mit dem Aufwertungsfaktor u aufgewerteter Putpreis P
PE	Periodenerfolg
PS_t^*	Wahrscheinlichkeit dafür, daß die Zahlung aus einem Swapgeschäft vereinbarungsgemäß zum Zeitpunkt t erfolgt
PS(A)	Wahrscheinlichkeit dafür, daß die Zahlung von Swap-Partner A ausfällt
PS(A*)	Wahrscheinlichkeit dafür, daß die Zahlung von Swap-Partner A nicht ausfällt
PV	Present Value
PV_{FR}	Present Value auf Basis von Forward-Rates
PV_{SR}	Present Value auf Basis von Spot Rates
PV_{Kb}	Present Value einer Kombizinsanleihe
PV_Z	Present Value eines Zerobonds Z
PV_{ZBAF}	Present Value auf Basis von Zerobondabzinsungsfaktoren
$PV(s_M^-)$	Present Value des Swaps aus Sicht des Marktes für den Festzinszahler
$PV(s_M^+)$	Present Value des Swaps aus Sicht des Marktes für den Festzinsempfänger
R_t	Abzinsungsfaktor zur Bestimmung der Swap Rate
r_Z^e	Emissionsrendite eines Zerobonds Z
r^{EK}	Eigenkapitalkostensatz
$r_{CAPM}^{EK_U}$	Eigenkapitalkosten des Unternehmens U nach dem CAPM-Ansatz
$r^{EK}(\varphi)$	Eigenkapitalkostensatz in Abhängigkeit von einer potentiellen Fremdkapitalerhöhung bzw. -verringerung
r^{FK}	Fremdkapitalkostensatz

$r^{FK}(\varphi)$	Fremdkapitalkostensatz in Abhängigkeit von einer potentiellen Eigenkapitalerhöhung bzw. -verringerung
r^{GK}	Gesamtkapitalkostensatz
r_i^s	versteuerte Rendite des Wertpapiers i
r_M^s	versteuerte Rendite des Marktportfolios M
r_{APF}	Rendite des Arbitrageportfolios
r_Z	Rendite eines Zerobonds Z
RBF_{ni}	Rentenbarwertfaktor auf Basis des Zinssatzes i über die Laufzeit n
RW_n	Restwert des Unternehmens am Planungshorizont n
SC	obere Schranke für die Störterme ε_i
SW	Substanzwert
s	Swap Rate
σ	Standardabweichung
σ_M^2	Varianz der Rendite des Marktportfolios M
s^L, s^R	linke bzw. rechte Spreizung einer LR-Fuzzy-Größe
s_{ESt}	ertragsabhängiger Steuersatz
σ_i	Standardabweichung der Rendite des Wertpapiers i
σ_{iM}	Kovarianz zwischen der erwarteten Rendite des Wertpapiers i und der erwarteten Rendite des Marktportfolios M
s_K	Köperschaftsteuersatz
σ_M	Standardabweichung der Rendite des Marktportfolios M
σ_{PF}	Standardabweichung eines Portfolios
$\sigma_{PF_{max}}$	Standardabweichung des Renditemaximumportfolios
$\sigma_{PF_{min}}$	Standardabweichung des Minimumvarianzportfolios
$\hat{T}$	Betrachtungszeitpunkt im Rahmen der immunisierten bzw. teilimmunisierten Portefeuilleplanung
T_{Kauf}	Anzahl der Tage eines angebrochenen Jahres zwischen Emission und Kauf eines Zerobonds
$T_{Verkauf}$	Anzahl der Tage eines angebrochenen Jahres zwischen Emission und Verkauf eines Zerobonds
TB	Tilgungsbetrag

u	Aufwertungsfaktor im Binomialmodell
V_K	Endwert einer Kuponanleihe K
v^L, v^R	linker bzw. rechter Eckwert des Gipfelintervalls eines LR-Fuzzy-Intervalls auf dem Niveau $\alpha = 1$
v^U, v^O	unterer (linker) bzw. oberer (rechter) Eckwert des Grundintervalls einer LR-Fuzzy-Größe auf dem Niveau $\alpha = 0$
$V_t(i_{MZ})$	Endvermögen zum Zeitpunkt t in Abhängigkeit vom Marktzins i_{MZ}
V_Z	Endwert eines Zerobonds Z
VC	Variationskoeffizient
VG	Verschuldungsgrad
VG_{krit}	kritischer Verschuldungsgrad
VG_{opt}	optimaler Verschuldungsgrad
$VG(r_{min}^{Gk})$	Verschuldungsgrad, bei dem die Gesamtkapitalkostenfunktion ihr Minimum aufweist
$VT_{ZBAF(t,n)}$	Vektor eines Zerobondabzinsungsfaktors, der für den Zeitraum t bis n gilt
$V_n(i^{ti}{}_{min})$	Minimumendvermögen bei Teilimmunisierung
w	Umtauschverhältnis
w_{iz}	Wahrscheinlichkeit dafür, daß der Zustand (die Rendite) z für Wertpapier i eintritt
WP	Wertpapier
WSV^M	Marktwert der Wandelschuldverschreibung
Y	Einkommen
ψ	Mischungsfaktor
Z_t	Zins- und Tilgungszahlung im Zeitpunkt t bzw. Differenz zwischen Ein- und Auszahlungen
$ZBAF_t$	Zerobondabzinsungsfaktor der Periode t
$ZBAF_{t,n}$	Zerobondabzinsungsfaktor, der für den Zeitraum der Periode t bis n gilt
Z_t^K	Zins- und Tilgungszahlung einer Kuponanleihe K im Zeitpunkt t

Z_{FK}	Fremdkapitalzinsen
Z_{uj}	Zinskupon unterjährig ($Z \cdot m^{-1}$)
Zz	Zuzahlung im Rahmen von Wandel- bzw. Optionsschuldverschreibungen

1 Anleihemanagement

„Anleihemarkt“

Bettine Rosenberger 1999

„Geld ist geprägte Freiheit."

FJODOR MICHAILOWITSCH DOSTOJEWSKI

Bewertung von Zerobonds, Kombizins-, Wandel- und Optionsanleihen

Das Anleihemanagement beschäftigt sich mit der Analyse und Bewertung von fest- bzw. variabelverzinslichen Wertpapieren mit dem Ziel, ein an der Zielsetzung des Anlegers ausgerichtetes Portfolio zu bilden.

Aufgabe 1

Erläutern Sie kurz die unterschiedlichen fest- bzw. variabelverzinslichen Anleiheformen.

Aufgabe 2

Was ist unter dem Zinsänderungsrisiko zu verstehen?

Aufgabe 3

Erläutern Sie kurz die charakteristischen Eigenschaften eines Zerobonds. Wie berechnen sich der Present Value PV_Z und die Rendite r_Z eines solchen Wertpapiers?

Aufgabe 4

Gegeben sei folgender Zerobond:

i_{nom}	8 [%]
Emissionskurs K^e	100 [€]
Laufzeit n	2 [Jahre]

Berechnen Sie den Endwert V_Z und die Rendite r_Z des Zerobonds. Wie hoch ist der Kurswert K in t_1, wenn der Marktzins i_{MZ} 4 [%] bzw. 12 [%] beträgt? Vergleichen Sie die Kurswerte mit den von Ihnen berechneten Werten für die nachfolgende Kuponanleihe.

Kuponanleihe:

i_{nom}	8 [%]
K^e	100 [€]
Laufzeit n	2 [Jahre]

Aufgabe 5

Der Zerobond Z wird am 01.01.1990 zu einem Emissionskurs von 36,50 [€] pro 100 [€] Nominalwert emittiert. Die Emissionsrendite r_Z^e beträgt 10 [%]. Das Tilgungsdatum ist der 31.12.1999. Am 01.02.1990 wurden 100 Zerobonds zum Kurs von 37 [€] erworben und am 15.03.1996 zum Kurs von 64 [€] verkauft. Ermitteln Sie den steuerlichen Zinsertrag, und stellen Sie diesen dem tatsächlichen Rückfluß gegenüber. Welches grundlegende Besteuerungsproblem ergibt sich bei der Investition in Zerobonds?

Aufgabe 6

Der Emittent eines Zerobonds wird eine Nullkuponanleihe dann emittieren, wenn er davon ausgeht, daß die Zinsen während der Anleihelaufzeit steigen, und wenn er zudem seine Liquidität nicht durch laufende Zinszahlungen belasten will. Zeigen Sie anhand der nachfolgenden Daten für 100 Zerobonds bzw. Kuponanleihen, daß Zerobonds bei steigenden Zinsen im Verhältnis zu Kuponanleihen für den Emittenten von Vorteil sind, wenn der Emittent die laufenden Zinszahlungen einer Kuponanleihe kurzfristig finanzieren muß.

Zerobond:

Laufzeit n	5 Jahre
i_{nom}	8 [%]
Ausgabekurs	100 [€]

Kuponanleihe:

Laufzeit n	5 Jahre
i_{nom}	8 [%]
Ausgabekurs	100 [€]

t_1	t_2	t_3	t_4	t_5
$i_{MZ} = 8$ [%]	$i_{MZ} = 9$ [%]	$i_{MZ} = 9$ [%]	$i_{MZ} = 9{,}5$ [%]	$i_{MZ} = 10$ [%]

Tab 1: Marktzinsentwicklung für den Vergleich zwischen Zerobonds und Kuponanleihen

Aufgabe 7

Erläutern Sie kurz die charakteristischen Eigenschaften einer Kombizins- bzw. Gleitzinsanleihe. Wie hoch ist das Zinsänderungsrisiko einer solchen Anleihe?

Aufgabe 8

Gegeben sei eine Kombizinsanleihe mit zehnjähriger Laufzeit. Der Kurswert in t = 0 beträgt 100 [€]. Der Marktzins in Höhe von 6 [%] entspricht der effektiven Verzinsung der Anleihe. In den ersten fünf Jahren der Laufzeit werden keine Zinsen gezahlt; statt dessen erfolgt in den darauffolgenden fünf Jahren eine 14[%]ige Verzinsung. Ermitteln Sie den Kursverlauf über die zehn Jahre.

Aufgabe 9

Die Datensituation der Aufgabe 7 gelte weiterhin. Ermitteln Sie den zu versteuernden Zinsertrag unter der Annahme, daß 100 Anleihen ein Jahr und 20 Tage nach der Emission gekauft sowie vier Jahre nach Emission verkauft worden sind, und stellen Sie den zu versteuernden Zinsertrag dem tatsächlichen Rückfluß gegenüber.

Aufgabe 10

Immer noch gelte die Datensituation der Aufgabe 7. Ermitteln Sie den zu versteuernden Zinsertrag unter der Annahme, daß 100 Anleihen vier Jahre nach der Emission gekauft sowie acht Jahre nach Emission verkauft worden sind, und stellen Sie den zu versteuernden Zinsertrag dem tatsächlichen Rückfluß gegenüber.

Aufgabe 11

Wie hoch müßte der Kupon einer Kombizinsanleihe sein, die in den ersten fünf Jahren keine und lediglich in den letzten fünf Jahren der Laufzeit Zinszahlungen erbringt, wenn der Marktzins i_{MZ} für zehnjährige Kuponanleihen 9 [%] beträgt?

Aufgabe 12

Erläutern Sie kurz, was unter einer Wandelschuldverschreibung zu verstehen ist. Woraus setzt sich der Wert einer Wandelschuldverschreibung zusammen? Welche bilanziellen Auswirkungen hat die Emission einer Wandelschuldverschreibung bzw. deren Wandlung? Verdeutlichen Sie dies an einem selbstgewählten Beispiel. Leiten Sie allgemein die Preisuntergrenze der Wandelschuldverschreibung her, und verdeutlichen Sie, inwieweit die BLACK-SCHOLES-Formel zur Ermittlung des Zeitwerts der Optionskomponente herangezogen werden kann.

Aufgabe 13

Zeigen Sie grafisch, wie sich der Wert der Wandelschuldverschreibung bei Variation des Aktienkurses unter Berücksichtigung unterschiedlicher Restlaufzeiten verändert.

Aufgabe 14

Der Kurswert einer zu beziehenden Aktie beträgt 260 [€]. Pro Aktie sind drei Wandelschuldverschreibungen einzutauschen. Während die Zuzahlung bei Wandlung 50 [€] beträgt, beläuft sich der Obligationswert der Wandelschuldverschreibung zum gleichen Zeitpunkt auf 100 [€]. Ermitteln Sie die Preisuntergrenze der Wandelschuldverschreibung. Ab welchem Aktienkurs wird der rechnerische Wert der Wandelschuldverschreibung durch die Umtauschkomponente determiniert?

Aufgabe 15

Gegeben seien folgende Daten zur Berechnung der Marktwerte der Wandlungskomponente, der Wertuntergrenzen sowie der absoluten und relativen Prämien einer Wandelschuldverschreibung:

Kupon	10 [%]
Tilgung	100 [%]
Restlaufzeit n	3 [Jahre]
Sekundärmarktrendite vergleichbarer Anleihen i_{SM}	12 [%]
Risikoloser Zins i_F	5 [%]
Zuzahlung Zz	30 [€/Aktie]
Volatilität der Aktienrendite σ	20 [%]
Umtauschverhältnis w	3 : 1

Während der Restlaufzeit der Anleihe werden keine Dividenden gezahlt. Ex ante betrachtet, können die Aktienkurse 300 [€], 375 [€] oder 450 [€] betragen.

Aufgabe 16

Gehen Sie basierend auf den Daten in Aufgabe 15 nun jedoch davon aus, daß während der Restlaufzeit der Wandelanleihe drei sichere Dividenden jeweils in Höhe von 36 [€] pro Aktie ausgeschüttet werden. Ermitteln Sie zunächst die Marktwerte der Wandlungskomponente und die Marktwerte der Wandelschuldverschreibung mit Hilfe der BLACK-proxy-Vorgehensweise. Bestimmen Sie anschließend die Marktwerte der Wandlungskomponente und die Marktwerte der Wandelschuldverschreibung mit

Hilfe der BLACK-proxy-Vorgehensweise, wenn beim Bezug der Aktie eine Zuzahlung in Höhe von Aufgabe 15 entfällt.

Aufgabe 17

Erläutern Sie, was unter einer Optionsschuldverschreibung zu verstehen ist. Woraus setzt sich der Wert einer Optionsschuldverschreibung mit dem Recht zum Bezug von Aktien zusammen? Welche bilanziellen Auswirkungen hat die Emission einer Optionsschuldverschreibung bzw. das Ausnutzen des Optionsrechtes? Verdeutlichen Sie dies an einem selbstgewählten Beispiel.

Aufgabe 18

Folgende Daten für eine zu emittierende Optionsanleihe sind gegeben:

Kupon	5 [%]
Tilgung	100 [%]
Restlaufzeit n	1 [Jahr]
Sekundärmarktrendite vergleichbarer Anleihen i_{SM}	7 [%]
Risikoloser Zins i_F	4 [%]
Volatilität der Aktienrendite σ	20 [%]
Umtauschverhältnis w	1 : 1
Bezugskurs B	250 [€]
Aktueller Aktienkurs	280 [€]

Berechnen Sie den rechnerischen Wert des Optionsscheins ohne und mit Hilfe der BLACK-SCHOLES-Formel.

Aufgabe 19

Was ist unter einer Verwässerungsschutzklausel zu verstehen?

Lösungen

Aufgabe 1

Grundsätzlich können Anleihen hinsichtlich ihrer *Zinsvariabilität* differenziert werden. Während bei *festverzinslichen Wertpapieren* die Zinsfestlegung im Emissionszeitpunkt erfolgt, bestimmt sich bei *variabler Verzinsung* der zu zahlende Zins über die Laufzeit in Abhängigkeit von einem Referenzzins.

Zu den festverzinslichen Wertpapieren sind vor allem *Straight Bonds* und *Zerobonds* zu zählen. Während Straight Bonds konstante regelmäßige Zinszahlungen aufweisen, erfolgt bei Zerobonds keine periodische Zinszahlung; vielmehr werden die Zinsen bis zur Tilgung thesauriert. Stellt der gehandelte Zerobond einen *Zinssammler* dar, so erfolgt die Ausgabe zum Nennbetrag, und die Rückzahlung beinhaltet die Tilgung, die Zinsen und die Zinseszinsen. Bei einem *echten Zerobond* erhält der Ausgabekurs einen Diskontabschlag, der Zins und Zinseszins enthält, während der Rückzahlungskurs dem Nennwert entspricht. Im Gegensatz dazu weisen *Gleit- oder Kombizinsanleihen* im Zeitablauf unterschiedliche Kuponhöhen auf. Die Kuponhöhen sind jedoch bereits im Emissionszeitpunkt festgelegt worden. Während Kombizinsanleihen i.d.R. zwei unterschiedliche Kupons aufweisen, wobei i.a. der erste Nominalzinssatz sehr gering und der zweite sehr hoch ausfällt, variiert die Verzinsung einer Gleitzinsanleihe jährlich. Mit der geringen Anfangsverzinsung werden Kursgewinne generiert, die bisher steuerfrei waren. Im Gegensatz dazu stellen *Wandel- und Optionsanleihen* kombinierte Eigen- und Fremdfinanzierungsinstrumente dar. Wandelschuldverschreibungen (*Convertible Bonds*) verbriefen das Recht, die Anleihe innerhalb einer bestimmten Frist unter bestimmten Bedingungen in eine Aktie zu tauschen, so daß das originäre Fremdkapital in Eigenkapital umgewandelt wird. Entsprechend erlischt die Anleihe bei Wandlung. Im Gegensatz dazu beinhalten Optionsschuldverschreibungen das Recht, innerhalb einer bestimmten Frist zu bestimmten Bedingungen Aktien vom Emittenten zu beziehen, so daß neben dem Fremdkapital zusätzliches Eigenkapital geschaffen wird. Da die Obligationskomponente erhalten bleibt, kann im Gegensatz zur Wandelschuldverschreibung der Optionsschein getrennt von der Anleihe gehandelt werden.

Bei Anleihen mit variabler Verzinsung, sogenannten *Floating Rate Notes* (*Floater*), erfolgt die Zinsfestlegung über die Laufzeit der Anleihe in Abhängigkeit von einem Referenzzins. Als Referenzzins kommen i.d.R. der LIBOR (London Interbank Offered Rate) und der FIBOR (Frankfurt Interbank Offered Rate) in Betracht. Beispielsweise könnte eine solche variable Zinsvereinbarung auf 3-Monats-LIBOR + 0,5 [%] lauten. Der LIBOR-Satz wird dann an einem im voraus festgelegten Tag ermittelt.

Reverse Floater verzinsen sich spiegelbildlich zur Marktzinsentwicklung. Folglich führen bei den Reverse Floatern sinkende Marktzinsen zu steigenden Zinsen, et vice versa. Beispielsweise könnte ein Reverse Floater mit einer 16 [%] minus 6-Monats-LIBOR-Verzinsung ausgestattet sein.

Neben der Anleihenkategorisierung hinsichtlich der Zinsvariabilität lassen sich grundsätzlich Anleihen noch dahingehend unterscheiden, ob es sich um *Fremdwährungs-* oder *Inlandsanleihen* handelt. Der Unterschied besteht lediglich darin, ob der

Nennbetrag auf die inländische oder auf eine ausländische Währung lautet. Die Zinszahlung erfolgt in der jeweiligen Währung des Anleihenennwertes. Im Gegensatz dazu erfolgt bei *Doppelwährungsanleihen* (*Multi-Currency Notes*) die Mittelaufbringung und die Rückzahlung in unterschiedlichen Währungen. Die Zinszahlung kann sowohl in der Einzahlungs- als auch in der Rückzahlungswährung erfolgen. Im allgemeinen liegt die Doppelwährungsrendite zwischen den Renditen der jeweiligen Währungen.

Aufgabe 2

Festverzinsliche Wertpapiere unterliegen dem *Zinsänderungsrisiko*, wobei *im engeren Sinne* darunter das sogenannte *Endwert- bzw. Wiederanlagerisiko* zu verstehen ist. Das Zinsänderungsrisiko im engeren Sinne repräsentiert die Unsicherheit, daß sich durch Marktzinsänderungen der zwischenzeitliche Wiederanlageerfolg der ausgeschütteten Zahlungen verändert und damit der Endwert der Anlage dynamischen Einflüssen unterliegt. Im Gegensatz hierzu ist das *Zinsänderungsrisiko im weiteren Sinne*, das sogenannte *Marktwert- oder Kurswertrisiko*, Ausdruck dafür, daß der Marktwert des Wertpapiers durch den jeweiligen Markzins determiniert wird.

Aufgabe 3

Zerobonds oder Nullkuponanleihen können als Zinssammler oder als echter Zerobond auftreten. Ein Zinssammler ist dadurch charakterisiert, daß der Ausgabekurs dem Nennbetrag entspricht und der Rückzahlungskurs die Tilgung und den Zinszuwachs beinhaltet (z.B. Bundesschatzbrief Typ B). Im Gegensatz dazu liegt der Ausgabekurs eines echten Zerobonds unterhalb des Nennbetrages, da im Diskontbetrag der Zinszuwachs enthalten ist und der Rückzahlungskurs zum Nennbetrag erfolgt.

Zerobonds weisen *kein* Endwert- oder Wiederanlagerisiko auf, da die Zinsen zum vereinbarten Zins thesauriert werden. Liegt die Marktrendite unterhalb der Verzinsung des Zerobonds, so steigt der Kurs des Zerobonds an. Steigt hingegen die Marktrendite über die Verzinsung des Zerobonds, so sinkt der Kurswert des Zerobonds. Insofern wird deutlich, daß ein Zerobond zwar kein Endwert-, aber doch ein hohes Kurswertänderungsrisiko aufweist.

Für die Berechnung des Present Value eines Zerobonds wird der Tilgungskurs $K_{Tilg.}$ über die Restlaufzeit n mit dem Marktzins i_{MZ} abgezinst:

$$PV = \frac{K_{Tilg.}}{(1 + i_{MZ})^n}$$

Entsprechend läßt sich die Emissionsrendite berechnen:

$$r_Z^e = \sqrt[n]{\frac{K_{Tilg.}}{K^e}} - 1$$

Aufgabe 4

Der Endwert des Zerobonds beträgt:

$$V_Z = K^e \cdot (1 + i_{nom})^n \quad \Rightarrow \quad 100 \cdot 1{,}08^2 = 116{,}64 \text{ [€]}$$

Die Kurswerte in t_1 betragen für $i_{MZ} = 0{,}04$ bzw. für $i_{MZ} = 0{,}12$:

$$K_1 = \frac{116{,}64}{1{,}04} = 112{,}15 \text{ [€] bzw. } K_1 = \frac{116{,}64}{1{,}12} = 104{,}14 \text{ [€]}$$

Der Endwert der Kuponanleihe beträgt für $i_{MZ} = 0{,}04$ bzw. für $i_{MZ} = 0{,}12$:

$$V_K = \sum_{t=1}^{n} Z_t^K \cdot (1 + i_{MZ})^{n-t}$$

mit:

V_K Endvermögen einer Kuponanleihe

Z_t^K Zins- und Tilgungszahlung einer Kuponanleihe K im Zeitpunkt t

$$V_K = 8 \cdot 1{,}04 + 108 = 116{,}32 \text{ [€] bzw. } V_2 = 8 \cdot 1{,}12 + 108 = 116{,}96 \text{ [€]}$$

Die Kurswerte in t_1 betragen für $i_{MZ} = 0{,}04$ bzw. für $i_{MZ} = 0{,}12$:

$$V_1 = \frac{116{,}32}{1{,}04} = 111{,}85 \text{ [€] bzw. } V_1 = \frac{116{,}96}{1{,}12} = 104{,}43 \text{ [€]}$$

Es wird deutlich, daß der Kurs des Zerobonds volatiler ist als der Kurs der Kuponanleihe. Ursache hierfür ist das höhere Wiederanlagerisiko.

Aufgabe 5

Wie aufgezeigt, steigt der Kurs eines Zerobonds bei sinkenden Marktzinsen stark an. Wird ein Zerobond über die gesamte Laufzeit gehalten, so wird die Differenz zwischen Emissions- und Tilgungskurs vollständig als Zinsertrag betrachtet und ist somit auch vollständig zu versteuern. Jedoch ist bei Verkauf während der Laufzeit der Ertrag in eine Zins- und in eine Kursgewinnkomponente aufzuspalten. Zu versteuern ist dann die Differenz zwischen rechnerischem Anschaffungs- und Veräußerungskurs. Die Berechnung der Kurse erfolgt mit Hilfe des nachfolgenden Aufzinsungsfaktors:

$$F_{Kauf} = \left(1 + r_Z^e\right)^{n_{Kauf}^g} \cdot \left(\frac{r_Z^e \cdot 100 \cdot T_{Kauf}}{360 \cdot 100} + 1\right)$$

$$F_{Verkauf} = \left(1 + r_Z^e\right)^{n_{Verkauf}^g} \cdot \left(\frac{r_Z^e \cdot 100 \cdot T_{Verkauf}}{360 \cdot 100} + 1\right)$$

mit:

F_{Kauf}	Aufzinsungsfaktor für den Kauf eines Zerobonds
$F_{Verkauf}$	Aufzinsungsfaktor für den Verkauf eines Zerobonds
r_Z^e	Emissionsrendite des Zerobonds
n_{Kauf}^g	ganze Jahre, die zwischen Emission und Kaufzeitpunkt liegen
$n_{Verkauf}^g$	ganze Jahre, die zwischen Emission und Verkaufszeitpunkt liegen
T_{Kauf}	Anzahl der Tage eines angebrochenen Jahres zwischen Emission und Kauf des Zerobonds
$T_{Verkauf}$	Anzahl der Tage eines angebrochenen Jahres zwischen Emission und Verkauf des Zerobonds

Für das Beispiel ergibt sich ein realer Kursgewinn von

6.400 – 3.700 = 2.700 [€]

Die Aufzinsungsfaktoren betragen für das Beispiel (grundsätzlich weist jeder Monat 30 Tage auf):

$$F_{Kauf} = 1{,}1^0 \cdot \left(\frac{0{,}1 \cdot 100 \cdot 30}{360 \cdot 100} + 1 \right) = 1{,}008333$$

$$F_{Verkauf} = 1{,}1^6 \cdot \left(\frac{0{,}1 \cdot 100 \cdot 74}{360 \cdot 100} + 1 \right) = 1{,}807976$$

Der rechnerische Kaufbetrag beträgt:

$100 \cdot 36{,}50 \cdot 1{,}008333 = 3.680{,}42$ [€]

Der rechnerische Verkaufserlös beträgt:

$100 \cdot 36{,}50 \cdot 1{,}807976 = 6.599{,}11$ [€]

Obwohl tatsächlich nur 2.700 [€] zurückgeflossen sind, beläuft sich der zu versteuernde Zinsertrag auf $6.599{,}11 - 3.680{,}42 = 2.918{,}69$ [€].

Im dargestellten Beispiel wird deutlich, daß bei ungünstiger Datenkonstellation eine Besteuerung nicht erzielter Gewinne stattfinden kann. Eine Geldanlage in Zerobonds ist somit dann unter steuerlichen Gesichtspunkten sinnvoll, wenn der Marktkurs des Zerobonds unterhalb des errechneten steuerlichen Kaufkurses liegt bzw. die Marktrendite größer ist als die Steuerrendite. Ansonsten bieten sich Zerobonds an, um die zu versteuernden Zahlungen auf Zeiten geringer Grenzsteuersätze zu verschieben.

Aufgabe 6

Nach fünf Jahren kostet der Zerobond das emittierende Unternehmen

$V_Z = 100 \cdot 100 \cdot 1{,}08^5 = 14.693{,}28$ [€].

Die Kosten der zwischenfinanzierten Kuponanleihe belaufen sich auf:

Jahr	Marktzins	Kupon	Zinsschuld am Jahresanfang	Kreditzinsen	Zinsschuld am Jahresende
1	8 [%]	800	0	0	800
2	9 [%]	800	800	64	1.664
3	9 [%]	800	1664	149,76	2.613,76
4	9,5 [%]	800	2.613,76	235,24	3.649
5	10 [%]	800	3649	346,66	4.795,66

Tab. 2: Beispielhafte Zwischenfinanzierungskosten einer Kuponanleihe

Die Kosten für die Kuponanleihe belaufen sich auf 10.000 + 4.795,66 = 14.795,66 [€] und liegen damit 102,38 [€] über den Kosten des zu emittierenden Zerobonds.

Aufgabe 7

Kombizinsanleihen stellen eine *Kombination* von *Zerobond* und *Kuponanleihe* dar. Charakteristisch für diese Anleiheformen ist, daß die jährlichen Zinszahlungen zwar in ihrer absoluten Höhe festgelegt sind, jedoch nicht im Zeitablauf konstant bleiben. Während die Kombizinsanleihe i.d.R. zwei unterschiedliche Nominalzinssätze für zwei entsprechende Teillaufzeiten aufweist, variiert die Zinshöhe bei Gleitzinsanleihen jährlich. Bei der Kombizinsanleihe liegt zu Beginn der Laufzeit der Kupon unter, zum Ende der Laufzeit über dem aktuellen Marktzins, wobei die Kupons so abgestimmt sind, daß eine Emission nahe pari möglich ist.

Hinsichtlich des *Kurswertänderungsrisikos* ist festzuhalten, daß die Kombizinsanleihe *riskanter* ist als die *Kuponanleihe*, aber *weniger riskant* als ein *Zerobond*. Ihre mittlere Position nimmt die Kombizinsanleihe auch deshalb ein, weil sie durch die Kombination einer Kuponanleihe mit einem Zerobond synthetisch konstruiert werden kann. Das *Wiederanlagerisiko* ist jedoch im Gegensatz zu einem Zerobond *höher*.

Aufgabe 8

Kursentwicklung der Kombizinsanleihe:

t_0	100		
t_1	$100 \cdot 1{,}06$	=	106 [€]
t_2	$106 \cdot 1{,}06$	=	112,36 [€]
t_3	$112{,}36 \cdot 1{,}06$	=	119,10 [€]

t_4	$119{,}10 \cdot 1{,}06$	=	126,25 [€]
t_5	$126{,}25 \cdot 1{,}06$	=	**133,83 [€]**
t_6	$133{,}83 \cdot 1{,}06 - 14$	=	127,86 [€]
t_7	$127{,}86 \cdot 1{,}06 - 14$	=	121,53 [€]
t_8	$121{,}53 \cdot 1{,}06 - 14$	=	114,82 [€]
t_9	$114{,}82 \cdot 1{,}06 - 14$	=	107,71 [€]
t_{10}	$107{,}71 \cdot 1{,}06 - 14$	=	100,17 [€]

Es wird deutlich, daß der Kurs bis t_5 aufgrund des näherrückenden Zahlungstermins kontinuierlich ansteigt und somit in t_5 sein Maximum erreicht. An den jeweiligen Zahlungsterminen sinken die Kurse dann entsprechend den Zinszahlungen.

Aufgabe 9

Als Aufzinsungsfaktoren ergeben sich:

$$F_{Kauf} = 1{,}06^1 \cdot \left(\frac{0{,}06 \cdot 100 \cdot 20}{360 \cdot 100} + 1 \right) = 1{,}063533$$

$$F_{Verkauf} = 1{,}06^4 \cdot \left(\frac{0{,}06 \cdot 100 \cdot 0}{360 \cdot 100} + 1 \right) = 1{,}262477$$

Der rechnerische Kaufbetrag beträgt:

$100 \cdot 100 \cdot 1{,}063533 = 10.635{,}33$ [€]

Der rechnerische Verkaufserlös beträgt:

$100 \cdot 100 \cdot 1{,}262477 = 12.624{,}77$ [€]

Aus den errechneten Aufwendungen und Erlösen läßt sich ein zu versteuernder Ertrag in Höhe von

$12.624{,}77 - 10.635{,}33 = 1.989{,}44$ [€]

bestimmen.

Wichtig: Es sind zu diesem Zeitpunkt keine Zinszahlungen eingegangen. Das heißt: Liegt der reale Verkaufskurs unterhalb des rechnerischen Verkaufskurses, ist trotzdem die Differenz aus rechnerischem Verkaufs- und Kaufkurs zu versteuern.

Aufgabe 10

Als Aufzinsungsfaktoren ergeben sich:

$$F_{Kauf} = 1{,}06^4 \cdot \left(\frac{0{,}06 \cdot 100 \cdot 0}{360 \cdot 100} + 1 \right) = 1{,}262477$$

$$F_{Verkauf} = 1{,}06^8 \cdot \left(\frac{0{,}06 \cdot 100 \cdot 0}{360 \cdot 100} + 1 \right) = 1{,}593848$$

Der rechnerische Kaufbetrag beträgt:

$$100 \cdot 100 \cdot 1{,}262477 = 12.624{,}77 \; [€]$$

Der rechnerische Verkaufserlös beträgt:

$$100 \cdot 100 \cdot 1{,}593848 = 15.938{,}48 \; [€]$$

Aus den errechneten Aufwendungen und Erlösen läßt sich ein zu versteuernder Ertrag in Höhe von

$$15.938{,}48 - 12.624{,}77 = 3.313{,}71 \; [€]$$

bestimmen.

Zugeflossen sind jedoch 4.200 [€] Zinsen, da in t = 5 keine und am Ende von t = 6, t = 7 und t = 8 jeweils 1400 [€] Zinsen fällig wurden, so daß 4.200 – 3.313,71 = 886,29 [€] steuerfrei sind.

Aufgabe 11

Der Present Value PV_{Kb} eine Kombizinsanleihe lautet allgemein:

$$PV_{Kb} = \frac{0}{(1 + i_{MZ})} + \ldots + \frac{0}{(1 + i_{MZ})^5} + \frac{Z}{(1 + i_{MZ})^6} + \ldots + \frac{Z + \text{Nennbetrag}}{(1 + i_{MZ})^{10}}$$

Unter Verwendung des Rentenbarwertfaktors kann der vorangehende Ausdruck vereinfacht werden.

$$PV_{Kb} = \frac{\left(Z \cdot \frac{(1+i_{MZ})^5 - 1}{i_{MZ} \cdot (1+i_{MZ})^5} + \frac{\text{Nennbetrag}}{(1+i_{MZ})^5} \right)}{(1+i_{MZ})^5}$$

Aufgelöst nach Z gilt:

$$Z = \frac{i_{MZ} \cdot (1+i_{MZ})^5}{(1+i_{MZ})^5 - 1} \cdot \left(PV_{Kb} \cdot (1+i_{MZ})^5 - \frac{\text{Nennbetrag}}{(1+i_{MZ})^5} \right)$$

Für die Beispieldaten folgt daraus:

$$Z = \frac{0{,}09 \cdot (1+0{,}09)^5}{(1+0{,}09)^5 - 1} \cdot \left(100 \cdot (1+0{,}09)^5 - \frac{100}{(1+0{,}09)^5} \right) = 22{,}85\ [\%]$$

Aufgabe 12

Wandelschuldverschreibungen (Convertible Bonds) stellen eine *kombinierte Form* der *Eigen-* und *Fremdfinanzierung* dar. Die Schuldverschreibung verbrieft das Recht, die Anleihe gegen die Aktie des Emittenten zu einem festgelegten Verhältnis in einer bestimmten Umtauschfrist zu transformieren. Durch die Wandlung wird Fremd- in Eigenkapital überführt, so daß das ursprüngliche Gläubigerpapier erlischt. Dementsprechend stellt die Wandelanleihe gleichzeitig eine Anleihe und eine Kaufoption dar, wobei aufgrund der Wandlung von Fremd- in Eigenkapital ein getrennter Handel von Optionsschein, der das Optionsrecht verbrieft, und Anleihe nicht möglich ist. Zusätzlich kann eine Zuzahlung bei Wandlung vereinbart werden, die im Zeitablauf konstant oder variabel ist, so daß über die Höhe zeitabhängiger Zuzahlung eine Wandlung beschleunigt oder verlangsamt werden kann.

Die Vorteile der Wandelschuldverschreibung sind:

- Erleichterte Kapitalbeschaffung bei schwieriger Kapitalmarkt- oder Unternehmenslage durch den zusätzlichen Kaufanreiz, den das Optionsrecht bietet.
- Geringerer Kreditzinssatz als bei normalen Anleihen, da ein günstiges Wandlungsrecht zum Zeitpunkt der Emission in den Augen der Anleger einen niedrigeren als den marktüblichen Zins überkompensiert.
- Erzielung von marktunüblich hohen Ausgabekursen junger Aktien, wenn die Anleihekäufer aufgrund ihrer Zukunftserwartungen die hierfür notwendigen Wandlungsbedingungen akzeptieren.

Die bilanziellen Konsequenzen seien an folgendem einfachen Beispiel erläutert.

Die XYZ AG hat Wandelanleihen im Wert von 30 Millionen [€] emittiert. Grundsätzlich können 2 Wandelanleihen in eine Aktie getauscht werden. Der Basispreis beträgt 200 [€] je 100 [€] Aktie. Das Unternehmen weist folgende Bilanz (Werte in Millionen) vor der Wandlung aus:

Aktiva			Passiva
Anlagevermögen	140	Gezeichnetes Kapital	200
Umlaufvermögen	150	Kapitalrücklage	15
		Gewinnrücklage	15
		Wandelanleihe	30
		Sonstige Passiva	30
	290		290

Tab. 3: Bilanz vor Wandlung einer Wandelanleihe in Aktien

Nach der Wandlung wird folgende Bilanz ausgewiesen, wobei deutlich wird, daß es lediglich zu einem Fremd-Eigenkapital-Tausch gekommen ist:

Aktiva			Passiva
Anlagevermögen	150	Gezeichnetes Kapital	215
Umlaufvermögen	150	Kapitalrücklage	30
		Gewinnrücklage	15
		Sonstige Passiva	30
	290		290

Tab. 4: Bilanz nach Wandlung einer Wandelanleihe in Aktien

Der Wert einer Wandelschuldverschreibung setzt sich aus dem Wert der Schuldverschreibung und dem Wert der Wandlung zusammen.

- Der Wert der Obligation liegt im Emissionszeitpunkt i.d.R. unter dem Ausgabekurs, da die Wandelschuldverschreibung i.a. bei gleicher Laufzeit einen geringeren als den marktüblichen Zinssatz i_{SM} für vergleichbare Schuldverschreibungen aufweist.

$$K_0^{Obl} = \sum_{t=1}^{n} \frac{Z_t}{(1 + i_{SM})^{-t}}$$

mit:

K_0^{Obl}	Kurs der Obligation
n	Laufzeit
t	Periodenindex
Z_t	Zins- und Tilgungszahlung
i_{SM}	Sekundärmarktrendite vergleichbarer Anlagen

Es wird deutlich, daß einerseits der Wert der Obligation im Zeitablauf steigt, andererseits aber der Wert der Obligation bis zum Tilgungszeitpunkt unterhalb des Wertes vergleichbarer marktkonformer Schuldverschreibungen liegt.

- Bei der Berechnung des Umwandlungswertes wird die Differenz zwischen Aktienkurs im Zeitpunkt t und der zu berücksichtigenden Zuzahlung bei Wandlung in Relation zum Umtauschverhältnis gesetzt.

$$K_t^{Um} = \frac{a \cdot (A_t - Zz_t)}{w}$$

mit:

K_t^{Um}	Kurs der Umtauschkomponente einer Wandelanleihe zum Zeitpunkt t
a	Anzahl der Aktien
A_t	Kurswert der Aktie zum Zeitpunkt t
Zz_t	Zuzahlung zum Zeitpunkt t
w	Anzahl einzutauschender Wandelanleihen

Der Kurswert der Wandelschuldverschreibung wird somit durch den jeweils höheren Wert der Obligations- bzw. Wandlungskomponente nach unten begrenzt.

$$K_t^{W} = \max\left\{K_t^{Obl}; K_t^{Um}\right\}$$

mit:

K_t^{W}	Kurswert der Wandelschuldverschreibung zum Zeitpunkt t

Die „Absicherung" erfolgt unabhängig davon, wie stark der Aktienkurs sinkt. Tatsächlich liegt jedoch der Marktwert von Wandelschuldverschreibungen häufig über dem rechnerischen Wert, da die Anleger bereit sind, für die Risikobegrenzung eine zusätzliche Prämie zu zahlen.

Da jederzeit die Wandelschuldverschreibung in eine Aktie umgewandelt werden kann und unter der Annahme, daß während der Restlaufzeit der Wandelanleihe keine Dividenden gezahlt werden, ist der Zeitwert der Wandlungsoption äquivalent mit dem Wert einer europäischen Kaufoption (Call). Demzufolge kann der Wert der Optionskomponente mit Hilfe der BLACK-SCHOLES-Formel bestimmt werden. Der berechnete Wert stellt den theoretischen Fair Value dar.

$$K_t^{Um} = PK \cdot N(d_1) - B \cdot e^{-i_F \cdot t} \cdot N(d_2)$$

mit

$$d_1 = \frac{\ln\left(\frac{PK}{B}\right) + \left(\ln(1 + i_F) + \frac{\sigma^2}{2}\right) \cdot t}{\sigma \cdot \sqrt{t}}$$

und

$$d_2 = d_1 - \sigma \cdot \sqrt{t}$$

mit:

PK	Paritätskurs, der sich aus der Division von Aktienkurs durch Umtauschverhältnis ergibt
$N(d_1)$	Flächeninhalt unter der Standardnormalverteilungsdichtefunktion von $-\infty$ bis d_1
B	Basiskurs, der sich aus der Addition von Tilgungskurs, Zinsen und Zuzahlungen pro Aktie ergibt
e	EULERsche Zahl
i_F	risikoloser Zinssatz
σ	erwartete Volatilität des Aktienkurses p.a.
t	Restlaufzeit der Wandelschuldverschreibung in Jahren (t = n)

$N(d_1)$ und $N(d_2)$ sind die theoretischen Wahrscheinlichkeiten dafür, daß die Option bei der unterstellten Kursverlaufshypothese am Verfallstag „in the money" (Basispreis < Aktienkurs) liegt. $N(d_1)$ stellt das Options-Delta dar und drückt somit die Veränderung des Optionspreises in Abhängigkeit von dem zugrundeliegenden Aktienkurs aus. $N(d_1)$ und $N(d_2)$ gewichten den Paritätskurs und den Basiskurs so, daß die Bewertungsfunktion über der Untergrenze abgetragen wird und die Prämien bei Optionen, die „at the money" (Basispreis ≈ Aktienkurs) liegen, am größten sind.

Aufgabe 13

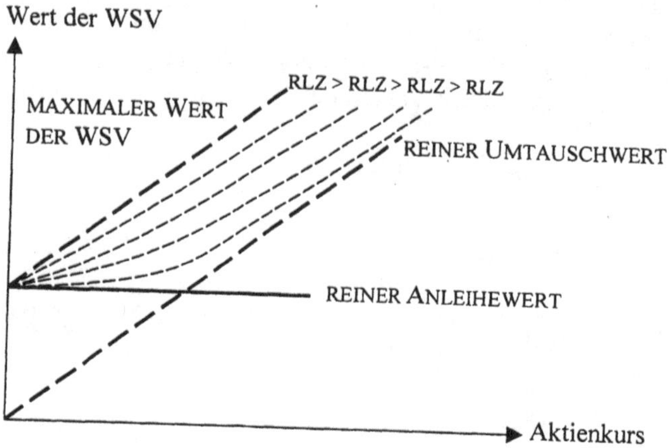

Abb. 1: Wertentwicklung einer Wandelschuldverschreibung

Aufgabe 14

Der Optionswert beträgt:

$$K_t^{Um} = \frac{(260-50)}{3} = 70$$

Da

$$K_t^{W} = \max\left\{K_t^{Obl} = 100; K_t^{Um} = 70\right\}$$

gilt, beträgt der Kurswert der Wandelanleihe 100 [€].

Um den kritischen Aktienkurs bestimmen zu können, bedarf es folgender einfacher Umformung:

$$\frac{(A_t - 50)}{3} \geq 100 \quad \Rightarrow \quad K_t^{A} \geq 350 \text{ [€]}$$

Aufgabe 15

Zunächst ist der Present Value PV der Anleihe zu berechnen:

$$PV = \frac{10}{1{,}12} + \frac{10}{1{,}12^2} + \frac{110}{1{,}12^3} = 95{,}20 \ [€]$$

Anschließend sind die Paritätskurse PK zu bestimmen:

$$PK_A = \frac{300}{3} = 100 \ [€], \quad PK_B = \frac{375}{3} = 125 \ [€], \quad PK_C = \frac{450}{3} = 150 \ [€]$$

Ferner ist der Basiskurs B zu ermitteln:

Basiskurs = Tilgungskurs in % + Zinsen + Zuzahlung je Aktie

$$B = 100 + 10 + \frac{30}{3} = 120 \ [€]$$

Berechnung des Kaufoptionswertes bei einem Aktienkurs von $A_A = 300$ [€] und einer Laufzeit von 3 Jahren:

$$K_{3A} = 100 \cdot N\left\{\frac{\ln\left(\frac{100}{120}\right) + \left(\ln(1{,}05) + \left(\frac{0{,}04}{2}\right)\right) \cdot 3}{0{,}2 \cdot \sqrt{3}}\right\}$$

$$- e^{-0{,}05 \cdot 3} \cdot 120 \ N\left\{\frac{\ln\left(\frac{100}{120}\right) + \left(\ln(1{,}05) - \left(\frac{0{,}04}{2}\right)\right) \cdot 3}{0{,}2 \cdot \sqrt{3}}\right\}$$

$$K_{3A} = 100 \ N\{0{,}069\} - e^{-0{,}05 \cdot 3} \cdot 120 \cdot N\{-0{,}277\} \quad \text{mit } F_N(-z) = 1 - F_N(z)$$

$$K_{3A} = 100 \cdot \ 0{,}5275 - e^{-0{,}05 \cdot 3} \cdot 120 \cdot 0{,}3909$$

$$K_{3A} = 12{,}38 \ [€]$$

Die Option liegt zwischen „out of the money“ und „at the money“, d.h. aus der relativ geringen Optionsprämie wird ersichtlich, daß davon ausgegangen werden kann, daß es nicht zu einem Aktienkursanstieg kommt, bei dem der Bezugskurs erreicht wird. Erst bei Überschreiten wird eine Wandlung sinnvoll.

Der Marktwert der Wandelanleihe ergibt sich aus der Addition des Obligationskomponentenwertes 95,20 [€] mit dem Optionswert 12,38 [€] und beträgt somit 107,58 [€]. Da der Present Value der Anleihe größer ist als die einfach berechnete Preisuntergrenze (PV der Anleihe 95,20 [€] > (300 – 30) : 3 = 90 [€]), wird der Barwert der Anleihe als Preisuntergrenze angesetzt. Da die Preisuntergrenze somit 95,20 [€] beträgt, beläuft sich die Prämie absolut betrachtet auf 12,38 [€] was einem 13 [%]igen Aufpreis entspricht.

Berechnung des Wertes der Kaufoption bei einem Aktienkurs von $A_B = 375$ [€] und einer Laufzeit von 3 Jahren:

$$K_{3B} = 125 \cdot N\left\{\frac{\ln\left(\frac{125}{120}\right) + \left(\ln(1{,}05) + \left(\frac{0{,}04}{2}\right)\right) \cdot 3}{0{,}2 \cdot \sqrt{3}}\right\}$$

$$- e^{-0{,}05 \cdot 3} \cdot 120 \; N\left\{\frac{\ln\left(\frac{125}{120}\right) + \left(\ln(1{,}05) - \left(\frac{0{,}04}{2}\right)\right) \cdot 3}{0{,}2 \cdot \sqrt{3}}\right\}$$

$$K_{3B} = 125\, N\{0{,}714\} - e^{-0{,}05 \cdot 3} \cdot 120 \cdot N\{0{,}367\} \quad \text{mit } F_N(-z) = 1 - F_N(z)$$

$$K_{3B} = 125 \cdot 0{,}7624 - e^{-0{,}05 \cdot 3} \cdot 120 \cdot 0{,}6432$$

$$K_{3B} = 24{,}55 \; [€]$$

Der Marktwert der Wandelanleihe beträgt 95,19 + 28,87 = 124,06 [€]. Da die Preisuntergrenze in diesem Fall bei 115 [€] liegt (PV der Anleihe 95,20 [€] < (375 – 30) : 3 = 115 [€]), beläuft sich die Prämie absolut betrachtet auf 9,06 [€], was einem 7,88 [%]igen Aufpreis entspricht.

Die Option befindet sich „at the money“. Da bei sinkendem Aktienkurs die Anleihe durch den Obligationswert gut abgesichert ist und bei steigendem Aktienkurs die Möglichkeit besteht, daran zu partizipieren, ist die Prämie vergleichsweise hoch.

Berechnung des Wertes der Kaufoption bei einem Aktienkurs von $A_C = 450$ [€] und einer Laufzeit von 3 Jahren:

$$K_{3C} = 150 \cdot N\left\{\frac{\ln\left(\frac{150}{120}\right) + \left(\ln(1{,}05) + \left(\frac{0{,}04}{2}\right)\right) \cdot 3}{0{,}2 \cdot \sqrt{3}}\right\}$$

$$- e^{-0{,}05 \cdot 3} \cdot 120\ N\left\{\frac{\ln\left(\frac{150}{120}\right) + \left(\ln(1{,}05) - \left(\frac{0{,}04}{2}\right)\right) \cdot 3}{0{,}2 \cdot \sqrt{3}}\right\}$$

$$K_{3C} = 150\ N\{1{,}24\} - e^{-0{,}05 \cdot 3} \cdot 120 \cdot N\{0{,}893\} \quad \text{mit } F_N(-z) = 1 - F_N(z)$$

$$K_{3C} = 150 \cdot\ 0{,}8925 - e^{-0{,}05 \cdot 3} \cdot 120 \cdot 0{,}8141$$

$$K_{3C} = 49{,}79\ [€]$$

Der Marktwert der Wandelanleihe beträgt 95,19 + 49,79 = 144,98 [€]. Da die Preisuntergrenze in diesem Fall bei 140 [€] liegt (PV der Anleihe 95,20 [€] < (450 – 30) : 3 = 140 [€]), beläuft sich die Prämie absolut betrachtet auf 4,98 [€], was einem 3,56 [%]igen Aufpreis entspricht.

Die Option befindet sich „deep in the money", und dementsprechend ist die Prämie relativ gering. Eine Absicherung über den Obligationswert verliert aufgrund des hohen Aktienkurses an Bedeutung.

Aufgabe 16

Die BLACK-proxy-Vorgehensweise stellt ein approximatives Verfahren zur Bewertung amerikanischer Kaufoptionen bei sicheren Dividendenzahlungen dar. Das Verfahren umfaßt drei Planungsschritte.

Zuerst wird die Option unter der Annahme bewertet, daß nicht vorzeitig ausgeübt wird (K_0^t, mit t = n). Anschließend wird die Option unter der Annahme bewertet, daß mit Sicherheit zum Zeitpunkt t* optiert wird ($K_0^{t^*}$). Da die Ausschüttungen hinsichtlich ihrer Höhe und ihres zeitlichen Anfalls bekannt sind, stellen alle Termine unmittelbar vor der Dividendenzahlung potentielle Wandlungszeitpunkte dar. Daraus folgt, daß sukzessiv für jeden der potentiellen Termine die Optionen als nichtdividendengeschützte europäische Kaufoptionen bewertet werden. Letztendlich wird aus der Menge der möglichen Optionswerte der maximale ausgewählt. Dieser Optionswert stellt somit die Wertuntergrenze für die zu bewertende amerikanische Option dar.

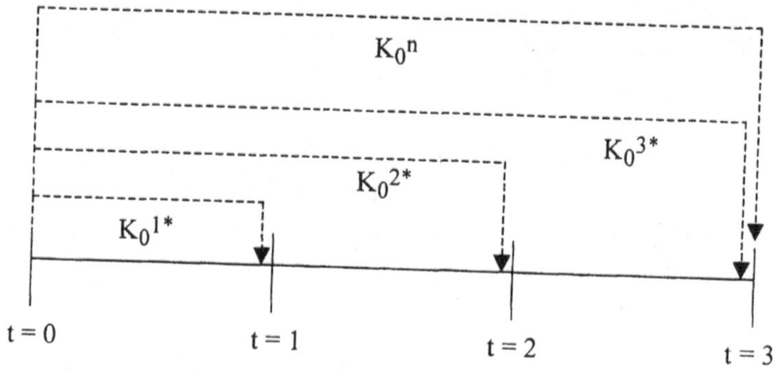

Abb. 2: Kursbestimmung einer Wandelschuldverschreibung im Dividendenfall

Da die Dividenden sicher sind, muß auch für die anleihebedingten Zahlungen Sicherheit unterstellt werden, so daß die Zahlungen der Anleihe mit dem risikolosen Zinssatz diskontiert werden müssen.

$$PV = \frac{10}{1{,}05} + \frac{10}{1{,}05^2} + \frac{110}{1{,}05^3} = 113{,}62 \text{ [€]}$$

Anschließend sind die Paritätskurse zu bestimmen. Dabei ist zu beachten, daß für die drei möglichen Optionen zu den Zeitpunkten t_{1*}, t_{2*} und t_{3*} jeweils der gleiche Dividendenabschlag vorgenommen wird.

$$P_A = \frac{300 - \frac{36}{1{,}05} - \frac{36}{1{,}05^2} - \frac{36}{1{,}05^3}}{3} = 67{,}32 \text{ [€]}$$

$$P_B = \frac{375 - \frac{36}{1{,}05} - \frac{36}{1{,}05^2} - \frac{36}{1{,}05^3}}{3} = 92{,}32 \text{ [€]}$$

$$P_C = \frac{450 - \frac{36}{1{,}05} - \frac{36}{1{,}05^2} - \frac{36}{1{,}05^3}}{3} = 117{,}32 \text{ [€]}$$

Berechnung der drei Bezugspreise

Für t = n gleich Wandlungszeitpunkt gilt:

Bezugspreis = Tilgungskurs in % + Zinsen + Zuzahlung je Aktie

$$B = 100 + 10 + \frac{30}{3} = 120 \ [€]$$

Für $t = t_{3*}$ gleich Wandlungszeitpunkt gilt:

Bezugspreis = Tilgungskurs in % + Zinsen + Zuzahlung je Aktie
– angefallene Dividende je WSV

$$B = 100 + 10 + \frac{30}{3} - \frac{36}{3} = 108 \ [€]$$

Für $t = t_{2*}$ gleich Wandlungszeitpunkt gilt:

Bezugspreis = abgezinst (Tilgungskurs in % + Zinsen + Zuzahlung je Aktie)
+ Zinsen – angefallene abgezinste Dividende je WSV
– angefallene Dividende je WSV

$$B = (100 + 10 + 10) \cdot 1{,}05^{-1} + 10 - 12 \cdot 1{,}05^{-1} - 12 = 100{,}86 \ [€]$$

Für $t = t_{1*}$ gleich Wandlungszeitpunkt gilt:

Bezugspreis = abgezinst (Tilgungskurs in % + Zinsen + Zuzahlung je Aktie)
+ abgezinste Zinsen + Zinsen – angefallene abgezinste Dividende je WSV – angefallene abgezinste Dividende je WSV
– angefallene Dividende je WSV

$$B = (100 + 10 + 10) \cdot 1{,}05^{-2} + 10 \cdot 1{,}05^{-1} + 10$$

$$- 12 \cdot 1{,}05^{-2} - 12 \cdot 1{,}05^{-1} - 12 = 94{,}05 \ [€]$$

Berechnung des Kaufoptionswertes bei einem Aktienkurs von $A_A = 300$ [€] und Wandlung in $t = n = 3$:

$$K_{3A} = 67{,}32 \cdot N\left\{\frac{\ln\left(\frac{67{,}32}{120}\right) + \left(\ln(1{,}05) + \left(\frac{0{,}04}{2}\right)\right) \cdot 3}{0{,}2 \cdot \sqrt{3}}\right\}$$

$$- e^{-0{,}05 \cdot 3} \cdot 120\ N\left\{\frac{\ln\left(\frac{67{,}32}{120}\right) + \left(\ln(1{,}05) - \left(\frac{0{,}04}{2}\right)\right) \cdot 3}{0{,}2 \cdot \sqrt{3}}\right\}$$

$$K_{3A} = 67{,}32\ N\{-1{,}073\} - e^{-0{,}05 \cdot 3} \cdot 120 \cdot N\{-1{,}419\} \quad \text{mit } F_N(-z) = 1 - F_N(z)$$

$$K_{3A} = 67{,}32 \cdot 0{,}1416 - e^{-0{,}05 \cdot 3} \cdot 120 \cdot 0{,}0779$$

$$K_{3A} = 1{,}49\ [€]$$

Berechnung des Kaufoptionswertes bei einem Aktienkurs von $A_A = 300$ [€] und Wandlung in $t = t_{3*}$:

$$K_{3A} = 67{,}32 \cdot N\left\{\frac{\ln\left(\frac{67{,}32}{108}\right) + \left(\ln(1{,}05) + \left(\frac{0{,}04}{2}\right)\right) \cdot 3}{0{,}2 \cdot \sqrt{3}}\right\}$$

$$- e^{-0{,}05 \cdot 3} \cdot 108\ N\left\{\frac{\ln\left(\frac{67{,}32}{108}\right) + \left(\ln(1{,}05) - \left(\frac{0{,}04}{2}\right)\right) \cdot 3}{0{,}2 \cdot \sqrt{3}}\right\}$$

$$K_{3A} = 67{,}32\ N\{-0{,}769\} - e^{-0{,}05 \cdot 3} \cdot 108 \cdot N\{-1{,}115\} \quad \text{mit } F_N(-z) = 1 - F_N(z)$$

$$K_{3A} = 67{,}32 \cdot 0{,}2209 - e^{-0{,}05 \cdot 3} \cdot 108 \cdot 0{,}1324$$

$$K_{3A} = 2{,}57\ [€]$$

Berechnung des Kaufoptionswertes bei einem Aktienkurs von A_A = 300 [€] und Wandlung in $t = t_{2*}$:

$$K_{2A} = 67{,}32 \cdot N\left\{\frac{\ln\left(\frac{67{,}32}{100{,}86}\right) + \left(\ln(1{,}05) + \left(\frac{0{,}04}{2}\right)\right) \cdot 2}{0{,}2 \cdot \sqrt{2}}\right\}$$

$$- e^{-0{,}05 \cdot 2} \cdot 100{,}85\ N\left\{\frac{\ln\left(\frac{67{,}32}{100{,}86}\right) + \left(\ln(1{,}05) - \left(\frac{0{,}04}{2}\right)\right) \cdot 2}{0{,}2 \cdot \sqrt{2}}\right\}$$

$$K_{2A} = 67{,}32\ N\{-0{,}943\} - e^{-0{,}05 \cdot 2} \cdot 100{,}85 \cdot N\{-1{,}226\} \quad \text{mit } F_N(-z) = 1 - F_N(z)$$

$$K_{2A} = 67{,}32 \cdot\ 0{,}1728 - e^{-0{,}05 \cdot 2} \cdot 100{,}86 \cdot 0{,}1101$$

$$K_{2A} = 1{,}58\ [€]$$

Berechnung des Kaufoptionswertes bei einem Aktienkurs von A_A = 300 [€] und Wandlung in $t = t_{1*}$:

$$K_{1A} = 67{,}32 \cdot N\left\{\frac{\ln\left(\frac{67{,}32}{94{,}05}\right) + \left(\ln(1{,}05) + \left(\frac{0{,}04}{2}\right)\right)}{0{,}2}\right\}$$

$$- e^{-0{,}05} \cdot 94{,}05\ N\left\{\frac{\ln\left(\frac{67{,}32}{94{,}05}\right) + \left(\ln(1{,}05) - \left(\frac{0{,}04}{2}\right)\right)}{0{,}2}\right\}$$

$$K_{1A} = 67{,}32\ N\{-1{,}328\} - e^{-0{,}05} \cdot 94{,}05 \cdot N\{-1{,}528\} \quad \text{mit } F_N(-z) = 1 - F_N(z)$$

$$K_{1A} = 67{,}32 \cdot\ 0{,}0921 - e^{-0{,}05} \cdot 94{,}05 \cdot 0{,}0633$$

$K_{1A} = 0{,}54$ [€]

Analog können die Werte für $P_B = 92{,}32$ [€] und für $P_C = 117{,}32$ [€] berechnet werden, so daß sich folgende tabellarische Auflistung ergibt:

Anleihewert	Option	Laufzeit	Optionswert	Wert der WSV
113,61	n	3	1,49	115,10
113,61	t_3*	3	2,57	116,18
113,61	t_2*	2	1,58	115,19
113,61	t_1*	1	0,54	114,15
113,61	n	3	8,68	122,29
113,61	t_3*	3	12,45	126,09
113,61	t_2*	2	10,87	124,48
113,61	t_1*	1	8,76	122,37
113,61	n	3	23,21	136,82
113,61	t_3*	3	29,75	143,36
113,61	t_2*	2	29,06	142,67
113,61	t_1*	1	28,68	142,29

Tab. 5: Wertentwicklung einer Wandelschuldverschreibung an unterschiedlichen Ausübungszeitpunkten unter Berücksichtigung einer Zuzahlung

Für die alternativen Aktienkurse betragen die Wertobergrenzen der Wandelanleihe 116,18 [€], 126,09 [€] bzw. 143,36 [€].

Die nachfolgenden Tabellen enthalten die Options- und Marktwerte der Wandelschuldverschreibung unter der Annahme, daß eine Zuzahlung nicht erforderlich ist:

Anleihewert	Option	Laufzeit	Optionswert	Wert der WSV
113,61	n	3	2,34	115,95
113,61	t_3*	3	4,03	117,64
113,61	t_2*	2	2,87	116,48
113,61	t_1*	1	1,44	115,05

Tab. 6: Wertentwicklung einer Wandelschuldverschreibung an unterschiedlichen Ausübungszeitpunkten unter Auslassung einer Zuzahlung, Teil I

Anleihewert	Option	Laufzeit	Optionswert	Wert der WSV
113,61	T	3	11,70	125,31
113,61	t_{3*}	3	16,53	130,14
113,61	t_{2*}	2	15,33	128,94
113,61	t_{1*}	1	14,10	127,71
113,61	T	3	28,59	142,20
113,61	t_{3*}	3	36,07	149,68
113,61	t_{2*}	2	36,12	149,73
113,61	t_{1*}	1	36,72	150,33

Tab. 7: Wertentwicklung einer Wandelschuldverschreibung an unterschiedlichen Ausübungszeitpunkten unter Auslassung einer Zuzahlung, Teil II

Für die Aktienkurse betragen die Wertobergrenzen der Wandelanleihe 117,64 [€], 130,14 [€] bzw. 150,33 [€].

Aufgabe 17

Optionsschuldverschreibungen (Warrants) stellen eine *kombinierte Form* der *Eigen-* und *Fremdfinanzierung* dar. Die Schuldverschreibung verbrieft über die normalen Gläubigerrechte wie Zins- und Tilgungszahlungen hinaus das Recht, Aktien (Stock Warrant Bonds) oder Anleihen (Interest Warrant Bonds, Warrant Bonds) zu im voraus festgelegten Bedingungen während einer bestimmten Frist zu beziehen, wenn der Inhaber hierfür optiert.

Durch die *Zukaufsmöglichkeit* von Eigenkapital im Rahmen von Stock Warrant Bonds wird im Gegensatz zur Wandelschuldverschreibung *keinesfalls Fremd- in Eigenkapital* gewandelt, sondern es wird *neben* dem *Fremdkapital zusätzliches Eigenkapital* geschaffen. In der Regel besteht jederzeit die Möglichkeit, die Optionsscheine in Aktien zu tauschen (Amerikanische Option). Die Optionsanleihe stellt letztendlich sowohl eine Anleihe als auch eine Kaufoption dar, wobei aufgrund der Beibehaltung des Fremdkapitals bei zusätzlicher Schaffung von Eigenkapital ein getrennter Handel von Optionsschein, der das Optionsrecht verbrieft, und Anleihe möglich ist.

Aufgegriffen sei noch einmal das Beispiel aus Aufgabe 1. Jedoch habe die XYZ AG nun statt Wandelanleihen Optionsanleihen im Wert von 30 Millionen EUR emittiert. Grundsätzlich können wiederum 2 Optionsscheine der Optionsanleihen in eine Aktie getauscht werden. Der Basispreis beträgt analog zu Aufgabe 1 200 [€] je 100 [€] Aktie. Das Unternehmen weist vor dem Umtausch folgende Bilanz aus (Werte in Millionen):

Aktiva			Passiva
Anlagevermögen	140	Gezeichnetes Kapital	200
Umlaufvermögen	150	Kapitalrücklage	15
		Gewinnrücklage	15
		Optionsanleihe	30
		Sonstige Passiva	30
	290		290

Tab. 8: Bilanz vor Wahrnehmung des Optionsrechtes einer Optionsanleihe

Nachdem alle Obligationäre ihr Optionsrecht wahrgenommen haben, wird folgende verlängerte Bilanz ausgewiesen, wobei deutlich wird, daß neben dem bisherigen Fremdkapital nun gleichzeitig Eigenkapital geschaffen worden ist:

Aktiva			Passiva
Anlagevermögen	150	Gezeichnetes Kapital	215
Umlaufvermögen	180	Kapitalrücklage	30
		Gewinnrücklage	15
		Optionsanleihe	30
		Sonstige Passiva	30
	320		320

Tab. 9: Bilanz nach Wahrnehmung des Optionsrechtes einer Optionsanleihe

Die Vorteile der Optionsschuldverschreibung gegenüber normalen Obligationen sind mit denen der Wandelschuldverschreibung äquivalent.

Soll eine Anleihe „cum Warrant" bewertet werden, so sind sowohl die Anleihekomponente als auch der Optionsschein separat zu bewerten und anschließend zu kumulieren.

Der Wert der Obligationskomponente kann analog zur Wandelschuldverschreibung mit Hilfe des Present-Value-Ansatzes bestimmt werden.

Der Wert des Optionsrechts errechnet sich wie folgt:

$$K_t^O = w \cdot (A_t - B)$$

mit:

K_t^O rechnerischer Wert des Optionsrechtes einer Optionsanleihe

Da negative Werte für die Optionsscheine nicht möglich sind, liegt die Preisuntergrenze für Optionsscheine entweder bei null oder bei ihrem inneren Wert, der Differenz zwischen Aktienkurs und Bezugskurs multipliziert mit dem Bezugsverhältnis.

Da die Anleger für die Möglichkeit, an zukünftigen Aktienkurssteigerungen zu partizipieren, bereit sind, eine Prämie zu zahlen, liegt der Marktpreis des Optionsrechts i.a. oberhalb des rechnerischen Wertes.

$$OO_t^M \geq \max \left\{0, K_t^O\right\}$$

mit:

OO_t^M Marktwert des Optionsrechtes einer Optionsanleihe

Aufgabe 18

Berechnung des Optionsscheinwertes ohne BLACK-SCHOLES-Formel:

$$K_t^O = \frac{280 - 250}{1} = 30$$

Da $OO_t^M \geq \max \left\{0, K_t^O\right\}$ gilt, beträgt der Marktwert des Optionsscheins 30 [€].

Berechnung des Optionsscheinwertes auf Basis der BLACK-SCHOLES-Formel:

$$K_1 = 280 \cdot N\left\{\frac{\ln\left(\frac{280}{250}\right) + \left(\ln(1{,}04) + \left(\frac{0{,}04}{2}\right)\right)}{0{,}2}\right\}$$

$$- e^{-0{,}04} \cdot 250 \; N\left\{\frac{\ln\left(\frac{280}{250}\right) + \left(\ln(1{,}04) - \left(\frac{0{,}04}{2}\right)\right)}{0{,}2}\right\}$$

$$K_1 = 280\, N\{0{,}863\} - e^{-0{,}04} \cdot 250 \cdot N\{0{,}663\} \quad \text{mit } F_N(-z) = 1 - F_N(z)$$

$$K_1 = 280 \cdot 0{,}8059 - e^{-0{,}04} \cdot 250 \cdot 0{,}7463$$

$K_1 = 46,39$ [€]

Aufgabe 19

Ein Wandel- oder Optionsanleihekäufer wird dann sein Optionsrecht anwenden, wenn der Aktienkurs zum Zeitpunkt des Optierens größer ist als die Summe aus Anschaffungskosten der erforderlichen Anleihen und der vertraglich vereinbarten Zuzahlungen. Kommt es während der Optionsfrist zu einer Kapitalerhöhung, bei der der Kurs der ausgegebenen jungen Aktien erheblich unterhalb des bisherigen Aktienkurses liegt, so sinken die Aktienkurse der alten Aktien. Dies liegt insbesondere daran, daß die bestehenden Rücklagen auf eine größere Anzahl von Aktien verteilt werden.

$$\text{Bilanzkurs} = \frac{\text{bilanziertes Eigenkapital}}{\text{gezeichnetes Kapital}} \cdot 100$$

Da das Kursniveau gesunken ist, sinkt auch der Marktwert des Umtauschrechts. Ursache hierfür ist, daß im Gegensatz zu den Altaktionären, die an den jungen Aktien partizipieren, die Obligationäre keine Bezugsrechte auf die jungen Aktien halten. Dem kann durch eine *Verwässerungsschutzklausel* entgegengetreten werden. Ziel von Verwässerungsschutzklauseln ist es, die Umtauschbedingungen an die neue Situation anzupassen, so daß den Obligationären kein (wesentlicher) Nachteil entsteht. Möglichkeiten zur Anpassung stellen eine Reduktion des Wandlungsverhältnisses oder eine Verringerung der Zuzahlung dar.

Literaturhinweise

Black, F., Scholes, M.: Pricing of Options and Corporate Liabilities, in: Journal of Political Economy, 1973, S. 637–654.

Bolek, A.: Volatilitätsschwankungen und DAX-Optionen, Wiesbaden 1999.

Bühler, W., Ayasse, L.: Kombizinsanleihen aus der Sicht des Privatinvestors, in: Wirtschaftswissenschaftliches Studium, 1993, S. 89–94.

Hering, Th.: Finanzwirtschaftliche Unternehmensbewertung, Wiesbaden 1999.

Hohmann, R.: Portfolio Insurance in Deutschland, Wiesbaden 1996.

Jurgeit, L.: Bewertung von Optionen und bonitätsrisikobehafteten Finanztiteln, Wiesbaden 1989.

Perridon, L., Steiner, M.: Finanzwirtschaft der Unternehmung, 10. Auflage, München 1999.

Plötz, G.: Optionsmarkt-Ansätze, Wiesbaden 1991.

Steiner, M., Bruns, Ch.: Wertpapiermanagement, 7. Auflage, Stuttgart 2000.

UHLIR, H., STEINER, P.: Wertpapieranalyse, 3. Auflage, Heidelberg/Wien 1994.

WAGNER, F.W., WENGER, E., HÖFLACHER, S.: Zerobonds, Optimale Investitions- und Verschuldungsstrategien, Wiesbaden 1986.

WAGNER, F.W., WANGLER, C.: Kombizins-Anleihen – Eine Finanzinnovation als Steuersparmodell?, in: Der Betrieb, 1992, S. 2405–2409.

WÖHE, G., BILSTEIN, J.: Grundzüge der Unternehmensfinanzierung, 8. Auflage, München 1998.

WOLF, O.: Wandelanleihen: Emissionsboom in Europa, in: Die Bank, 1999, Nr. 11, S. 778–785.

Zum Buch des Herausgebers: Dr. Franz Keuper / Universität Hamburg

Bettina Rosenberger. Mengebostel 1999

„Nichts macht den Menschen argwöhnischer, als wenig zu wissen."

FRANCIS BACON

Bewertung von Zahlungsströmen unter Beachtung der Zinsstrukturkurve

Die Bewertung zukünftiger Zahlungsströme ist die Aufgabe von *barwertorientierten Partialmodellen*. Dabei ist zu beachten, daß die Vorteilhaftigkeit eines Zahlungsstroms immer in Relation zu einer alternativen Verwendung der knappen Finanzmittel zu sehen ist. Die Bewertung hat somit anhand eines Vergleichsmaßstabes, der die Opportunität abbildet, zu erfolgen. Eins der größten Planungsprobleme bei der Bewertung von Zahlungsströmen mit Hilfe von Partialmodellen besteht entsprechend darin, den „richtigen", die Opportunität repräsentierenden Zins zur Bestimmung des Present Value anzusetzen.

Aufgabe 1

Barwertorientierte Partialmodelle basieren auf den Annahmen des vollkommenen Kapitalmarktes bei Sicherheit. Erläutern Sie kurz die wesentlichen Charakteristika eines solchen Marktes.

Aufgabe 2

Erläutern Sie kurz die Vorgehensweise des klassischen Present-Value-Konzepts. Wie lauten die Entscheidungskriterien zur Beurteilung eines Wertpapiers? Welche Probleme bzw. Prämissen sind mit dem Einsatz des Present-Value-Konzepts verknüpft?

Aufgabe 3

Im folgenden sei eine Kuponanleihe mit vier Jahren Restlaufzeit und einem Nominalzins i_{nom} von 5 [%] bei 100 [%] Rückzahlung und einem Marktzins i_{MZ} von 6,3 [%] gegeben. Ermitteln Sie den Present Value des vorliegenden Wertpapiers.

Aufgabe 4

In der Aufgabe 3 wurde mit einem einheitlichen Zins zur Diskontierung aller Zahlungen gearbeitet. Jedoch bestehen für unterschiedliche Laufzeiten unterschiedliche

Zinssätze. Werden die Zinssätze in Abhängigkeit von ihrer Laufzeit funktional abgebildet, so ergibt sich die Zins- bzw. Kuponstrukturkurve. Ansätze auf Basis von Spot Rates, Forward-Rates oder Zerobondabzinsungsfaktoren versuchen die Kuponstrukturkurve explizit zu berücksichtigen.

Welche Arten von Zinsstrukturkurvenverläufen werden unterschieden?

In Abhängigkeit von der Restlaufzeit sei folgende Zinsstrukturkurve A gegeben:

Restlaufzeit	1 Jahr	2 Jahre	3 Jahre	4 Jahre
Rendite	5,2 [%]	5,4 [%]	5,8 [%]	6,3 [%]

Tab. 10: Beispielhafte Zinsstrukturkurve (A)

Aufgabe 5

Erläutern Sie kurz die Present-Value-Ermittlung mit Hilfe von Forward-Rates, und berechnen Sie anschließend den entsprechenden Barwert des Wertpapiers aus Aufgabe 3 auf Basis der angegebenen Kuponstrukturkurve (A). Weisen Sie die Ergebnisse bis auf drei Stellen hinter dem Komma genau aus.

Aufgabe 6

Erläutern Sie kurz die Present-Value-Ermittlung mit Hilfe von Zerobondabzinsungsfaktoren, und berechnen Sie anschließend den entsprechenden Barwert des Wertpapiers aus Aufgabe 3 auf Basis der angegebenen Kuponstrukturkurve (A). Weisen Sie die Ergebnisse bis auf sechs Stellen hinter dem Komma genau aus.

Aufgabe 7

Welche mathematische Beziehung besteht zwischen den in Aufgabe 6 ermittelten Forward-Rates und den in Aufgabe 7 berechneten Zerobondabzinsungsfaktoren?

Aufgabe 8

Überprüfen Sie die Sinnhaftigkeit der Present-Value-Berechnung auf Basis von Forward-Rates, wie sie im Marktzinsmodell verwendet werden, wenn von folgender inverser Zinsstruktur (Zinsstrukturkurve B) und den Anleihedaten aus Aufgabe 3 ausgegangen wird:

Restlaufzeit	1 Jahr	2 Jahre	3 Jahre	4 Jahre
Rendite	5,5 [%]	5 [%]	3,99 [%]	2,999 [%]

Tab. 11: Beispielhafte inverse Zinsstrukturkurve (B)

Weisen Sie die Ergebnisse bis auf drei Stellen hinter dem Komma genau aus. Erläutern Sie zudem kurz die gravierenden Einwände, die gegen die Verwendung des Marktzinsmodells, insbesondere bei der Beurteilung von Sachinvestitionen, sprechen.

Aufgabe 9

Wie lassen sich allgemein die zukünftigen Zerobondabzinsungsfaktoren aus den heutigen Zerobondabzinsungsfaktoren ermitteln?

Aufgabe 10

Berechnen Sie auf Basis der angegebenen Zinsstrukturkurve A die zukünftigen arbitragefreien Zerobondabzinsungsfaktoren und die entsprechenden Zinssätze.

Aufgabe 11

Berechnen Sie die Kursentwicklung für eine vierjährige Anleihe, deren Kupon 6,3 [%] beträgt und die im Emissionszeitpunkt zu einem Kurs von 100 [%] ausgegeben wird, was einem Nominalwert von 10.000 [€] entspricht.

Aufgabe 12

Erläutern Sie kurz die Present-Value-Ermittlung mit Hilfe von Spot Rates, und berechnen Sie anschließend den entsprechenden Barwert für das Wertpapier in Aufgabe 3 auf Basis der angegebenen Kuponstrukturkurve (A). Vergleichen Sie die Zerobondrenditen mit den entsprechenden Jahreszinsen, und erläutern Sie die Differenz. Ermitteln Sie anschließend den theoretisch richtigen Present Value für das eingangs dargestellte Wertpapier mit Hilfe von Spot Rates, welche auf der Nullkuponstrukturkurve von (A) basieren. Weisen Sie die Ergebnisse bis auf vier Stellen hinter dem Komma genau aus.

Lösung

Aufgabe 1

Da auf einem *vollkommenen Kapitalmarkt* aufgrund der Vielzahl von Kapitalnachfragern und Kapitalanbietern der einzelne Marktteilnehmer keinen Einfluß auf den Marktpreis des Kapitals hat, ist der Zinssatz als Preis des Kapitals für alle Marktteilnehmer ein *Datum*. Damit ist der Marktzins sowohl *Soll-* als auch *Habenzins*. Bei dem gehandelten Kapital handelt es sich um ein *homogenes Gut*, so daß es keine Konditionenunterschiede hinsichtlich des Eigen- oder Fremdkapitals, der Bonität, des Auszahlungsbetrages bzw. der Fristigkeit gibt. Ferner kann Kapital in *unbegrenzter Höhe angelegt* oder *aufgenommen* werden. Da grundsätzlich Geldanlagen zum Zinssatz von 0 [%] als Kassenhaltung angelegt werden können, gilt mit Sicherheit $i_{MZ} \geq 0$. Die Folge dieser Annahmen ist, daß der richtige Steuerungszinsfuß (Bewertungsmaßstab) ex ante bekannt und sicher ist. Insofern können optimale Investitions- und Finanzierungsentscheidungen mit Hilfe von Partialmodellen fundamental unterstützt werden. Da Kredite unbegrenzt und zu jeder Zeit aufgenommen werden können, besteht kein Liquiditätsproblem. Ferner sind die Ziele Vermögens- und Einkommensmaximierung zueinander äquivalent, so daß die Konsumpräferenzen keine Auswirkungen auf die optimale Investitions- und Finanzierungsentscheidung haben. Die Höhe der Kapitalnachfrage bzw. des Kapitalangebotes hängt lediglich von der Zielsetzung der Marktteilnehmer ab, so daß Investitions-, Finanzierungs- und Konsumentscheidungen getrennt voneinander gefällt werden können.

Aufgabe 2

Der *Present Value* PV ist der Wert, der sich nach Abdiskontierung der Ein- und Auszahlungen Z_t mit Hilfe eines Kalkulationszinsfußes i_{MZ} als Barwert ergibt. Er stellt somit den Mehrbetrag zum Zeitpunkt t = 0 dar, den die betrachtete Finanzanlage gegenüber der Geldanlage zum Kalkulationszins erwirtschaftet.

$$PV = \sum_{t=1}^{n} Z_t \cdot \frac{1}{(1+i_{MZ})^t}$$

Wird dem theoretischen Wert der Marktwert der Anleihe gegenübergestellt, so können grundsätzlich zwei Anlageentscheidungen unterschieden werden:

- *Übersteigt* der *Present Value* den *Marktwert* der Anleihe, so ist die Anleihe zu *kaufen*.
- *Übersteigt* der *Marktwert* den *Present Value* der Anleihe, so ist die Anleihe *nicht zu kaufen* bzw. eine bereits gekaufte Anleihe ist zu *verkaufen*.

Aufgrund der Eindeutigkeit des Bewertungskriteriums stellt das Present-Value-Konzept ein klares Entscheidungskriterium dar. Kritisch ist jedoch festzuhalten, daß mit Ausnahme festverzinslicher Anleihen die zukünftigen Zahlungen unsicher und damit u.U. nur schwer prognostizierbar sind. Insbesondere bei Sachinvestitionsentscheidungen besteht zudem das Problem, den jeweiligen Einzahlungen die entsprechenden Auszahlungen gegenüberzustellen und den zeitlichen Anfall der Zahlungen abzuschätzen. Zudem ist die Auswahl des „richtigen" Kalkulationzinsfußes auf realen Märkten äußerst schwierig, da in praxi im Gegensatz zu den Annahmen des vollkommenen Kapitalmarktes unter Sicherheit die Kapitalanlage- und Beschaffungsmöglichkeiten begrenzt sind, so daß der Kalkulationszins i kein Datum darstellt. Die Aufgabe des Kalkulationszinses besteht somit darin, sämtliche Faktoren der ökonomischen Umwelt, die nicht in der Zahlungsreihe explizit erfaßt werden, inhärent zu repräsentieren. In der Regel wird hierfür der Marktzins i_{MZ} als Opportunitätskostensatz und damit als Kalkulationszinsfuß herangezogen. Dieser wird der gesamten Zahlungsreihe zugrunde gelegt, so daß implizit eine *horizontale Zinsstruktur* unterstellt wird.

Aufgabe 3

Der Present Value läßt sich wie folgt berechnen:

$$PV = \frac{5}{1{,}063} + \frac{5}{1{,}063^2} + \frac{5}{1{,}063^3} + \frac{105}{1{,}063^4} = 95{,}526 \ [€]$$

Aufgabe 4

Realiter werden Anleihen mit unterschiedlichen Laufzeiten unterschiedlich verzinst. Werden die Zinssätze in Abhängigkeit von ihrer Laufzeit funktional abgebildet, so ergibt sich entweder eine *normale*, *inverse* oder *flache* Zins- bzw. Kuponstrukturkurve. Eine normale Zinsstrukturkurve ist dadurch charakterisiert, daß mit zunehmender Laufzeit das Zinsniveau steigt. Im Gegensatz dazu sinkt das Zinsniveau mit steigender Laufzeit bei einer inversen Zinsstrukturkurve ab. Eine flache Zinsstrukturkurve, wie sie z.B. dem klassischen Present-Value-Konzept zugrunde liegt, zeichnet sich durch ein einheitliches Zinsniveau über die gesamte Laufzeit aus.

Aufgabe 5

Forward-Rates geben die Verzinsung eines bereits in der Gegenwart abgeschlossenen, jedoch erst in der Zukunft liquiditätswirksam werdenden Finanzgeschäftes an. Beispielsweise läßt sich durch den Vergleich eines zweijährigen mit einem einjährigen Papier ein impliziter Zinssatz für das zweite Jahr berechnen. Unter der Annahme sicherer Erwartungen folgt daraus, daß bereits heute in t = 0 auf Basis der vorliegenden Zinsstruktur die Einjahreszinssätze für zukünftige Perioden determiniert werden und somit ermittelbar sind.

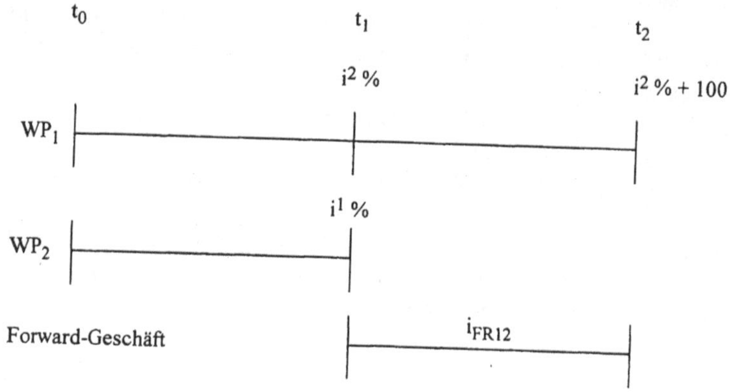

Abb. 3: Forward-Rates

mit:

$WP_{1,2}$	Wertpapier 1 bzw. 2
$i^{1,2}$	Zinssatz für ein ein- bzw. zweijähriges Wertpapier
i_{FR12}	Forward-Rate für den Zeitraum t_1 bis t_2

Für das Beispiel ergeben sich folgende Forward-Rates:

Forward-Rate i_{FR01}

i_{FR01} = 5,2 [%]

Forward-Rate i_{FR12}

	t_0	t_1	t_2
Geldaufnahme (2jährig) zu 5,4 [%]	+ 100	– 5,4	–105,4
Geldanlage (1jährig) zu 5,2 [%]	– 100	+ 105,2	
	0	99,8	–105,4

Tab. 12: Forward-Rate für den Zeitraum t = 1 bis t = 2 auf Basis der Zinsstrukturkurve A

$$(1 + i_{FR12}) \cdot 99{,}8 = 105{,}4 \quad \Rightarrow \quad i_{FR12} = \frac{105{,}4}{99{,}8} - 1 = 5{,}611\,[\%]$$

Forward-Rate i_{FR23}

	t_0	t_1	t_2	t_3
Geldaufnahme (3jährig) zu 5,8 [%]	+ 100	– 5,8	– 5,8	– 105,8
Geldanlage A (2jährig) zu 5,4 [%]	– A	+ 0,054 · A	+ 1,054 · A	
Geldanlage B (1jährig) zu 5,2 [%]	– (100 – A)	+ 1,052 · (100 – A)		

Tab. 13: Forward-Rate für den Zeitraum t = 2 bis t = 3 auf Basis der Zinsstrukturkurve A

Da in t = 0 sich die Ein- und Auszahlungen zu null saldieren müssen, gilt für Wertpapier B: B = – (100 – A).

Wird die Spalte t_1 in eine Gleichung transformiert, so ergibt sich nach einigen Umformungen für A:

$$\begin{aligned} & -5{,}8 + 0{,}054 \cdot A + 1{,}052 \cdot (100 - A) = 0 \\ \Leftrightarrow \quad & -5{,}8 + 0{,}054 \cdot A + 105{,}2 - 1{,}052 \cdot A = 0 \\ \Leftrightarrow \quad & -99{,}4 = -0{,}998 \cdot A \\ \Leftrightarrow \quad & 99{,}599 = A \end{aligned}$$

	t_0	t_1	t_2	t_3
Geldaufnahme (3jährig) zu 5,8 [%]	+ 100	– 5,8	– 5,8	–105,8
Geldanlage A (2jährig) zu 5,4 [%]	– 99,599	+ 0,054 · 99,599	+ 1,054 · 99,599	
Geldanlage B (1jährig) zu 5,2 [%]	– (100 – 99,599)	+ 1,052 · (100 – 99,599)		
	0	0	99,177	–105,8

Tab. 14: Forward-Rate für den Zeitraum t = 3 bis t = 4 auf Basis der Zinsstrukturkurve A

$$\left(1+i_{FR23}\right)\cdot 99{,}177 = 105{,}8 \quad\Rightarrow\quad i_{FR23} = \frac{105{,}8}{99{,}177} - 1 = 6{,}678\,[\%]$$

Forward-Rate i_{FR34}

	t_0	t_1	t_2	t_3	t_4
Geldaufnahme (4jährig) zu 6,3 [%]	+ 100	– 6,3	– 6,3	– 6,3	– 106,3
Geldanlage A (3jährig) zu 5,8 [%]	– A	+ 0,058 · A	+ 0,058 · A	+ 1,058 · A	
Geldanlage B (2jährig) zu 5,4 [%]	– B	+ 0,054 · B	+ 1,054 · B		
Geldanlage C (1jährig) zu 5,2 [%]	– C	+ 1,052 · C			

Tab. 15: Forward-Rate für den Zeitraum t = 4 bis t = 5 auf Basis der Zinsstrukturkurve A

Werden die Spalten t_0 bis t_2 in Gleichungen transformiert, so ergibt sich nach einigen Umformungen für A, B und C:

$$100 - A - B - C = 0 \qquad \text{I.}$$

$$-6{,}3 + 0{,}058\cdot A + 0{,}054\cdot B + 1{,}052\cdot C = 0 \qquad \text{II.}$$

$$-6{,}3 + 0{,}058\cdot A + 1{,}054\cdot B = 0 \qquad \text{III.}$$

Aus II. – III. folgt IV.:	$-1{,}0 \cdot B + 1{,}052 \cdot C = 0$	IV.
Aus I. · (0,058) + II. folgt V.:	$-0{,}5 - 0{,}004 \cdot B + 0{,}994 \cdot C = 0$	V.
Aus IV. · (– 0,004) + V. folgt VI.:	$-0{,}5 + 0{,}99 \cdot C = 0$	VI.
⇒	$C = 0{,}505$	
C eingesetzt in V. ergibt:	$B = 0{,}493$	
B eingesetzt in III. ergibt:	$A = 99{,}002$	

	t_0	t_1	t_2	t_3	t_4
Geldaufnahme (4jährig) zu 6,3 [%]	+ 100	– 6,3	– 6,3	– 6,3	– 106,3
Geldanlage A (3jährig) zu 5,8 [%]	– 99,002	+ 0,058 · 99,002	+ 0,058 · 99,002	+ 1,058 · 99,002	
Geldanlage B (2jährig) zu 5,4 [%]	– 0,493	+ 0,054 · 0,493	+ 1,054 · 0,493		
Geldanlage C (1jährig) zu 5,2 [%]	– 0,505	+ 1,052 · 0,505			
	0	0	0	98,444	– 106,3

Tab. 16: Forward-Rate für den Zeitraum t = 5 bis t = 6 auf Basis der Zinsstrukturkurve A

$$\left(1 + i_{FR34}\right) \cdot 98{,}444 = 106{,}3 \quad \Rightarrow \quad i_{FR34} = \frac{106{,}3}{98{,}444} - 1 = 7{,}98\,[\%]$$

Entsprechend dem Grundgedanken des periodenweisen Abzinsen mit Hilfe der ermittelten Forward-Rates ergibt sich folgender formaler Zusammenhang:

$$PV_{FR} = \frac{Z_1}{\left(1 + i_{FR01}\right)} + \frac{Z_2}{\left(1 + i_{FR01}\right) \cdot \left(1 + i_{FR12}\right)} + \ldots + \frac{Z_n}{\left(1 + i_{FR01}\right) \cdot \ldots \cdot \left(1 + i_{FRn-1,n}\right)}$$

$$= \sum_{t=1}^{n} Z_t \cdot \prod_{t=1}^{n} \left(1 + i_{FR\,t-1,t}\right)^{-1}$$

Für das Beispiel ergibt sich auf Basis der zuvor ermittelten Forward-Rates der folgende Present Value:

$$PV_{FR} = \frac{5}{1{,}052} + \frac{5}{1{,}052 \cdot 1{,}05611} + \frac{5}{1{,}052 \cdot 1{,}05611 \cdot 1{,}06678}$$

$$+ \frac{105}{1{,}052 \cdot 1{,}05611 \cdot 1{,}06678 \cdot 1{,}0798} = 95{,}516 \ [€]$$

Aufgabe 6

Die Barwertberechnung anhand von *Zerobondabzinsungsfaktoren* $ZBAF_t$ berücksichtigt ebenso wie die Present-Value-Bestimmung mit Hilfe von Forward-Rates explizit die Zinsstrukturkurve. Auf Basis der Kuponstrukturkurve werden *synthetische Zerobonds* konstruiert. Ein Zerobond stellt dabei eine Anleiheform dar, bei der es über die Laufzeit nicht zu Zinszahlungen kommt. Vielmehr werden die Zinszahlungen dem Kurs zugeschrieben, so daß die Rendite und der Endwert der Anleihe zum Emissionszeitpunkt feststehen. Durch Linearkombination mehrerer Kredite und Geldanlagen wird ein synthetischer Zerobond konstruiert, der lediglich in t = 0 eine Auszahlung und in t = n eine auf den Wert eins normierte Rückzahlung aufweist, wobei die zwischenzeitlichen Zahlungen sich zu null saldieren. Hierdurch wird deutlich, welchen Beitrag ein einzelner, in einem bestimmten Zeitpunkt zur Verfügung stehender Euro zum Kapitalwert leistet.

Zerobondabzinsungsfaktor für Periode 1

$$ZBAF_1 = \frac{1}{1{,}052} = 0{,}95057$$

Zerobondabzinsungsfaktor für Periode 2

	t_0	t_1	t_2
Geldanlage (2jährig) zu 5,4 [%]	– 0,948767	+ 0,051233	+ 1
Geldaufnahme (1jährig) zu 5,2 [%]	+ 0,048701	– 0,051233	
	– 0,900066	0	

Tab. 17: Zerobondabzinsungsfaktor für Periode 2

Hinweis:

$$1{,}054 \cdot 0{,}054 = 0{,}051233$$

$$0{,}051233 : 1{,}052 = 0{,}048701$$

$$0{,}048701 \cdot 0{,}052 = 0{,}051233$$

$ZBAF_2 = 0{,}900066$

Zerobondabzinsungsfaktor für Periode 3

	t_0	t_1	t_2	t_3
Geldanlage (3jährig) zu 5,8 [%]	– 0,945180	+ 0,054820	+ 0,054820	+ 1
Geldaufnahme A (2jährig) zu 5,4 [%]	+ 0,052011	– 0,002809	– 0,054820	
Geldaufnahme B (1jährig) zu 5,2 [%]	+ 0,049440	+ 0,052011		
	– 0,843729			

Tab. 18: Zerobondabzinsungsfaktor für Periode 3

$ZBAF_3 = 0{,}843729$

Zerobondabzinsungsfaktor für Periode 4

	t_0	t_1	t_2	t_3	t_4
Geldanlage (4jährig) zu 6,3 [%]	– 0,940734	+ 0,059266	+ 0,059266	+ 0,059266	+ 1
Geldaufnahme A (3jährig) zu 5,8 [%]	+ 0,056017	– 0,003249	– 0,003249	– 0,059266	
Geldaufnahme B (2jährig) zu 5,4 [%]	+ 0,053147	– 0,002870	– 0,056017		
Geldaufnahme C (1jährig) zu 5,2 [%]	+ 0,050520	– 0,053147			
	– 0,781050				

Tab. 19: Zerobondabzinsungsfaktor für Periode 4

$ZBAF_4 = 0{,}781050$

Alternativ (und schneller) lassen sich die relevanten kreditaufnahmebedingten Auszahlungen in t = 0 durch Multiplikation (Abzinsung) der zwischenzeitlichen geldanlagebedingten Auszahlungen mit dem jeweiligen periodenspezifischen $ZBAF_t$ berechnen.

	t_0	t_1	t_2	t_3	t_4
Geldanlage (4jährig) zu 6,3 [%]	– 0,940734	+ 0,059266	+ 0,059266	+ 0,059266	+ 1
Geldaufnahme A (3jährig) zu 5,8 [%]	+ 0,056336 ←	$\cdot$ ZBAF$_1$			
Geldaufnahme B (2jährig) zu 5,4 [%]	+ 0,053343 ←		$\cdot$ ZBAF$_2$		
Geldaufnahme C (1jährig) zu 5,2 [%]	+ 0,050004 ←			$\cdot$ ZBAF$_3$	
	– 0,781051				

Tab. 20: Beispielhafte alternative Berechnung des Zerobondabzinsungsfaktors für Periode 4

Entsprechend dem Grundgedanken des periodenweisen Abzinsens mit Hilfe der ermittelten Zerobondabzinsungsfaktoren ergibt sich folgender formaler Zusammenhang:

$$PV_{ZBAF} = Z_1 \cdot ZBAF_1 + Z_2 \cdot ZBAF_2 + \ldots + Z_n \cdot ZBAF_n = \sum_{t=1}^{n} Z_t \cdot ZBAF_t$$

Für das Beispiel ergibt sich auf Basis der zuvor ermittelten Zerobondabzinsungsfaktoren der folgende Present Value:

$$PV_{ZBAF} = 5 \cdot 0{,}950570 + 5 \cdot 0{,}900066 + 5 \cdot 0{,}843729 + 105 \cdot 0{,}781050 = 95{,}482 \; [€]$$

Aufgabe 7

Zerobondabzinsungsfaktoren implizieren periodenspezifische Kalkulationszinsfüße, die sogenannten Forward-Rates. Insofern lassen sich Forward-Rates in Zerobondabzinsungsfaktoren transformieren und umgekehrt.

$$ZBAF_n = \frac{1}{\prod_{t=1}^{n}\left(1 + i_{FR\,t-1,\,t}\right)}$$

Probe für $ZBAF_3$:

$$ZBAF_3 = \frac{1}{1{,}052 \cdot 1{,}05611 \cdot 1{,}06678} = 0{,}843724$$

Aufgabe 8

Forward-Rate i_{FR01}

$i_{FR01} = 5{,}5$ [%]

Forward-Rate i_{FR12}

	t_0	t_1	t_2
Geldaufnahme (2jährig) zu 5 [%]	+ 100	– 5	–105
Geldanlage (1jährig) zu 5,5 [%]	– 100	+ 105,5	
	0	100,5	–105

Tab. 21: Forward-Rate für den Zeitraum t = 1 bis t = 2 auf Basis der Zinsstrukturkurve B

$$(1 + i_{FR12}) \cdot 100{,}5 = 105 \quad \Rightarrow \quad i_{FR12} = \frac{105}{100{,}5} - 1 = 4{,}477\ [\%]$$

Forward-Rate i_{FR23}

	t_0	t_1	t_2	t_3
Geldaufnahme (3jährig) zu 3,99 [%]	+ 100	– 3,99	– 3,99	– 103,99
Geldanlage A (2jährig) zu 5 [%]	– A	+ 0,05 · A	+ 1,05 · A	
Geldanlage B (1jährig) zu 5,5 [%]	– (100 – A)	+ 1,055 · (100 – A)		
	0	0	0	

Tab. 22: Forward-Rate für den Zeitraum t = 2 bis t = 3 auf Basis der Zinsstrukturkurve B, Teil I

Wird die Spalte t_1 in eine Gleichung transformiert, so ergibt sich für A:

$$-3{,}99 + 0{,}05 \cdot A + 1{,}055\,(100 - A) = 0$$

$$\Leftrightarrow \quad -3{,}99 + 0{,}05 \cdot A + 105{,}5 - 1{,}055 \cdot A = 0$$

$$\Leftrightarrow \quad 101{,}51 = 1{,}005 \cdot A$$

$$\Rightarrow \quad 101{,}0050 = A$$

	t_0	t_1	t_2	t_3
Geldaufnahme (3jährig) zu 3,99 [%]	+ 100	– 3,99	– 3,99	–103,99
Geldanlage A (2jährig) zu 5 [%]	– A	+ 0,05 · A	+ 1,05 · 101,0050	
Geldanlage B (1jährig) zu 5,5 [%]	– (100 – A)	+ 1,055 · (100 – A)		
			102,065	–103,99

Tab. 23: Forward-Rate für den Zeitraum t = 2 bis t = 3 auf Basis der Zinsstrukturkurve B, Teil II

$$\left(1 + i_{FR23}\right) \cdot 102{,}0653 = 103{,}99 \quad \Rightarrow \quad i_{FR23} = \frac{103{,}99}{102{,}065} - 1 = 1{,}886\,[\%]$$

Forward-Rate i_{FR34}

	t_0	t_1	t_2	t_3	t_4
Geldaufnahme (4jährig) zu 2,999 [%]	+ 100	– 2,999	– 2,999	– 2,999	– 102,999
Geldanlage A (3jährig) zu 3,99 [%]	– A	+ 0,0399 · A	+ 0,0399 · A	+ 1,0399 · A	
Geldanlage B (2jährig) zu 5 [%]	– B	+ 0,05 · B	+ 1,05 · B		
Geldanlage C (1jährig) zu 5,5 [%]	– C	+ 1,055 · C			

Tab. 24: Forward-Rate für den Zeitraum t = 3 bis t = 4 auf Basis der Zinsstrukturkurve B, Teil I

Werden die Spalte t_0, t_1 und t_2 in Gleichungen transformiert, so ergibt sich für A, B und C:

$$100 - A - B - C = 0 \qquad \text{I.}$$

$$-2{,}999 + 0{,}0399 \cdot A + 0{,}05 \cdot B + 1{,}055 \cdot C = 0 \qquad \text{II.}$$

$$-2{,}999 + 0{,}0399 \cdot A + 1{,}05 \cdot B = 0 \qquad \text{III.}$$

Aus II. – III. folgt IV.: $$-1{,}0 \cdot B + 1{,}055 \cdot C = 0 \qquad \text{IV.}$$

Aus I. · (0,0399) + II. folgt V.: $$0{,}991 + 0{,}010 \cdot B + 1{,}015 \cdot C = 0 \qquad \text{V.}$$

Aus IV. + V. · (100) folgt VI.: $$99{,}1 + 102{,}555 \cdot C = 0 \qquad \text{VI.}$$

⇒ $$C = -0{,}966$$

C eingesetzt in IV. ergibt: $$B = -1{,}019$$

B eingesetzt in III. ergibt: $$A = 101{,}979$$

	t_0	t_1	t_2	t_3	t_4
Geldaufnahme (4jährig) zu 2,999 [%]	+ 100	– 2,999	– 2,999	– 2,999	– 102,999
Geldanlage A (3jährig) zu 3,99 [%]	– 101,979	+ 0,0399 · 101,979	+ 0,0399 · 101,979	+ 1,0399 · 101,979	
Geldanlage B (2jährig) zu 5 [%]	+ 1,019	+ 0,05 · (– 1,019)	+ 1,05 · (– 1,019)		
Geldanlage C (1jährig) zu 5,5 [%]	+ 0,966	+ 1,055 · (– 0,966)			
				103,048	– 102,999

Tab. 25: Forward-Rate für den Zeitraum t = 3 bis t = 4 auf Basis der Zinsstrukturkurve B, Teil II

$$\left(1 + i_{FR34}\right) \cdot 103{,}048 = 102{,}999 \quad \Rightarrow \quad i_{FR34} = \frac{102{,}999}{103{,}048} - 1 = -0{,}049\,[\%]$$

Die negative Forward-Rate verdeutlicht, daß das Marktzinsmodell bereits bei leicht inversen Zinsstrukturkurvenverläufen zusammenbricht. Gegen die Verwendung des Marktzinsmodells sprechen noch einige weitere Kritikpunkte:

- Das Marktmodell gilt nur auf einem vollkommenen Kapitalmarkt unter Sicherheit, d.h. Soll- und Habenzinsen dürfen sich für den Akteur kaum unterscheiden.
- Kapital unterschiedlicher Laufzeiten darf nicht knapp sein, da andernfalls nicht alle Zinssätze der Zinsstrukturkurve steuerungsrelevant sind.
- Die Zinssätze in der Zukunft werden durch die aktuelle Zinsstrukturkurve determiniert mit der Folge, daß die Zukunft mit Hilfe der periodenspezifischen Forward-Rates deterministisch fortgeschrieben wird. Die aus der Strukturkurve rekursiv ermittelten Forward-Rates können chaostheoretische Effekte entstehen lassen.
- Durch die Annahme der fristenkongruenten Finanzierung wird von zeitlich vertikalen Interdependenzen auf der Finanzierungsseite abstrahiert.
- Sachinvestitionen dürfen nicht zum Grenzobjekt werden.

Aufgabe 9

Allgemein kann ein arbitragefreier Zerobond zum Zeitpunkt 0 mit der Laufzeit n als Vektor VT dargestellt werden. Der Vektor ist dadurch charakterisiert, daß an der Stelle t = 0 der Abzinsungsfaktor für den Zeitpunkt 0 und die Laufzeit n als Repräsentant einer Zahlung steht. Die Stelle t = n ist entsprechend durch eine 1 für eine Rückzahlung gekennzeichnet.

$$VT_{ZBAF(0,n)} = \begin{bmatrix} ZBAF_{0,n} \\ 0 \\ 0 \\ 1 \\ 0 \\ 0 \end{bmatrix}$$

Wird ein *zukünftiger arbitragefreier Zerobondabzinsungsfaktor* also für t > 0 gesucht, kann sich der Zusammenhang zunutze gemacht werden, daß beispielsweise bei den Zerobonds $ZB_{0,t}$ und $ZB_{0,t+n}$ eine Rückzahlung in t bzw. t + n und eine Zahlung in Höhe der $ZBAF_{0,t}$ bzw. $ZBAF_{0,t+n}$ in t = 0 erfolgt. Da der Langläufer bereits zum Zeitpunkt t + n die gewünschte Rückzahlung in Höhe von 1 aufweist, ist es somit lediglich notwendig, ihn mit einem negativen Vielfachen des Kurzläufers zu mischen. Das Ziel hierbei ist, die Mischung so zu gestalten, daß sich die Zahlungen im Berechnungszeitpunkt (t = 0) zu null ergänzen. Dies erfolgt mit dem Faktor

$$\psi = -\frac{ZBAF_{0,t+n}}{ZBAF_{0,t}}$$

Der zukünftige Zerobondabzinsungsfaktor läßt sich dementsprechend wie folgt berechnen:

$$ZBAF_{t,n} = -\frac{ZBAF_{0,t+n}}{ZBAF_{0,t}} \cdot \begin{bmatrix} ZBAF_{0,t} \\ 1 \\ 0 \\ 0 \\ 0 \\ 0 \end{bmatrix} \cdot \begin{bmatrix} ZBAF_{0,t+n} \\ 0 \\ 0 \\ 0 \\ 1 \\ 0 \end{bmatrix}$$

Aufgabe 10

Aus der Zinsstrukturkurve lassen sich die auf der nächsten Seite folgenden zukünftigen arbitragefreien Zerobondabzinsungsfaktoren berechnen:

Laufzeit	1 Jahr	2 Jahre	3 Jahre	4 Jahre
t = 0	– 0,950570	– 0,900066	– 0,843729	– 0,781050
t = 1	– 0,946870	– 0,887603	– 0,821665	
t = 2	– 0,937407	– 0,867770		
t = 3	– 0,925713			

Tab. 26: Zukünftige arbitragefreie Zerobondabzinsungsfaktoren

Mit Hilfe des formalen Zusammenhangs

$$i(t,n) = \frac{1 + ZBAF_{t,n}}{(-1) \cdot \sum_{k=1}^{n} ZBAF_{t,k}}$$

lassen sich die folgenden zukünftigen arbitragefreien Zinssätze ermitteln:

Laufzeit	1 Jahr	2 Jahre	3 Jahre	4 Jahre
t = 0	5,2 [%]	5,4 [%]	5,8 [%]	6,3 [%]
t = 1	5,611 [%]	6,127 [%]	6,714 [%]	
t = 2	6,677 [%]	7,325 [%]		
t = 3	8,025 [%]			

Tab. 27: Zukünftige arbitragefreie Zinssätze

(Hinweis: (1 – 0,781050) : (0,950570 + 0,900066 + 0,843729 + 0,781050) = 6,3)

Aufgabe 11

Die Berechnung zukünftiger arbitragefreier Kurswerte erfolgt mit Hilfe folgender allgemeiner Formel:

$$K_T = -\sum_{t=T+1}^{n} ZBAF_{T,t-T} \cdot Z_t$$

Für das Beispiel ergeben sich folgende Kurswerte:

$$K_0 = 0{,}950570 \cdot 630 + 0{,}900066 \cdot 630 + 0{,}843729 \cdot 630 + 0{,}781050 \cdot 10.630$$
$$= 10.000{,}01\ [€]$$

$$K_1 = 0{,}946870 \cdot 630 + 0{,}887603 \cdot 630 + 0{,}821665 \cdot 10.630 = 9.890{,}02\ [€]$$

$$K_2 = 0{,}937407 \cdot 630 + 0{,}867770 \cdot 10.630 = 9.814{,}96\ [€]$$

$$K_3 = 0{,}925713 \cdot 10.630 = 9.840{,}33\ [€]$$

Aufgabe 12

Die *Spot-Rate-Methode* stellt einen Diskontierungsansatz auf Basis geometrisch ermittelter Durchschnittszinsen dar, wobei die Abzinsung mit periodenindividuellen Zinsfüßen i_{SRt} erfolgt, die für die Anlage der Anleihe von t = 0 bis t = n gezahlt werden. Somit wird eine Zahlung in der t-ten Periode mit der Spot Rate i_{SRt} über alle vorherigen Perioden abgezinst.

$$PV_{SR} = Z_1 \cdot (1 + i_{SR1})^{-1} + Z_2 \cdot (1 + i_{SR2})^{-2} + \ldots + Z_n \cdot (1 + i_{SRn})^{-n}$$

Da jede Periode mit einem einheitlichen Zinsfuß verzinst wird, werden zwischenzeitliche Zinszahlungen wieder zum gleichen Zinssatz angelegt bzw. diskontiert. Daraus folgt, daß als „richtiger" Kalkulationszins ein Zins anzusetzen ist, der dieser Wiederanlageprämisse gerecht wird. Der *Interne Zins* eines *Zerobonds* entspricht dieser Anforderung, so daß die richtige Berechnung des Present Value der Zugrundelegung einer *Nullkuponstrukturkurve* bedarf. Eine Nullkuponstrukturkurve visualisiert die Verzinsung in Abhängigkeit von der Restlaufzeit unter der Annahme der zwischenzeitlichen Wiederanlage zum Internen Zins.

Auf Basis der Kuponstrukturkurve A ergibt sich folgendes, theoretisch **nicht korrektes** Ergebnis.

$$PV = \frac{5}{1{,}052} + \frac{5}{1{,}054^2} + \frac{5}{1{,}058^3} + \frac{105}{1{,}063^4} = 95{,}711 \ [€]$$

Für die theoretisch richtige Present-Value-Ermittlung ist es notwendig, zunächst aus der Kuponstrukturkurve A die Nullkuponstrukturkurve abzuleiten. Dies geschieht auf Basis der zuvor ermittelten Zerobondabzinsungsfaktoren:

$$i_{Null,t} = \sqrt[t]{\frac{1}{ZBAF_t}} - 1$$

Für das Beispiel ergeben sich die folgenden Zinsfüße:

$$i_1 = \frac{1}{0{,}95057} - 1 = 5{,}2\,[\%] \quad , \quad i_2 = \sqrt{\frac{1}{0{,}900066}} - 1 = 5{,}405\,[\%]$$

$$i_3 = \sqrt[3]{\frac{1}{0{,}843729}} - 1 = 5{,}828\,[\%], \quad i_4 = \sqrt[4]{\frac{1}{0{,}781050}} - 1 = 6{,}373\,[\%]$$

Die Zerobondrenditen liegen über den Marktzinssätzen, da eine Zusammensetzung der Zerobonds mit jährlichen Zinsen nur möglich ist, weil eine implizite Fristentransformation stattfindet. Das heißt, es werden die Zinszahlungen, die eigentlich jährlich auftreten, auf den Endzeitpunkt prognostiziert. Insofern muß der Anleger einen höheren Zinssatz für eine mehrjährige Finanzierung in Kauf nehmen.

Eingesetzt in das Spot-Rate-Modell, ergibt sich der theoretisch richtige Present Value:

$$PV_{SR} = \frac{5}{1{,}052} + \frac{5}{1{,}05405^2} + \frac{5}{1{,}05828^3} + \frac{105}{1{,}06373^4} = 95{,}48 \ [€]$$

Literaturhinweise

ADAM, D.: Investitionscontrolling, 3. Auflage, München/Wien 2000.

DOERKS, W.: Die Berücksichtigung von Zinsstrukturkurven bei der Bewertung von Kuponanleihen, in: Wirtschaftswissenschaftliches Studium, 1991, S. 275–280.

HERING, TH.: Investitionstheorie aus der Sicht des Zinses, Wiesbaden 1995.

HERING, TH.: Finanzwirtschaftliche Unternehmensbewertung, Wiesbaden 1999.

KRAM, ST.: Marktzinsmethode unter Berücksichtigung der Mindestreserve, in: *BURCHERT, H., HERING, TH.*: Betriebliche Finanzwirtschaft – Aufgaben und Lösungen, München/Wien 1999, S. 251–256.

MARUSEV, A.W., PFINGSTEN, A.: Arbitragefreie Herleitung zukünftiger Zinsstrukturkurven und Kurswerte, in: Die Bank, 1992, S. 169–172.

MARUSEV, A.W., PFINGSTEN, A.: Zukünftige Zinsstrukturen bei informationseffizienten Kapitalmärkten – Herleitung und Anwendung, in: *SCHIERENBECK, H., MOSER, H. (HRSG.)*: Handbuch Bankcontrolling, Wiesbaden 1994, S. 315–356.

PERRIDON, L., STEINER, M.: Finanzwirtschaft der Unternehmung, 10. Auflage, München 1999.

ROLFES, B.: Marktzinsmethode in der Investitionsrechnung, in: Zeitschrift für Betriebswirtschaft, 1994, S. 121–125.

ROLFES, B.: Die Marktzinsmethode in der Investitionsrechnung, in: Zeitschrift für Betriebswirtschaft, 1994, S. 667–671.

SCHMELZ, M.: Die Bewertung sicherer und unsicherer Zahlungsströme im Marktzinsmodell, in: *BURCHERT, H., HERING, TH.*: Betriebliche Finanzwirtschaft – Aufgaben und Lösungen, München/Wien 1999, S. 246–250.

STEINER, M.: Die Fallstudie aus der BWL – Bewertung von Kuponanleihen, in: Das Wirtschaftsstudium, 1992, S. 413–414.

STEINER, M., BRUNS, CH.: Wertpapiermanagement, 7. Auflage, Stuttgart 2000.

„Dives qui fieri volt, et cito volt fieri.“

JUVENAL, Saturae 14, 177 f.

Management von Zinsänderungsrisiken mit Hilfe der Duration sowie der Konvexität

Festverzinsliche Wertpapiere unterliegen dem Zinsänderungsrisiko. Hierunter wird im engeren Sinne das sogenannte Endwert- bzw. Wiederanlagerisiko verstanden, welches das Risiko beinhaltet, daß sich durch Marktzinsänderungen der zwischenzeitliche Wiederanlageerfolg der ausgeschütteten Zahlungen verändert und damit der Endwert der Anlage Schwankungen unterworfen ist. Im Gegensatz hierzu ist das Zinsänderungsrisiko im engeren Sinne, das sogenannte Marktwert- oder Kurswertrisiko, Ausdruck dafür, daß der Marktwert des Wertpapiers durch den jeweiligen Marktzins determiniert wird. Da die Wirkungen von Marktzinsänderungen auf festverzinsliche Wertpapiere mit identischer Effektivverzinsung, aber unterschiedlichen Laufzeiten differieren kann, ist neben der Effektivverzinsung auch das Anlagerisiko bei festverzinslichen Wertpapieren zu berücksichtigen.

Aufgabe 1

Die Duration ist Ausdruck für die Risikobeurteilung festverzinslicher Wertpapiere. Erläutern Sie kurz die zwei unterschiedlichen Definitionen der Duration verbal und analytisch.

Aufgabe 2

Berechnen Sie mit Hilfe der vereinfachten Duration-Methode bei flacher Zinsstruktur die Duration D, wenn der Marktzins $i_{MZ} = 5{,}5$ [%] beträgt und der Nominalzins i_{nom} für eine endfällige Anleihe sich ebenfalls auf 5,5 [%] beläuft. Die Kuponzahlung erfolgt halbjährlich zum 1. März und zum 1. September. Die Restlaufzeit n beträgt 3 Jahre und 8 Monate.

Aufgabe 3

Wie lautet die Duration D einer Kuponanleihe mit unendlicher Laufzeit, und welche Erkenntnisse hinsichtlich der Bindungsdauer lassen sich daraus ableiten?

Aufgabe 4

Wie lautet die Duration D für einen Zerobond? Begründen Sie Ihre Antwort.

Aufgabe 5

Erläutern Sie, basierend auf der nachfolgenden Abbildung der Endvermögensentwicklung zweier Wertpapiere (A und B) in Abhängigkeit vom Marktzins, verbal und grafisch ausführlich das Konzept der Teilimmunisierung gegen Zinsrisiken. Leiten Sie anschließend formal die Immunisierungseigenschaft der Duration her.

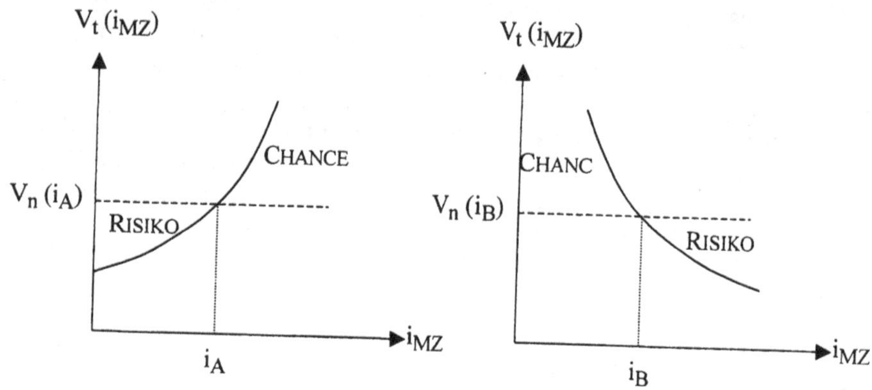

Abb. 4: Endvermögensentwicklung zweier Wertpapiere

Aufgabe 6

Erläutern Sie stichpunktartig die Vorgehensweise zur Teilimmunisierung eines Portefeuilles, und stellen Sie anschließend die algebraische Vorgehensweise zur Festlegung der optimalen teilimmunisierten Portefeuillestruktur dar.

Aufgabe 7

Wie wird die Duration für ein Portefeuille berechnet, das aus zwei Wertpapieren besteht?

Aufgabe 8

Gegeben seien folgende drei Wertpapiere:

Wertpapier	Nominalwert	Laufzeit [Jahre]	Nominalzins [%]	Anzahl der Wertpapiere
Zerobond A	100 [€]	3	6,5	400
Zerobond B	100 [€]	8	6,5	800
Kupon C	100 [€]	6	7	600

Tab. 28: Beispielhafte Wertpapierangaben zur Berechnung der Duration

Der Marktzins i_{MZ} beträgt 6,5 [%].

Berechnen Sie den Wert der jeweiligen Anlage in t = 4 und die jeweilige Duration. Wie hoch ist die Duration eines Portefeuilles, das aus allen drei Anlagen besteht?

Aufgabe 9

Berechnen Sie die prozentuale und absolute Kursänderung der drei Wertpapiere A, B und C, wenn der Marktzins um einen Prozentpunkt sinkt.

Aufgabe 10

Ein Portefeuille bestehe nur aus den beiden in Aufgabe 8 vorgestellten Wertpapieren A und B. Welche Portefeuillestruktur ist zu wählen, wenn das Risikopotential bei avisierten sinkenden Zinsen maximal 1.707,77 [€] betragen darf?

Aufgabe 11

Nennen Sie die wesentlichen Kritikpunkte an der Kennzahl „Duration".

Aufgabe 12

Erläutern Sie verbal und anhand einer Grafik die Kennzahl „Konvexität". Berechnen Sie anschließend die Konvexität von Wertpapier C aus Aufgabe 8 sowie die Preisveränderung der Anleihe bei einer Marktzinsveränderung um minus 2,5 Punkte.

Aufgabe 13

Welche Anleiherisiken, die weder von der Duration noch von der Konvexität berücksichtigt werden, bestehen neben dem eingangs erläuterten Zinsänderungsrisiko?

Aufgabe 14

Verdeutlichen Sie an einem selbstgewählten Beispiel, daß das Kurswertänderungsrisiko einer Kombizinsanleihe zwischen dem Kurswertänderungsrisiko einer Kuponanleihe und dem eines Zerobonds anzusiedeln ist.

Lösung

Aufgabe 1

Definition nach MACAULY

Die Duration D ist die *durchschnittliche*, mittlere Bindungsdauer einer festverzinslichen Wertanlage und wird als gewogenes arithmetisches Mittel aller mit dem Marktzins i_{MZ} auf den Zeitpunkt t_0 diskontierten zukünftigen Zahlungsansprüche Z_t berechnet. Insofern ist die Duration nach MACAULY als Maßgröße für die „optimale Bindungsdauer" eines festverzinslichen Wertpapiers anzusehen.

$$D = \frac{\sum_{t=1}^{n} t \cdot Z_t \cdot (1 + i_{MZ})^{-t}}{\sum_{t=1}^{n} Z_t \cdot (1 + i_{MZ})^{-t}}$$

mit:

D	Duration
n	Laufzeit
Z_t	Zins- und Tilgungszahlung zum Zeitpunkt t

Da nach D Zeiteinheiten die Hälfte des heutigen Present Values der Zahlungsreihe zurückgeflossen ist, bedeutet eine niedrige Duration auch ein niedriges Zinsänderungsrisiko.

Definition nach HICKS

Die Duration ist die Maßgröße für die marktzinsänderungsbedingte *Elastizität des Present Value* eines festverzinslichen Wertpapiers.

Die Elastizität $\in$ des Present Value ist definiert als relative Änderung des Present Value PV im Verhältnis zur relativen Änderung des Marktzins i_{MZ}.

$$\in = -\frac{\frac{\partial PV}{PV}}{\frac{\partial i_{MZ}}{i_{MZ}}}$$

Die erste Ableitung des Present-Value-Ansatzes lautet:

$$\frac{\partial PV}{\partial i_{MZ}} = -\sum_{t=1}^{n} t \cdot Z_t \cdot (1 + i_{MZ})^{-t-1}$$

Werden die Present-Value-Funktion und deren erste Ableitung in die Ausgangsgleichung eingesetzt, ergibt sich folgender formaler Zusammenhang:

$$\in = \frac{\sum_{t=1}^{n} t \cdot Z_t \cdot (1 + i_{MZ})^{-t}}{1 + i_{MZ}} \cdot \frac{i_{MZ}}{\sum_{t=1}^{n} Z_t \cdot (1 + i_{MZ})^{-t}} = D \cdot \frac{i_{MZ}}{1 + i_{MZ}}$$

$$\Leftrightarrow D \cdot \frac{i_{MZ}}{1 + i_{MZ}} = -\frac{\frac{\Delta PV}{PV}}{\frac{\Delta i_{MZ}}{i_{MZ}}} \Rightarrow D = -\frac{\Delta PV}{\Delta i_{MZ}} \cdot \frac{1 + i_{MZ}}{PV}$$

Aufgabe 2

Bei einer normalen Kuponanleihe, bei der über die gesamte Laufzeit ein einheitlicher Kupon Z und im Tilgungszeitpunkt der Tilgungsbetrag TB gezahlt werden, läßt sich mit folgender vereinfachter Duration-Kennzahl die Anlagedauer berechnen:

$$PV = (1 + i_{MZ})^{a} \cdot \left[\frac{Z \cdot \left((1 + i_{MZ})^{g} - 1 \right)}{i_{MZ} \cdot (1 + i_{MZ})^{g}} + \frac{TB}{(1 + i_{MZ})^{g}} \right]$$

mit:

n	Restlaufzeit in Jahren
g	kleinste ganze Zahl, für die gilt: $g \geq n$
a	Zeit in Jahren, die seit der letzten Kuponzahlung verstrichen ist $(a = g - n)$

Die erste Ableitung des Present Value lautet:

$$\frac{dPV}{di_{MZ}} = (1 + i_{MZ})^a \cdot \left[\frac{a \cdot Z}{i_{MZ} \cdot (1 + i_{MZ})} - \frac{Z}{i_{MZ}^2} + \frac{Z}{i_{MZ}^2 \cdot (1 + i_{MZ})^g} + \frac{(d - a) \cdot Z}{i_{MZ} \cdot (1 + i_{MZ})^{g+1}} - \frac{(g - a) \cdot TB}{(1 + i_{MZ})^{g+1}} \right]$$

Eingesetzt in

$$D = -\frac{\Delta PV}{\Delta i_{MZ}} \cdot \frac{1 + i_{MZ}}{PV}$$

ergibt sich:

$$D = \frac{(1 + i_{MZ})}{i_{MZ}} - a - \frac{g \cdot Z + ((1 + i_{MZ}) - i_{MZ} \cdot g) \cdot TB}{Z \cdot ((1 + i_{MZ})^g - 1) + i_{MZ} \cdot TB}.$$

Für die unterjährige Betrachtung gilt ferner:

m	Anzahl der Zinszahlungen pro Jahr
Z_{uj}	Zinskupon unterjährig $(Z \cdot m^{-1})$
$(1 + i_{MZ,\,uj})$	unterjährige Zinszahlung $((1 + i_{MZ})^{1/m})$
g_{uj}	unterjährige kleinste ganze Zahl, für die gilt: $g_{uj} \geq m \cdot n$
D_{uj}	unterjährige Duration $(D \cdot m^{-1})$

Für das Beispiel ergibt sich folgende Duration:

$$D_{uj} = \frac{\dfrac{(1{,}055)^{0{,}5}}{1{,}055^{0{,}5} - 1} - \left(\dfrac{4}{12} \cdot 2\right) - \dfrac{(4 \cdot 2) \cdot 2{,}25 + \left(1{,}055^{0{,}5} - \left(1{,}055^{0{,}5} - 1\right) \cdot (4 \cdot 2)\right) \cdot 100}{2{,}25 \cdot \left(\left(1{,}055^{0{,}5}\right)^{4 \cdot 2} - 1\right) + \left(1{,}055^{0{,}5} - 1\right) \cdot 100}}{2}$$

$D = 3{,}365$ [Jahre]

Aufgabe 3

Die Duration für eine Anleihe mit unendlicher Laufzeit lautet:

$$D_\infty = \frac{1 + i_{MZ}}{i_{MZ}} - a$$

Da für a gelten muß: $0 \leq a \leq 1$, bedeutet dies, daß die maximale Duration

$$D_\infty = \frac{1 + i_{MZ}}{i_{MZ}}$$

beträgt.

Um zu erkennen, wie sich die Duration eines unendlichen Papiers bei Variation des Marktzinses verhält, ist D_∞ abzuleiten.

$$\frac{\partial D_\infty}{\partial i_{MZ}} = -\frac{1}{i_{MZ}^2}$$

Aus der Ableitung ist zu erkennen, daß die Duration D_∞ mit steigendem Marktzins quadratisch abnimmt, so daß grundsätzlich zwei Aussagen hinsichtlich der Bindungsdauer getroffen werden können:

- Für ein langfristiges Finanzengagement sind festverzinsliche Wertpapiere nur begrenzt sinnvoll, da die durchschnittliche Bindungsdauer einer solchen Anlageform maximal $(1 + i_{MZ})/i_{MZ}$ beträgt.
- Steigt der Marktzins, so nimmt die durchschnittliche Bindungsdauer rasch ab.

Aufgabe 4

Da Zerobonds genau in t = n fällig sind und zwischenzeitlich keine Zinszahlungen erfolgen – Zerobonds sind somit reine Diskontpapiere –, wird das erwartete Endvermögen unabhängig von der Marktzinsentwicklung in n erreicht. Es gilt somit:

$$D = \frac{n \cdot Z_n \cdot (1 + i_{MZ})^{-n}}{Z_n \cdot (1 + i_{MZ})^{-n}} = n$$

Aufgabe 5

Das Konzept der *Immunisierung* basiert auf der Duration und versucht die entgegengesetzt wirkenden Endwertänderungs- und Marktwertänderungsrisiken zum Ausgleich zu bringen. Zentrale Prämissen der Duration-Methode sind dabei:

- Der Anleger hat einen festen Planungshorizont.
- Es wird eine flache Zinsstrukturkurve, d.h. ein einheitliches Zinsniveau über die gesamte Laufzeit unterstellt.
- Die Zinsänderungsrisiken sowie die daraus resultierenden Risiko-Chancen-Funktionen können additiv aggregiert werden.
- Das Endvermögen entspricht dem Wert $V_n = (1 + i_{MZ})^n$

Das Endvermögen V_n kann der Anleger generell nur dann erreichen, wenn zwischenzeitlich keine Marktzinsänderungen eintreten.

Die Abbildungen 4, S. 58 verdeutlichen, daß in Abhängigkeit vom Zins- bzw. Kursanteil das Endvermögen bei steigendem Markzins steigt bzw. sinkt. Während das Wertpapier A dem Wiederanlagerisiko (Restlaufzeit < Planungshorizont) unterliegt, ist für das Wertpapier B das Marktwertänderungsrisiko (Planungshorizont > Restlaufzeit) von Bedeutung.

Aufgrund der konvexen Form der Chancen-Risiko-Funktionen führt eine Kombination der beiden Wertpapiere mit den ihnen spezifischen Risikoarten zu einer Reduzierung der Chancen- und Risikopotentiale. Bei vollständiger Immunisierung wird das Risikopotential vollständig vernichtet.

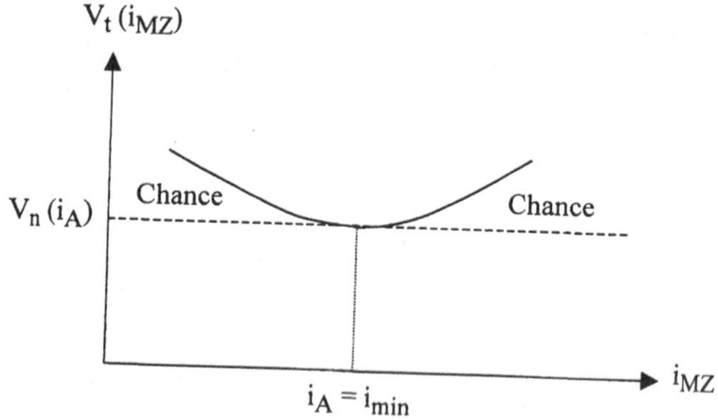

Abb. 5: Chancenpotential eines immunisierten Portefeuille

Analytisch bedeutet dies, daß die Endvermögensfunktion beim Marktzins i_A ihr lokales Minimum aufweist, so daß $i_A = i_{min}$ gilt.

Beweis:

$$(1)\; V_n(i_{MZ}) = V_0 \cdot (1+i_{MZ})^n = \sum_{t=1}^{n} Z_t \cdot (1+i_{MZ})^{n-t}$$

$$(2)\quad \frac{dV_n}{di_{MZ}} = \sum_{t=1}^{n} Z_t \cdot (1+i_{MZ})^{n-t-1} \cdot (n-t) = \sum_{t=1}^{n} Z_t \cdot (1+i_{MZ})^{n-1} \cdot (1+i_{MZ})^{-t} \cdot (n-t)$$

$$= \sum_{t=1}^{n} Z_t \cdot (1+i_{MZ})^{n-1} \cdot (1+i_{MZ})^{-t} \cdot n - \sum_{t=1}^{n} t \cdot Z_t \cdot (1+i_{MZ})^{n-1} \cdot (1+i_{MZ})^{-t}$$

$$(3)\quad \frac{dV_n}{d_n} = \frac{(1+i_{MZ})^{n-1} \cdot \left[n \cdot \sum_{t=1}^{n} Z_t \cdot (1+i_{MZ})^{-t} - \sum_{t=1}^{n} t \cdot Z_t \cdot (1+i_{MZ})^{-t} \right] \cdot \Delta i_{MZ}}{(1+i_{MZ})^n \cdot \sum_{t=1}^{n} Z_t \cdot (1+i_{MZ})^{-t}}$$

$$(4)\quad \frac{dV_n}{V_n} = \frac{1}{(1+i_{MZ})} \cdot (n-D) \cdot \Delta i_{MZ} \overset{!}{=} 0 \quad \text{ist gleich null, wenn } n = D \text{ ist}$$

$$(5)\quad dV_n = \frac{1}{(1+i_{MZ})} \cdot (n-D) \cdot \Delta i_{MZ} \cdot V_n \overset{!}{=} 0$$

$$(6)\quad \frac{d^2V_n}{d^2i_{MZ}} = \sum_{t=1}^{n} Z_t \cdot \underbrace{(1+i_{MZ})^{n-t-2}}_{>0} \cdot \underbrace{(n-t)}_{>0} \cdot \underbrace{(n-t-1)}_{>0} > 0 \quad \text{q.e.d.}$$

Da nicht vollständig immunisierte Portefeuilles bei einem Zins $i \neq i_{min}$ ein Minimumendvermögen aufweisen, das unter dem erwarteten Endvermögen eines vollständig immunisierten Portefeuilles liegt, kann jeder Anleger, wenn er bereit ist, ein gewisses Risiko zu tragen, für sein betreffendes Portefeuille das maximale (effektive) Risikopotential ermitteln. Ein Portefeuille, dessen Minimumendvermögen unter dem Minimumendvermögen bei vollständiger Immunisierung liegt, wird als teilimmunisiert bezeichnet.

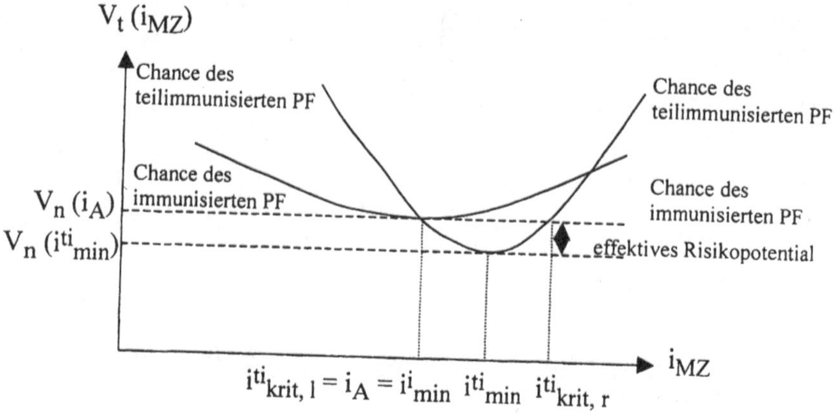

Abb. 6: Chancenpotential eines immunisierten bzw. teilimmunisierten Portefeuille

mit:

$V_n(i^{ti}_{min})$	Minimumendvermögen bei Teilimmunisierung
$i^{ti}_{krit,\,l}$	linker kritischer Zinssatz eines teilimmunisierten Portefeuilles
i_A	Zinssatz des Anlageobjektes A
i^{i}_{min}	Zinsminimum eines vollständig immunisierten Portefeuilles
i^{ti}_{min}	Zinsminimum eines teilimmunisierten Portefeuilles
$i^{ti}_{krit,\,r}$	rechter kritischer Zinssatz eines teilimmunisierten Portefeuilles

Da bei einem teilimmunisierten Portefeuille das Minimumendvermögen unter dem erwarteten Endvermögen bei vollständiger Immunisierung liegt und der Verlauf der Chancen-Risiko-Funktion des teilimmunisierten Portefeuilles einen stärkeren konvexen Verlauf aufweist als der des vollständig immunisierten Portefeuilles, steigt das Chancenpotential überproportional an. Insofern ermöglicht eine Teilimmunisierung eine Begrenzung der möglichen Verluste bei erheblich höherem Zinsgewinnpotential als bei Vollimmunisierung. Das Zinsrisiko besteht nur dann, wenn der Marktzins i_{MZ} unter i^{i}_{min} sinkt oder über $i^{ti}_{krit,\,r}$ steigt.

Letztendlich bestehen für die Duration-Kennzahl somit zwei Anwendungsmöglichkeiten:

- Bestimmung der Zinsreagibilität börsengehandelter festverzinslicher Wertpapiere auf Marktzinsänderungen.
- Unterstützung der Portefeuillebildung auf Basis festverzinslicher Wertpapiere mit unterschiedlichen Laufzeiten, um das Portefeuille gegen Zinsänderungsrisiken zu teil- oder gänzlich zu immunisieren.

Aufgabe 6

Verfahrensablauf zur Ableitung einer *Teilimmunisierungsstrategie*:

1. Festlegung der möglichen Zinsänderung Δi_{MZ}.
2. Berechnung der Portefeuillestruktur, mit der nach Eintritt von Δi_{MZ} das Minimumendvermögen erreicht wird.
3. Berechnung des Minimumendvermögens des umstrukturierten Portefeuille nach Eintritt der Zinsänderung.
4. Vergleich des Minimumendvermögens mit dem vorgegebenen Mindestendvermögen.
5. Entspricht das Minimumendvermögen dem Mindestendvermögen? Wenn ja, dann ist das optimale teilimmunisierte Portefeuille konzipiert worden, wenn nicht, muß Δi_{MZ} weiter variiert werden.

Theoretische Vorgehensweise zur Bestimmung der optimalen teilimmunisierten Portefeuillestruktur

$$V_n\left(i_{krit}^{ti}\right) = x_A \cdot \sum_{t=1}^{n_A} Z_t^A \cdot \left(1 + i_{MZ} + i_{krit}^{ti}\right)^{T-t} + \left(1 - x_A\right) \cdot \sum_{t=1}^{n_B} Z_t^B \cdot \left(1 + i_{MZ} + i_{krit}^{ti}\right)^{T-t}$$

mit $n_{A,B} \geq T$ und T = Betrachtungszeitpunkt

$$\frac{\Delta V_n\left(i_{krit}^{ti}\right)}{\Delta i_{krit}^{ti}} = x_A \cdot \sum_{t=1}^{n_A} (T-t) \cdot Z_t^A \cdot \left(1 + i_{MZ} + i_{krit}^{ti}\right)^{T-t-1}$$

$$+ \left(1 - x_A\right) \cdot \sum_{t=1}^{n_B} (T-t)\, Z_t^B \cdot \left(1 + i_{MZ} + i_{krit}^{ti}\right)^{T-t-1} \overset{!}{=} 0$$

Nach einigen Umformungen ergibt sich

$$x_A \cdot \frac{\left[T - D_A\left(i_{krit}^{ti}\right)\right]}{PV_B\left(i_{krit}^{ti}\right)} = \left(x_A - 1\right) \cdot \frac{\left[T - D_B\left(i_{krit}^{ti}\right)\right]}{PV_A\left(i_{krit}^{ti}\right)}$$

mit der Duration

$$D_{A,B}\left(i_{krit}^{ti}\right)=\frac{\sum_{t=1}^{n_{A,B}} t\cdot Z_t^{A,B}\cdot\left(1+i+i_{krit}^{ti}\right)^{-t}}{PV_{A,B}\left(i_{krit}^{ti}\right)}$$

und den Present Values

$$PV_{A,B}\left(i_{krit}^{ti}\right)=\sum_{t=1}^{N_{A,B}} Z_t^{A,B}\cdot\left(1+i+i_{krit}^{ti}\right)^{-t}$$

das Portefeuille, welches das Minimumendvermögen $V_T\left(i_{krit}^{ti}\right)$ generiert. Das Portefeuille weist folgende Struktur auf:

$$x_A\cdot\frac{\left[T-D_A\left(i_{krit}^{ti}\right)\right]}{PV_B\left(i_{krit}^{ti}\right)}=\left(x_A-1\right)\cdot\frac{\left[T-D_B\left(i_{krit}^{ti}\right)\right]}{PV_A\left(i_{krit}^{ti}\right)}$$

$$\Leftrightarrow\quad x_A\cdot\frac{\left[T-D_A\left(i_{krit}^{ti}\right)\right]}{PV_B\left(i_{krit}^{ti}\right)}-x_A\cdot\frac{\left[T-D_B\left(i_{krit}^{ti}\right)\right]}{PV_A\left(i_{krit}^{ti}\right)}=-\frac{\left[T-D_B\left(i_{krit}^{ti}\right)\right]}{PV_A\left(i_{krit}^{ti}\right)}$$

$$\Leftrightarrow x_A\cdot\left[\frac{\left[T-D_A\left(i_{krit}^{ti}\right)\right]}{PV_B\left(i_{krit}^{ti}\right)}-\frac{\left[T-D_B\left(i_{krit}^{ti}\right)\right]}{PV_A\left(i_{krit}^{ti}\right)}\right]=-\frac{\left[T-D_B\left(i_{krit}^{ti}\right)\right]}{PV_A\left(i_{krit}^{ti}\right)}$$

$$\Leftrightarrow x_A=\frac{-\frac{\left[T-D_B\left(i_{krit}^{ti}\right)\right]}{PV_A\left(i_{krit}^{ti}\right)}}{\frac{\left[T-D_A\left(i_{krit}^{ti}\right)\right]}{PV_B\left(i_{krit}^{ti}\right)}-\frac{\left[T-D_B\left(i_{krit}^{ti}\right)\right]}{PV_A\left(i_{krit}^{ti}\right)}}$$

$$\Leftrightarrow x_B=\left(1-x_A\right)$$

Aufgabe 7

Die *Duration für ein Portefeuille* D_{PF} wird durch die Anteile der Wertpapiere x_1 und x_2 am Portefeuille und die individuellen Durations der einzelnen Wertpapiere determiniert:

Für

$$D_{PF} = x_1 \cdot D_1 + x_2 \cdot D_2$$

mit

$$x_2 = 1 - x_1$$

gilt:

$$D_{PF} = x_1 \cdot D_1 + (1 - x_1) \cdot D_2 .$$

Aufgabe 8

Berechnung der individuellen Anlagewerte und der individuellen Durations:

Zerobond A

$$V_4^A = 400 \cdot 100 \cdot 1{,}065^4 = 51.458{,}65 \ [€]$$

$$D^A = 3\,[\text{Jahre}]$$

Zerobond B

$$V_4^B = 800 \cdot 100 \cdot 1{,}065^4 = 102.917{,}30 \ [€]$$

$$D^B = 8\,[\text{Jahre}]$$

Kupon C

$$V_4^C = 4.200 \cdot 1{,}065^2 + 4.200 \cdot 1{,}065 + 4.200 + 4.200 \cdot 1{,}065^{-1} + 4.200 \cdot 1{,}065^{-2} + 64.200 \cdot 1{,}065^{-3} = 74.231{,}29 \ [€]$$

$$D^C = \frac{4.200 \cdot 1{,}065^{-1} + 2 \cdot 4.200 \cdot 1{,}065^{-2} + 3 \cdot 4.200 \cdot 1{,}065^{-3} + 4 \cdot 4.200 \cdot 1{,}065^{-4}}{4.200 \cdot 1{,}065^{-1} + 4.200 \cdot 1{,}065^{-2} + 4.200 \cdot 1{,}065^{-3} + 4.200 \cdot 1{,}065^{-4}}$$

$$+ \frac{5 \cdot 4.200 \cdot 1{,}065^{-5} + 6 \cdot 64.200 \cdot 1{,}065^{-6}}{4.200 \cdot 1{,}065^{-5} + 64.200 \cdot 1{,}065^{-6}} = \frac{314.157{,}73}{61.452{,}30} = 5{,}11\,[\text{Jahre}]$$

Duration des Portefeuilles

$$D_{PF} = \frac{40.000}{181.452{,}3} \cdot 3 + \frac{80.000}{181.452{,}3} \cdot 8 + \frac{61.452{,}3}{181.452{,}3} \cdot 5{,}11 = 5{,}92\,[\text{Jahre}]$$

Aufgabe 9

Die *Modified Duration* MD verdeutlicht die prozentuale Kursveränderung von Anleihen in Abhängigkeit von der Veränderung des Marktzinsniveaus. Sie weist die Dimension Prozent auf und berechnet sich wie folgt:

$$MD = \frac{D}{1 + i_{MZ}}$$

Für die Beispieldaten ergeben sich folgende Modified Durations:

$$MD_A = \frac{3}{1{,}065} = 2{,}82\,[\%]; \quad MD_B = \frac{8}{1{,}065} = 7{,}51\,[\%]; \quad MD_C = \frac{5{,}11}{1{,}065} = 4{,}80\,[\%]$$

Bei einer Senkung des Marktzinses wird dementsprechend der Anleihekurs von A um 2,82 [%], der Anleihekurs von B um 7,51 [%] und der Anleihekurs von C um 4,8 [%] steigen.

Die absolute Kursveränderung einer Anleihe bei Veränderung des Marktzinsniveaus um einen Basispunkt berechnet sich wie folgt:

$$\Delta PV = MD \cdot \frac{PV}{10.000}$$

Für die Beispieldaten ergeben sich folgende absolute Kursveränderungen:

$$\Delta PV_A = 2{,}82 \cdot \frac{100}{10.000} = 0{,}0282\,; \quad \Delta PV_B = 7{,}51 \cdot \frac{100}{10.000} = 0{,}0751\,;$$

$$\Delta PV_C = 4{,}80 \cdot \frac{102{,}42}{10.000} = 0{,}0492\,;$$

Bei einer Senkung des Marktzinses um einen Basispunkt wird dementsprechend der Anleihekurs A um 0,0282 [€], der Anleihekurs B um 0,0751 [€] und der Anleihekurs C um 0,0492 [€] steigen.

Aufgabe 10

Bei *Vollimmunisierung* errechnet sich für den betrachteten Zeitpunkt T = 4 ein Portefeuillewert von

$400 \cdot 100 \cdot 1{,}065^4 + 800 \cdot 100 \cdot 1{,}065^4 = 154.375{,}96$ [€].

Da das Risikopotential maximal 1.707,77 [€] betragen darf, beträgt das Mindestendvermögen

154.375,96 [€] – 1.7077,77 [€] = 152.668,19 [€].

Die entsprechend geforderte Mindestverzinsung lautet:

$$i_{min}^{gef.} = \sqrt[4]{\frac{152.668{,}19}{120.000}} - 1 = 6{,}20\,[\%]$$

Berechnung der Portefeuillestruktur des optimal teilimmunisierten Portefeuille
Da mit sinkenden Zinsen gerechnet wird, ist grundsätzlich der Anteil des Zerobonds B zu Lasten des Anteils von Zerobond A innerhalb der Portefeuillestruktur zu erhöhen.

i_{krit}^{ti}	PV_A	x_A	PV_B	$x_B = (1 - x_A)$	$V_T\left(i_{krit}^{ti}\right)$
0	100	80 [%]	100	20 [%]	154.375,96
2	94,57	78,47 [%]	86,17	21,53 [%]	154.285,78
8	80,47	73,58 [%]	56,02	26,42	152.668,19

Tab. 29: Portefeuillestruktur nach der Immunisierung

Für $i_{krit}^{ti} = 0$ gilt:

$$x_A = \frac{-\frac{[4-8]}{100}}{\frac{[4-3]}{100} - \frac{[4-8]}{100}} = 80\,[\%]$$

Allgemein gilt:

$$V_T\left(i_{krit}^{ti}\right) = x_A \cdot V_n^A(i_{MZ}) \cdot \left(1 + i_{MZ} + i_{krit}^{ti}\right)^{T-n_A} + x_B \cdot V_n^B(i_{MZ}) \cdot \left(1 + i_{MZ} + i_{krit}^{ti}\right)^{T-n_B}$$

$$V_4\,(0) = 1.200 \cdot \left[0{,}8 \cdot 120{,}7949625 \cdot 1{,}065 + 0{,}2 \cdot 165{,}5995671 \cdot 1{,}065^{\,-4}\right] = 154.375{,}96$$

Für $i_{krit}^{ti} = 2$ gilt:

$$x_A = \frac{-\frac{[4-8]}{94{,}57}}{\frac{[4-3]}{86{,}17} - \frac{[4-8]}{94{,}57}} = 78{,}47\,[\%]$$

$$V_4\,(2) = 1.200 \cdot [0{,}7847 \cdot 120{,}7949625 \cdot 1{,}085$$

$$+ 0{,}2153 \cdot 165{,}5995671 \cdot 1{,}085^{\,-4}] = 154.285{,}78$$

Für $i_{krit}^{ti} = 8$ gilt:

$$x_A = \frac{-\frac{[4-8]}{80{,}47}}{\frac{[4-3]}{56{,}02} - \frac{[4-8]}{80{,}47}} = 73{,}58\,[\%]$$

$$V_4\,(8) = 1.200 \cdot [0{,}7358 \cdot 120{,}7949625 \cdot 1{,}145$$

$$+ 0{,}2642 \cdot 165{,}5995671 \cdot 1{,}145^{\,-4}] = 152.668{,}19$$

Aufgabe 11

Die wesentlichen Kritikpunkte sind:

- Es wird eine flache Zinsstrukturkurve unterstellt. Real liegt eher eine konvexe Zinsstrukturkurve vor, so daß die Aussagekraft der Duration als Kennzahl mit steigender Krümmung der Zinsstrukturkurve abnimmt.
- Da die Duration statisch ist, muß real ein Anleger seinen Anleihebestand ständig an die sich ändernden Marktzinsen anpassen, um die Duration konstant zu halten.

Aufgabe 12

Real besteht zwischen der Veränderung des Anleihekurses und der eingetretenen Marktzinsänderung kein linearer, sondern vielmehr ein nichtlinearer konvexer Zusammenhang.

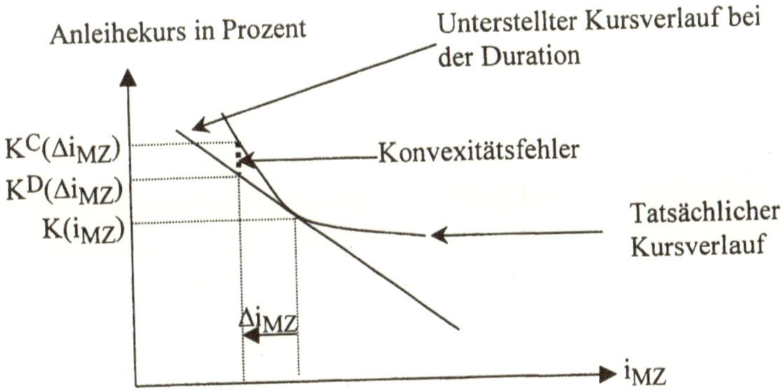

Abb. 7: Konvexitätsfehler der Duration

Die Abbildung verdeutlicht, daß die Duration die Veränderung des Anleihekurses in Abhängigkeit von der Veränderung des Marktzinsniveaus unterschätzt ($K^D(\Delta i_{MZ})$). Fallen die Zinsen, so steigt real der Anleihekurs stärker, als dies durch die Duration deutlich wird ($K^{Co}(\Delta i_{MZ}) > K^D(\Delta i_{MZ})$), et vice versa.

Mittels der Konvexität wird versucht, den Tracking Error der Duration zu eliminieren und die Anleihekursveränderung entsprechend dem Krümmungsverhalten der Marktzins-Anleihekurs-Funktion abzubilden. Algebraisch läßt sich die Konvexität C wie folgt berechnen:

$$Co = \frac{\sum_{t=1}^{n} t \cdot (t+1) \cdot Z_t \cdot (1+i_{MZ})^{-t}}{(1+i_{MZ})^2 \cdot \sum_{t=1}^{n} Z_t \cdot (1+i_{MZ})^{-t}}$$

Für die Beispieldaten von Wertpapier C ergibt sich:

$$Co_C = \frac{2 \cdot \frac{7}{1{,}065} + 2 \cdot 3 \cdot \frac{7}{1{,}065^2} + 3 \cdot 4 \cdot \frac{7}{1{,}065^3} + 4 \cdot 5 \cdot \frac{7}{1{,}065^4} + 5 \cdot 6 \cdot \frac{7}{1{,}065^5} + 6 \cdot 7 \cdot \frac{107}{1{,}065^6}}{1{,}065^2 \cdot \left(\frac{7}{1{,}065} + \frac{7}{1{,}065^2} + \frac{7}{1{,}065^3} + \frac{7}{1{,}065^4} + \frac{7}{1{,}065^5} + \frac{107}{1{,}065^6} \right)}$$

$$= \frac{346{,}71}{116{,}17} = 29{,}80$$

Um die prozentuale Veränderung des Anleihekurses zu bestimmen, wird die Konvexität in die Preisveränderungsgleichung eingesetzt:

$$\Delta PV = -MD \cdot \Delta i_{MZ} + 0{,}5 \cdot C \cdot (\Delta i_{MZ})^2$$

Bei einer Veränderung des Marktzinses um minus 2,5 Punkte ergibt sich eine geschätzte prozentuale Kursveränderung von

$$\Delta PV_C = -4{,}8 \cdot (-0{,}025) + 0{,}5 \cdot 29{,}8 \cdot (-0{,}025)^2 = 12{,}93\,[\%].$$

Der Anleihekurs wird somit in $t = 0$ von 102,42 [€] auf 115,66 [€] steigen.

Aufgabe 13

Zu diesen Risiken zählen das

- Wechselkursrisiko
  Wertpapiere, die auf Fremdwährungen lauten, unterliegen dem Wechselkursrisiko, falls ihre zukünftigen Zahlungen in die Inlandswährung transferiert werden sollen.
- Kündigungsrisiko
  Hierbei besteht die Gefahr, daß der Emittent das ausstehende Kapital vorzeitig zurückzahlt, wenn er anderweitig günstiger Fremdkapital aufnehmen kann.

- <u>Fungibilitätsrisiko</u>
  Aufgrund bestehender Marktstrukturen kann ein Wertpapier nicht vorzeitig veräußert werden (Lemon Problem).
- <u>Bonitätsrisiko</u>
  Hierbei besteht die Gefahr, daß der Emittent seinen Zahlungsverpflichtungen nicht nachkommt.

Aufgabe 14

Die Duration einer zehnjährigen Kuponanleihe mit einem jährlichen Kupon in Höhe von 6 [%] bei einem Marktzins von ebenfalls 6 [%] beträgt

$$D = \frac{780{,}17}{104{,}46} = 7{,}8\,[\text{Jahre}].$$

Im Gegensatz dazu beträgt die Duration einer zehnjährigen Kombizinsanleihe mit der Kuponstruktur (0, 0, 0, 0, 0, 14, 14, 14, 14, 14), was in etwa einer 6[%]igen Effektivverzinsung entspricht, bei einem Marktzins vom 6 [%]

$$D = \frac{905{,}81}{99{,}91} = 9{,}07\,[\text{Jahre}].$$

Da für Zerobonds D = T gilt, beträgt die Duration eines Zerobonds mit zehnjähriger Laufzeit zehn Jahre.

Die berechneten Durations verdeutlichen, daß die Kombizinsanleihe hinsichtlich ihres Kurswertänderungsrisikos eine Position zwischen Kuponanleihe und Zerobond einnimmt.

Literaturhinweise

Bessler, W.: Zinsrisikomanagement in Kreditinstituten, Wiesbaden 1989.

Kruschwitz, L., Schöbel, R.: Duration – Grundlagen und Anwendungen eines einfachen Risikomaßes zur Beurteilung festverzinslicher Wertpapiere I und II, in: Das Wirtschaftsstudium, 1983, S. 550–554 und S. 603–608.

Rudolph, B., Wondrak, B.: Modelle zur Planung von Zinsänderungsrisiken und Zinsänderungschancen, in: Zeitschrift für Wirtschafts- und Sozialwissenschaften, S. 337–361.

Perridon, L., Steiner, M.: Finanzwirtschaft der Unternehmung, 10. Auflage, München 1999.

STEINER, M., BRUNS, CH.: Wertpapiermanagement, 7. Auflage, Stuttgart 2000.
UHLIR, H., STEINER, P.: Wertpapieranalyse, 3. Auflage, Heidelberg/Wien 1994.

2 Aktienmanagement

„Um die Zukunft der Aktie einzuschätzen,
müssen wir die Nerven, Hysterien,
ja sogar die Verdauung und Wetterfühligkeit jener Personen beachten,
von deren Handlungen diese Geldanlagen abhängen."

John Maynard Keynes

Diversifikationsstrategien auf Basis der Portfolio Selection Theory

Ziel der Portfolio Selection Theory ist es darzustellen, inwieweit durch die Investition in unterschiedliche Anlageformen, also die Diversifikation, das Gesamtrisiko des Engagements verringert werden kann.

Aufgabe 1

Verdeutlichen Sie den Grundgedanken der Risikodiversifikation. Erläutern Sie dabei verbal und grafisch den Unterschied zwischen unsystematischem und systematischem Risiko.

Aufgabe 2

Leiten Sie zunächst für den Zwei-Anlagen-Fall und anschließend allgemein die zu minimierende Zielfunktion im Rahmen der Portfolio Selection Theory her, und erläutern Sie Ihr Vorgehen.

Aufgabe 3

Im Rahmen der Portfolio Selection Theory wird eine risikoaverse Einstellung der Kapitalanleger unterstellt. Verdeutlichen Sie grafisch in einem μ-σ-Diagramm mit $\mu = E(r)$ die drei grundsätzlich möglichen Präferenzfunktionsverläufe.

Aufgabe 4

Zeigen Sie allgemein, wie hoch das Risiko eines Zwei-Anlagen-Portfolios ist, wenn die Korrelation zwischen den gemischten Wertpapieren $k_{12} = -1$, $k_{12} = 0$ oder $k_{12} = 1$ beträgt.

Aufgabe 5

Die nachfolgende Tabelle enthält die Daten für die Wertpapiere A und B:

	Umweltzustand Zustand 1 0,25	Zustand 2 0,35	Zustand 3 0,4
Rendite des Wertpapiers A	12 [%]	13 [%]	14 [%]
Rendite des Wertpapiers B	8 [%]	7,65 [%]	8 [%]

Tab. 30: Renditen der Wertpapiere A und B im Rahmen der Fallstudie zur Portfolio Selection Theory

Berechnen Sie zunächst die Erwartungswerte, die Standardabweichungen und Kovarianzen der Wertpapierrenditen. Ermitteln Sie anschließend die Rendite und die Standardabweichung des Minimumvarianzportfolios und des Maximumrenditeerwartungswertportfolios. Wie ist das Minimumvarianzportfolio bzw. das Maximumrenditeerwartungswertportfolio strukturiert? Zeichnen Sie die Funktion $\sigma_{PF}(E(r_{PF}))$ des Minimumvarianzportfolios in ein μ-σ-Diagramm mit $\mu = E(r)$.

Aufgabe 6

Gegeben sei folgende Nutzenfunktion:

$$H\big(E(r_{PF}), \sigma_{PF}\big) = E(r_{PF}) - 5 \cdot \sigma_{PF}^2$$

Welche erwartete Rendite und Standardabweichung weist das ausgewählte Portfolio auf?

Aufgabe 7

Nehmen Sie kritisch zur Portfolio Selection Theory Stellung.

Lösung

Aufgabe 1

Grundgedanke der Diversifikation im Rahmen der *Portfolio Selection Theory* ist, daß durch geeignete Kombination von Wertpapieren WP – deren Renditeentwicklung einer *Normalverteilung* gehorcht – das Risiko des Gesamtengagements in ein solches Portfolio geringer ist, als dies bei einem Engagement ausschließlich in ein risikobehaftetes Wertpapier der Fall wäre. Ein Portfolio, das aus λ_A Teilen von Wertpapier A und aus $1 - \lambda_A$ Teilen von Wertpapier B besteht (mit $0 \leq \lambda_A \leq 1$), weist einen aggregierten Renditeerwartungswert von $E(r_{PF}) = \lambda_A \cdot E(r_A) + (1 - \lambda_A) \cdot E(r_B)$ auf. Jedoch variiert die Standardabweichung des Portfolios σ_{PF} mit Variation der Wertpapieranteile nicht linear. Mit Ausnahme einer vollständig positiven Korrelation von A und B, ausgedrückt durch einen Korrelationskoeffizienten von $k_{AB} = 1$, ist die Standardabweichung des Portfolios σ_{PF} immer kleiner als die Summe der gewogenen Standardabweichungen der Einzelpapiere. Während der *diversifizierbare* Teil des Risikos als *unsystematisches Risiko* bezeichnet wird, stellt der *nicht diversifizierbare* Teil das *systematische Risiko* dar. Unsystematische Risiken sind titelspezifische Risiken, d.h. es handelt sich um Risiken, die nicht mit übergeordneten Ereignissen in Zusammenhang stehen, sondern sich nur auf einen speziellen Emittenten und damit auf ein spezielles Anlageobjekt beziehen. Im Rahmen von Aktienengagements stellen z.B. negative Berichte über den Emittenten oder die Entwicklung von Konkurrenzprodukten solche unsystematischen Risiken dar. Im Gegensatz dazu stellen systematische Risiken marktinhärente Risikopotentiale dar. Da diese Risiken für eine ganze Anlageklasse gelten, können sie auch nicht durch die Diversifikation innerhalb dieser Anlagenklasse reduziert oder eliminiert werden. Insbesondere politische Entwicklungen, wie z.B. Steuerreformen, stellen solche Einflußfaktoren auf den Gesamtmarkt bzw. eine ganze Anlagenklasse dar.

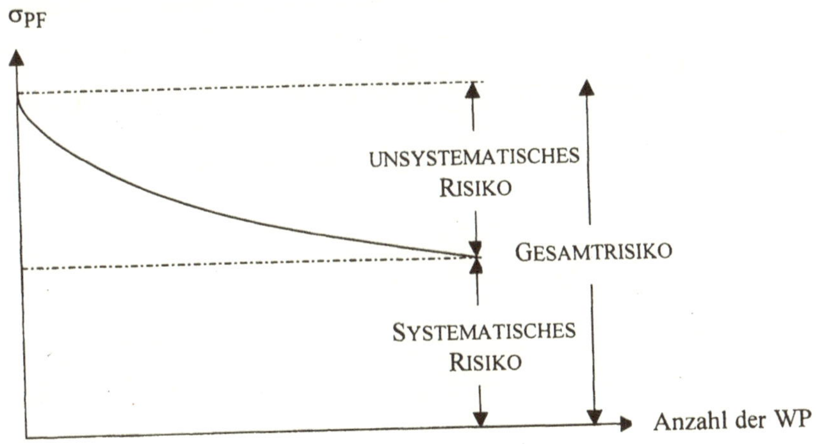

Abb. 8: Unsystematisches und systematisches Risiko

Aufgabe 2

Im Zwei-Anlagen-Fall errechnet sich die Rendite eines Portfolios, wie bereits dargestellt, durch Addition der mit den Portfolioanteilen λ_1 und λ_2 gewichteten Einzelrenditen $E(r_1)$ und $E(r_2)$ der Wertpapiere 1 und 2.

$$E(r_{PF}) = \lambda_1 \cdot E(r_1) + \lambda_2 \cdot E(r_2)$$

Im Gegensatz zur Portfoliorendite variiert jedoch, wie bereits erläutert, die Standardabweichung mit Veränderung des Mischungsverhältnisses der Portfolioanteile nicht linear. Es ist vielmehr der Gleichlauf zwischen den einzelnen Wertpapieren in die Risikobewertung aufzunehmen, so daß sich für den Zwei-Anlagen-Fall folgender formaler Zusammenhang ergibt:

$$\sigma_{PF} = \sqrt{\lambda_1^2 \cdot \sigma_1^2 + \lambda_2^2 \cdot \sigma_2^2 + 2 \cdot \lambda_1 \cdot \lambda_2 \cdot \sigma_{12}}$$

Grundsätzlich kann der Gleichlauf zweier Größen, also die Kovarianz $\sigma_{12} = COV_{12}$, wie folgt berechnet werden:

$$\sigma_{12} = \frac{1}{n} \sum_{t=1}^{n} \left(E(r_{1t}) - E(\bar{r}_1)\right) \cdot \left(E(r_{2t}) - E(\bar{r}_2)\right)$$

mit:

$E(r_{1t,2t})$ erwartete Rendite des Wertpapiers 1 bzw. 2 zum Zeitpunkt t

$E(\bar{r}_{1,2})$ erwarteter Mittelwert der Renditen des Wertpapiers 1 bzw. 2

Da der Korrelationskoeffizient k_{12} als relative Größe aus dem Intervall $-1 \leq k_{12} \leq 1$ den Gleichlauf der Wertpapiere besser veranschaulicht als die absolute Größe σ_{12}, wird in der Funktion σ_{PF} die Kovarianz σ_{12} durch den Ausdruck

$$k_{12} = \frac{\sigma_{12}}{\sigma_1 \cdot \sigma_2}$$

ersetzt, so daß für die Standardabweichung des Portfolios unter der Voraussetzung, daß die Summe der einzelnen Portfolios eins beträgt, gilt:

$$\sigma_{PF} = \sqrt{\lambda_1^2 \cdot \sigma_1^2 + \lambda_2^2 \cdot \sigma_2^2 + 2 \cdot \lambda_1 \cdot \lambda_2 \cdot \sigma_1 \cdot \sigma_2 \cdot k_{12}} \quad \rightarrow \quad \text{min!}$$

Allgemein lautet die zu minimierende Zielfunktion:

$$\sigma_{PF}^2 = \sum_{i=1}^{I} \sum_{j=1}^{J} \lambda_i \cdot \lambda_j \cdot \sigma_{ij} \quad \rightarrow \quad \text{min!}$$

$$E(r_{PF}) = \sum_{i=1}^{I} \lambda_i \cdot E(r_i)$$

$$\sum_{i=1}^{I} \lambda_i = 1$$

mit:
I Anzahl der Wertpapiere

Aufgabe 3

Die subjektive Risikoempfindung des Anlegers wird im Rahmen der Portfolio Selection Theory mit Hilfe von Isonutzenkurven abgebildet.

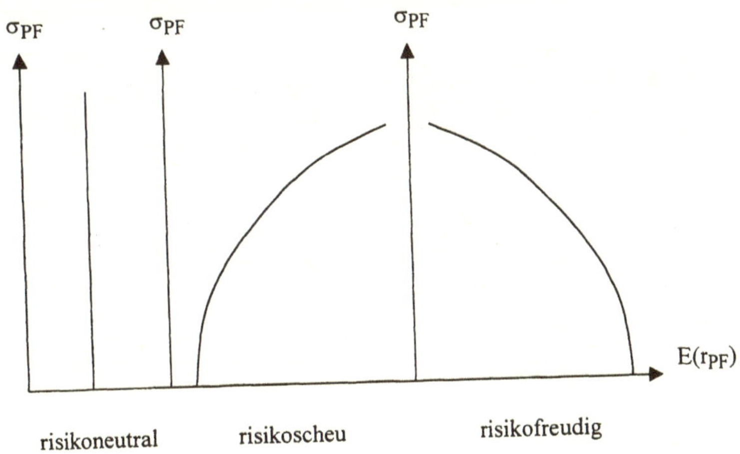

Abb. 9: Isonutzenfunktionsverläufe

Aufgabe 4

Ausgangspunkt ist die Funktion der Standardabweichung in Abhängigkeit vom Korrelationskoeffizienten:

$$\sigma_{PF} = \sqrt{\lambda_1^2 \cdot \sigma_1^2 + \lambda_2^2 \cdot \sigma_2^2 + 2 \cdot \lambda_1 \cdot \lambda_2 \cdot \sigma_1 \cdot \sigma_2 \cdot k_{12}}$$

Für $k_{12} = -1$ gilt:

$$\sigma_{PF} = |\lambda_1 \cdot \sigma_1 - \lambda_2 \cdot \sigma_2|$$

Sind die Wertpapiere vollständig negativ korreliert, so kann das unsystematische Risiko des Portfolios durch geeignete Mischung der Wertpapiere vollständig eliminiert werden.

Für $k_{12} = 0$ gilt:

$$\sigma_{PF} = \sqrt{\lambda_1^2 \cdot \sigma_1^2 + \lambda_2^2 \cdot \sigma_2^2}$$

Für $k_{12} = 1$ gilt:

$$\sigma_{PF} = \lambda_1 \cdot \sigma_1 + \lambda_2 \cdot \sigma_2$$

Sind die Wertpapiere vollständig positiv korreliert, so kann das unsystematische Risiko des Portfolios unabhängig von dem Mischungsverhältnis der Wertpapiere nicht reduziert werden. Aus den dargestellten Zusammenhängen wird deutlich, daß für einen Korrelationskoeffizienten kleiner eins grundsätzlich die Standardabweichung des Portfolios geringer ausfällt als bei der Summe der gewogenen Einzelrisiken.

Aufgabe 5

Zunächst sind die Erwartungswerte der Wertpapierrenditen zu bestimmen, wobei allgemein gilt:

$$E(\bar{r}_i) = \sum_{z=1}^{Z} w_{iz} \cdot E(r_{iz})$$

mit

$E(\bar{r}_i)$ durchschnittliche erwartete Rendite des Wertpapiers i auf Basis unterschiedlicher Zustände z

w_{iz} Wahrscheinlichkeit dafür, daß der Zustand (die Rendite) z für Wertpapier i eintritt

$E(r_{iz})$ Wertpapierrendite des Wertpapiers A bei Eintritt des Zustands z

Hier:

$$E(r_A) = 0{,}25 \cdot 12 + 0{,}35 \cdot 13 + 0{,}4 \cdot 14 = 13{,}15\ [\%]$$

$$E(r_B) = 0{,}25 \cdot 8 + 0{,}35 \cdot 7{,}65 + 0{,}4 \cdot 8 = 7{,}8775\ [\%]$$

Es gilt:

$$\sigma_i = \sqrt{\sum_{z=1}^{Z} \left(E(r_{iz}) - E(\bar{r}_i)\right) \cdot w_{iz}}$$

Für die Datensituation folgt daraus:

$$\sigma_A = \sqrt{(12 - 13{,}15)^2 \cdot 0{,}25 + (13 - 13{,}15)^2 \cdot 0{,}35 + (14 - 13{,}15)^2 \cdot 0{,}4} = 0{,}79$$

$$\sigma_B = \sqrt{(8 - 7{,}8775)^2 \cdot 0{,}25 + (7{,}65 - 7{,}8775)^2 \cdot 0{,}35 + (8 - 7{,}8775)^2 \cdot 0{,}4} = 0{,}17$$

Ferner gilt:

$$\sigma_{AB} = \sigma\left(E(r_A), E(r_B)\right) = \left(E(r_A) - E(\bar{r}_A)\right) \cdot \left(E(r_B) - E(\bar{r}_B)\right)$$

$$= E(r_A) \cdot E(r_B) - E(\bar{r}_A) \cdot E(\bar{r}_B)$$

Für die Datensituation folgt daraus:

$$E(r_A \cdot r_B) = 0{,}25 \cdot 12 \cdot 8 + 0{,}35 \cdot 13 \cdot 7{,}65 + 0{,}4 \cdot 14 \cdot 8 = 103{,}61$$

$$\sigma_{AB} = 103{,}61 - 13{,}15 \cdot 7{,}8775 = 0{,}02 \approx 0$$

Im folgenden sind die drei Gleichungen zur Bestimmung des Minimumvarianzportfolios aufzustellen:

(1) $1 = \lambda_A + \lambda_B \Rightarrow \lambda_A = 1 - \lambda_B$ und $\lambda_B = 1 - \lambda_A$

(2) $E(r_{PF}) = \lambda_A \cdot 13{,}15 + (1 - \lambda_A) \cdot 7{,}8775 = 13{,}15 \cdot \lambda_A - 7{,}8775 \cdot \lambda_A + 7{,}8775$

$$\Rightarrow \lambda_A = \frac{E(r_{PF}) - 7{,}8775}{5{,}2725}$$

$$E(r_{PF}) = (1 - \lambda_B) \cdot 13{,}15 + \lambda_B \cdot 7{,}8775 = 13{,}15 - 13{,}15 \cdot \lambda_B + 7{,}8555 \cdot \lambda_B$$

$$\Rightarrow \lambda_B = \frac{E(r_{PF}) - 13{,}15}{-5{,}2725}$$

(3) $\sigma_{PF}^2 = \lambda_A^2 \cdot 0{,}79^2 + \lambda_B^2 \cdot 0{,}17^2$

$$= 0{,}6241 \cdot \left(\frac{(E(r_{PF}))^2 - 15{,}755 \cdot E(r_{PF}) + 62{,}055}{27{,}799} \right)$$

$$+ 0{,}0289 \cdot \left(\frac{(E(r_{PF}))^2 - 26{,}30 \cdot E(r_{PF}) + 172{,}923}{27{,}799} \right)$$

$$= 0{,}02349 \cdot (E(r_{PF}))^2 - 0{,}38105 \cdot E(r_{PF}) + 1{,}57293$$

$$\sigma_{PF} = \sqrt{0{,}02349 \cdot (E(r_{PF}))^2 - 0{,}38105 \cdot (E(r_{PF}))^2 + 1{,}57293}$$

$$\frac{d\sigma_{PF}}{dE(r_{PF})} = \frac{1}{2} \cdot \frac{(0{,}04698 \cdot E(r_{PF}) - 0{,}38105)}{\sqrt{0{,}02349 \cdot (E(r_{PF}))^2 - 0{,}38105 \cdot E(r_{PF}) + 1{,}57293}} \overset{!}{=} 0$$

$$\Rightarrow 0{,}04698 \cdot E(r_{PF}) = 0{,}38105$$

$E(r_{PF_{min}}) = 8{,}11\,[\%]$

Die Standardabweichung des Minimumvarianzportfolios beträgt:

$$\sigma_{PF_{min}}\left(E(r_{PF_{min}}) = 8{,}11\right) = \sqrt{0{,}02349 \cdot 8{,}11^2 - 0{,}36315 \cdot 8{,}11 + 1{,}57293} = 0{,}42$$

Die Anteile der Wertpapiere A und B am Minimumvarianzportfolio betragen:

$$\lambda_{A_{min}} = \frac{8{,}11 - 7{,}8775}{5{,}2725} = 0{,}044 \quad \wedge \quad \lambda_{B_{min}} = 1 - 0{,}044 = 0{,}956$$

Die Anteile der Wertpapiere A und B am Portfolio mit maximaler Renditeerwartung betragen:

$$E(r_{PF_{max}}) = 13{,}15 \quad \wedge \quad \sigma_{PF_{max}} = 0{,}79$$

$$\Rightarrow \lambda_{A_{max}} = \frac{13{,}15 - 7{,}8775}{5{,}2725} = 1, \quad \lambda_{B_{min}} = 1 - 1 = 0$$

Die Standardabweichung für $E(r_{PF}) = 0$ beträgt:

$$\sigma_{PF_{min}}\left(E(r_{PF}) = 0\right) = \sqrt{1{,}57293} = 1{,}25$$

Werden die ermittelten Daten in ein µ-σ-Diagramm übertragen, so ergibt sich der auf der nachfolgenden Seite abgebildete Funktionsverlauf für die Funktion $\sigma_{PF}(E(r_{PF})$:

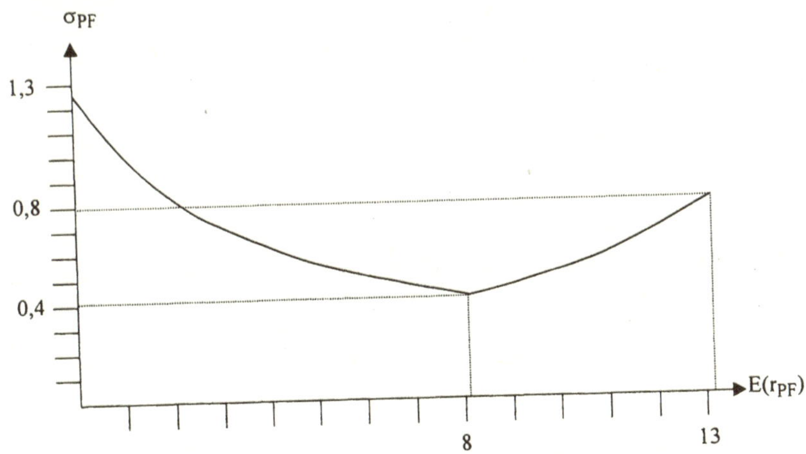

Abb. 10: Beispielhaftes µ-σ-Diagramm mit µ = E(r_{PF})

Aufgabe 6

Die Rendite und die Standardabweichung des Portfolios lassen sich wie folgt berechnen:

$$H(E(r_{PF}), \sigma_{PF}) = E(r_{PF}) - 5 \cdot \sigma_{PF}^2$$

$$H(\lambda_A) = 13{,}15 \cdot \lambda_A + (1 - \lambda_A) \cdot 7{,}8775 - 5 \cdot \left[\lambda_A^2 \cdot 0{,}79^2 + (1 - \lambda_A)^2 \cdot 0{,}17^2\right]$$

$$H(\lambda_A) = 13{,}15 \cdot \lambda_A + 7{,}8775 - 7{,}8775 \cdot \lambda_A - 5 \cdot \left[0{,}6241 \cdot \lambda_A^2 + \left(1 - 2 \cdot \lambda_A + \lambda_A^2\right) \cdot 0{,}0289\right.$$

$$H(\lambda_A) = 5{,}2725 \cdot \lambda_A + 7{,}8775 - 5 \cdot \left[0{,}6241 \cdot \lambda_A^2 + 0{,}0289 - 0{,}0578 \cdot \lambda_A + 0{,}0289 \cdot \lambda_A^2\right]$$

$$H(\lambda_A) = 5{,}2725 \cdot \lambda_A + 7{,}8775 - 3{,}1205 \cdot \lambda_A^2 - 0{,}1445 + 0{,}289 \lambda_A - 0{,}1445 \lambda_A^2$$

$$H(\lambda_A) = 5{,}5615 \cdot \lambda_A + 7{,}733 - 3{,}265 \cdot \lambda_A^2$$

$$\frac{dH(\lambda_A)}{d\lambda_A} = 5{,}5615 - 6{,}53 \cdot \lambda_A \overset{!}{=} 0 \quad \Rightarrow \quad \lambda_A = 0{,}852 \quad \wedge \quad (1 - \lambda_A) = 0{,}148$$

$$E(r_{PF}) = 0{,}852 \cdot 13{,}15 + 0{,}148 \cdot 7{,}8775 = 12{,}37\,[\%]$$

$$\sigma_{PF} = \sqrt{0{,}852^2 \cdot 0{,}79^2 + 0{,}148^2 \cdot 0{,}17^2} = 0{,}674$$

Aufgabe 7

Positiv an der Portfolio Selection Theory ist, daß sie die in der Realität vorzufindenden Diversifikationsstrategien theoretisch begründet. Es wird deutlich, daß weniger die Menge der sich in einem Portfolio befindenden Werte als vielmehr deren Korrelation miteinander für die Risikostreuung von Bedeutung ist. Problematisch ist jedoch, daß die Portfolio Selection Theory auf Vergangenheitsdaten basiert, so daß die Gefahr besteht, daß lediglich ex post effiziente Portfolios entstehen. Für den Anleger sind aber vor allem prospektiv ausgerichtete Portfolios interessant. Ein weiteres großes Problem stellt die Vernachlässigung des *Timing-Gedankens* dar, welcher der Frage nachgeht, wann in das entsprechende (effiziente) Portfolio investiert bzw. wann aus dem Finanzengagement ausgestiegen werden soll, damit die Rendite maximiert wird. Neben dem Timing-Gedanken ist vor allem auch das Problem der Datenbeschaffung zu nennen. Der Varianzminimierungsansatz benötigt bei I Werten

$$\frac{I \cdot (I+3)}{2}$$

Daten, wobei allein

$$\frac{I \cdot (I-1)}{2}$$

Kovarianzen zu ermitteln sind.

Literaturhinweise

HERING, TH.: Investitionstheorie aus der Sicht des Zinses, Wiesbaden 1995.

HERING, TH.: Finanzwirtschaftliche Unternehmensbewertung, Wiesbaden 1999.

KRUSCHWITZ, L.: Finanzierung und Investition, 2. Auflage, München/Wien 1999.

MARKOWITZ, H.M.: Foundations of Portfolio Theory, in: Journal of Finance, 1952, S. 77–91.

MARKOWITZ, H.M.: Portfolio Selection, Efficient Diversification of Investments, New York 1959.

PERRIDON, L., STEINER, M.: Finanzwirtschaft der Unternehmung, 10. Auflage, München 1999.

STEINER, M., BRUNS, CH.: Wertpapiermanagement, 7. Auflage, Stuttgart 2000.

SÜCHTING, J.: Finanzmanagement – Theorie und Politik der Unternehmensfinanzierung, 6. Auflage, Wiesbaden 1995.

UHLIR, H., STEINER, P.: Wertpapieranalyse, 3. Auflage, Heidelberg 1994.

EURORA
Fischer
Hochsee
Fang
FIMA
500
Für den frohen Forscher Dr. Frank Keuper
Universität Hamburg
Bettine Rosenberger.
1999

„Wer gut essen will, kauft Aktien;
wer gut schlafen will, kauft Anleihen."

ANDRÉ KOSTOLANY

Aktienbewertung auf Basis des Capital Asset Pricing Model

Während im Rahmen der Portfolio Selection Theory ausschließlich risikobehaftete Wertpapiere betrachtet werden, schließt das Capital Asset Pricing Model (CAPM) zur Erklärung der Preisbildung auf Kapitalmärkten eine risikolose Kapitalanlage- und Kapitalaufnahmemöglichkeit in die Analyse ein. Ziel des CAPM ist es, zum einen zu ermitteln, welche Portfoliorendite bei welchem Risiko erwartet werden darf, wenn alternativ am Kapitalmarkt eine risikolose Kapitalanlagemöglichkeit besteht (Kapitalmarktlinie), und zum anderen, welche Rendite ein Wertpapier als Bestandteil des Marktportfolios aufweist (Wertpapierlinie).

Aufgabe 1

Nennen Sie kurz die wesentlichen Annahmen, die dem CAPM zugrundeliegen.

Aufgabe 2

Leiten Sie ausführlich verbal, grafisch und analytisch die Kapitalmarktlinie und deren zentrale Aussage her.

Aufgabe 3

Erläutern Sie anhand einer Grafik, daß die Kapitalmarktlinie den geometrischen Ort aller effizienter Portfolios darstellt, die aus einer risikolosen Kapitalanlage- oder Kapitalaufnahmemöglichkeit und dem Marktportfolio unter Beachtung der Isonutzenfunktionen des Anlegers gebildet werden.

Aufgabe 4

Leiten Sie verbal, grafisch und analytisch die Wertpapierlinie und deren zentrale Aussage her.

Aufgabe 5

Folgende Anlagemöglichkeiten stehen zur Verfügung:

	Wertpapier A	Wertpapier B	Wertpapier C
Erwartete Rendite	7	12	4
Standardabweichung	10	15	0

Tab. 31: Beispielhafte Anlagemöglichkeiten im Rahmen der CAPM-Fallstudie

Ferner gilt für die Korrelationskoeffizienten: $k_{AB} = k_{AC} = k_{BC} = 0$.

Bestimmen Sie die Kapitalmarktlinie sowie die Rendite und die Standardabweichung des Marktportfolios. Wie hoch sind die systematischen Risiken der Wertpapiere A, B und C sowie die Korrelationskoeffizienten k_{AM}, k_{BM} und k_{CM}?

Aufgabe 6

Leiten Sie allgemein die CAPM-Gleichung (Wertpapierlinie) unter Berücksichtigung von Steuern her. Erläutern Sie Ihr Vorgehen.

Aufgabe 7

Beurteilen Sie ausführlich das CAPM in Hinblick auf seine Eignung zur Bewertung einzelner, im Marktportfolio enthaltener Wertpapiere.

Lösung

Aufgabe 1

Zu den wesentlichen Annahmen des CAPM zählen die folgenden:

- Auf dem vollkommenen Kapitalmarkt kann unbegrenzt Geld zu einem risikolosen Zinssatz i_F aufgenommen bzw. angelegt werden.
- Sämtliche Nachfrager haben homogene Erwartungen hinsichtlich der Wertpapierrenditen und der Wertpapierrisiken.
- Die Marktpreise reflektieren ohne zeitliche Verzögerung sämtliche Marktinformationen. Demzufolge ist der Kapitalmarkt informationseffizient.

- Die Wertpapierrenditen unterliegen einer Normalverteilung, so daß das Risiko als Streuung um den Erwartungswert gemessen werden kann.
- Der Planungshorizont umfaßt eine Periode. Unsicher sind lediglich die Zahlungen im Zeitpunkt t = 1.
- Es existieren keine Transaktionskosten oder Steuern.
- Die Wertpapiere sind beliebig teilbar.
- Leerverkäufe sind möglich.
- Es existiert ein Marktportfolio.

Aufgabe 2

Zunächst ist auf Basis der risikobehafteten Wertpapiere die *Effizienzkurve* der unsicherheitsbehafteten Portfolios $E(r_{PF})$ zu bestimmen. Mit der Möglichkeit, unbegrenzt Kapital risikolos anzulegen bzw. aufzunehmen, ändert sich jedoch die Menge der effizienten Portfolios. *Effiziente Portfolios* stellen Wertpapiermischungen dar, deren Rendite von keinem anderen Portfolio mit identischem Risiko übertroffen werden kann, bzw. es existiert kein Portfolio, das bei gleicher Rendite ein geringeres Risiko aufweist. Wird ein Teil des zur Verfügung stehenden Kapitals λ_K zum risikolosen Zinssatz i_F angelegt und ein weiterer Teil $(1 - \lambda_K)$ in eines der risikoeffizienten Portfolios $E(r_{PF})$ investiert, so ergibt sich die folgende grafische Darstellung:

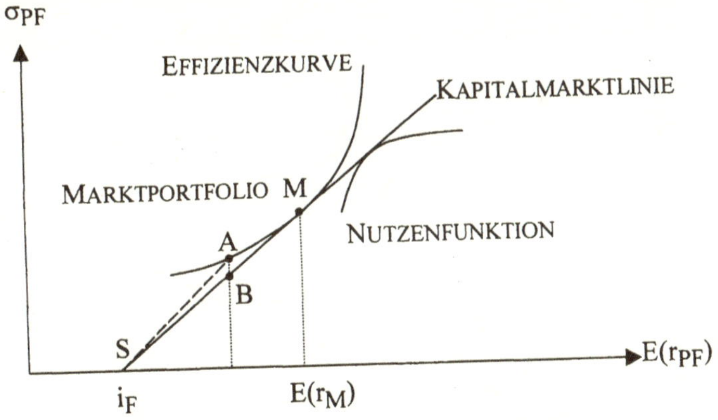

Abb. 11: Kapitalmarktlinie

Da die Portfolios der Effizienzkurve sich mit der risikolosen Anlage beliebig mischen lassen, liegen die mit einer Linearkombination erzielbaren μ-σ-Kombinationen (mit $\mu = E(r_M)$) auf der Verbindungsgeraden, der sogenannten Kapitalmarktlinie, zwischen dem Punkt S und dem gewählten Portefeuille auf der Effizienzkurve. Erst wenn die Gerade die Kurve tangiert, liegen auf ihr keine nach dem μ-σ-Prinzip dominierten Kombinationen vor. Dies wird zum Beispiel durch den Vergleich der Punkte

A und B deutlich. So weist beispielsweise die Linearkombination im Punkt B bei gleicher Rendite ein geringeres Risiko aud als die Linearkombination im Punkt A. Der Tangentialpunkt wird im allgemeinen als Marktportfolio M bezeichnet. Allgemein gilt für die Rendite- bzw. für die Risikogleichung:

$$E(r_{PF}) = \lambda_K \cdot i_F + (1-\lambda_K) \cdot E(r_M)$$

$$\sigma_{PF} = \sqrt{\lambda_K^2 \cdot \sigma_{i_F}{}^2 + (1-\lambda_K)^2 \cdot \sigma_M^2 + 2 \cdot \lambda_K \cdot (1-\lambda_K) \cdot k_{i_F M} \cdot \sigma_{i_F} \cdot \sigma_M}$$

mit:

$E(r_{PF})$ erwartete Rendite des individuell gebildeten Portfolios
$E(r_M)$ erwartete Rendite des Marktportfolios
σ_{i_F} erwartete Standardabweichung der risikolosen Anlagemöglichkeit
σ_M erwartete Standardabweichung des risikobehafteten Marktportfolios
$k_{i_F M}$ Korrelationskoeffizient der Renditeerwartung der risikolosen Anlagemöglichkeit und des Marktportfolios

Da die risikolose Anlage i_F eine Varianz von null aufweist –

$$\sigma_{i_F}^2 = 0$$

– und die Rendite der risikolosen Anlage vollständig unkorreliert mit jedem risikobehafteten Wertpapier des Marktportfolios ist –

$$k_{i_F M} = 0$$

– wird das Risiko des privaten Portfolios durch den Anteil am risikobehafteten Marktportfolio determiniert.

$$\sigma_{PF} = \sqrt{\lambda_K^2 \cdot 0^2 + (1-\lambda_K)^2 \cdot \sigma_M^2 + 2 \cdot \lambda_K \cdot (1-\lambda_K) \cdot 0 \cdot 0 \cdot \sigma_M} = (1-\lambda_K) \cdot \sigma_M$$

Die Kapitalmarktlinie repräsentiert grafisch die Menge sämtlicher dominanter Mischportfolios, gebildet aus der risikolosen Kapitalanlage- bzw. Kapitalaufnahmemöglichkeit und dem Marktportfolio. Algebraisch ausgedrückt bedeutet dies:

$$E(r_{PF}) = i_F + \frac{E(r_M) - i_F}{\sigma_M} \cdot \sigma_{PF}$$

$E(r_{PF})$	=	i_F	+	$\frac{E(r_M) - i_F}{\sigma_M}$	·	σ_{PF}
Renditeerwartungswert des effizienten Portfolios		Entschädigung pro Zeiteinheit		Entschädung pro Risikoeinheit		Risiko des Portfolios

Aus dem formalen Zusammenhang wird deutlich, daß die Kapitalmarktlinie die Rendite eines Portfolios in Abhängigkeit von seinem Risiko, gemessen durch die Standardabweichung der Rendite unter Berücksichtigung einer risikolosen Kapitalanlage- bzw. Kapitalaufnahmemöglichkeit, abbildet.

Aufgabe 3

Ausgangspunkt der Betrachtung ist, daß die Kapitalmarktlinie den geometrischen Ort aller effizienter Portfolios darstellt.

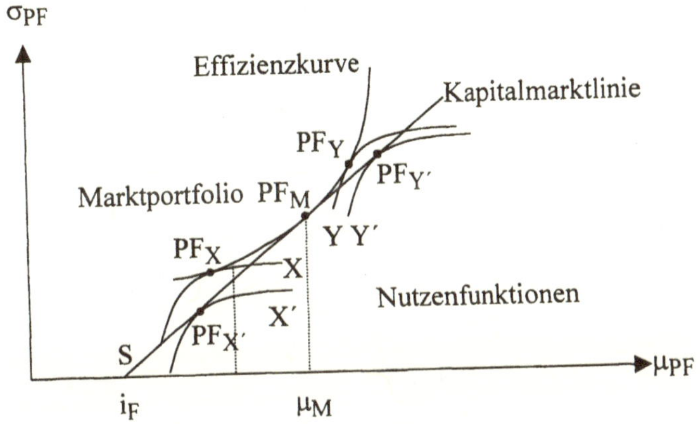

Abb. 12: Kapitalmarktlinie unter Berücksichtigung individueller Portfolios

Da alle Kapitalanleger die gleichen Erwartungen hinsichtlich des Risikos und der Rendite der handelbaren Wertpapiere haben, planen alle mit der einen Effizienzkurve. Jeder Anleger hat aber eine unterschiedliche Risikoeinstellung, wenn auch unterstellt wird, daß die Investoren grundsätzlich risikoscheu sind. Die unterschiedliche Risikoeinstellung der Anleger X und Y wird durch unterschiedliche Isonutzenkurven zum Ausdruck gebracht. So nimmt beispielsweise der risikoaverse Anleger X das Portfolio PF_X wahr, während der risikofreudigere Anleger Y in das Portfolio PF_Y investiert. Beide Anleger werden im Planungszeitraum dieses im voraus geplante Soll-Portfolio mit ihrem gegenwärtigen Wertpapierbestand vergleichen und daraufhin als Nachfrager oder Anbieter am Markt agieren. Besteht die Möglichkeit der risikolosen Kapitalanlage und -aufnahme, so wird hierdurch die Kapitalmarktlinie (Effizienzgerade), die alle anderen Geraden in Hinblick auf die Effizienz dominiert, konstruiert. Während nun der risikoscheue Anleger X das Portfolio $PF_{X'}$ wahrnimmt, realisiert der Anleger Y das Portfolio $PF_{Y'}$. Beide Investoren besitzen somit ein Portfolio, das aus dem Marktportfolio PF_M und der risikolosen Kapitalanlage- bzw. Kapitalaufnahmemöglichkeit i_F besteht. Da Anleger X einen Teil in die risikolose Anlage investieren wird, weist das Portfolio $PF_{X'}$ eine geringere erwartete Rendite auf als das Marktportfolio. Während das Verhältnis der Strecken

$$\frac{\overline{SPF_{X'}}}{\overline{SPF_M}}$$

den Anteil der risikobehafteten Investition repräsentiert, verdeutlicht das Streckenverhältnis

$$\frac{\overline{PF_{X'}PF_M}}{\overline{SPF_M}}$$

den risikolos investierten Anteil. Im Gegensatz dazu realisiert der Anleger Y bei gleichem Anfangsvermögen wie Anleger X das Portfolio $PF_{Y'}$, welches zu einem höheren erwarteten Endvermögen kommt als das Marktportfolio PF_M. Um dies zu erreichen, verschuldet sich der Anleger Y zum risikolosen Zinssatz i_F. In diesem Fall repräsentiert das Streckenverhältnis

$$\frac{\overline{PF_M PF_{Y'}}}{\overline{SPF_M}}$$

das Kreditvolumen, das zum risikolosen Zinssatz aufgenommen worden ist, während das Streckenverhältnis

$$\frac{\overline{SPF_{Y'}}}{\overline{SPF_M}}$$

den Anteil repräsentiert, der in das Marktportfolio investiert worden ist. Verschuldet sich der Anleger, so gilt für die Kapitalmarktlinie:

$$E(r_{PF}) = i_F + \frac{(E(r_M) - i_F)}{\sigma_M} \cdot \sigma_{PF} \cdot (1 + VG)$$

mit:
VG Verschuldungsgrad

Aufgabe 4

Während die Kapitalmarktlinie den Rendite-Risiko-Zusammenhang dominanter Portfolios aufzeigt, können mit Hilfe der *Wertpapierlinie* (Security Market Line) die

Marktpreise der im Marktportfolio enthaltenen Wertpapiere ermittelt werden. Die Rendite des betrachteten Wertpapiers hängt dabei von dem ihm als Bestandteil des Marktportfolios zukommenden Risiko ab.

Wird der Zwei-Anlagen-Fall näher betrachtet und gilt dabei, daß λ_i Teile von Wertpapier i (Erwartungswert $E(r_i)$; Standardabweichung σ_i) und $(1 - \lambda_i)$ Teile des Marktportfolios M gehalten werden, so können die Rendite- und die Risikogleichungen unter Beachtung der Kovarianz $\sigma_{iM} = k_{iM} \cdot \sigma_i \cdot \sigma_M$ wie folgt gebildet werden:

$$E(r_{PF}) = \lambda_i \cdot E(r_i) + (1 - \lambda_i) \cdot E(r_M)$$

$$\sigma_{PF} = \sqrt{\lambda_i^2 \cdot \sigma_i^2 + (1 - \lambda_i)^2 \cdot \sigma_M^2 + 2 \cdot \lambda_i \cdot (1 - \lambda_i) \cdot \sigma_{iM}}$$

Wird der Anteil von Wertpapier i im Marktportfolio M infinitesimal erhöht, so ergeben sich folgende Änderungsraten:

$$\frac{dE(r_{PF})}{d\lambda_i} = E(r_i) - E(r_M)$$

$$\frac{d\sigma_{PF}}{d\lambda_i} = \frac{2 \cdot \lambda_i \cdot \sigma_i^2 - 2 \cdot (1 - \lambda_i) \cdot \sigma_M^2 + 2 \cdot (1 - 2 \cdot \lambda_i) \cdot \sigma_{iM}}{2 \cdot \sqrt{\lambda_i^2 \cdot \sigma_i^2 + (1 - \lambda_i)^2 \cdot \sigma_M^2 + 2 \cdot \lambda_i \cdot (1 - \lambda_i) \cdot \sigma_{iM}}}$$

Da nur das Marktportfolio M effizient ist, muß im Marktgleichgewicht $\lambda_i = 0$ gelten. Daraus folgt, daß die Anleger keine von M abweichende Wertpapiermischung halten. Entsprechend lautet die Ableitungen an der Stelle $\lambda_i = 0$:

$$\left.\frac{dE(r_{PF})}{d\lambda_i}\right|_{\lambda_i = 0} = E(r_i) - E(r_M)$$

$$\left.\frac{d\sigma_{PF}}{d\lambda_i}\right|_{\lambda_i = 0} = \frac{2 \cdot \sigma_{iM} - 2 \cdot \sigma_M^2}{2 \cdot \sqrt{\sigma_M^2}} = \frac{\sigma_{iM} - \sigma_M^2}{\sigma_M}$$

Entsprechend läßt sich der Zusammenhang zwischen $E(r_{PF})$ und σ_{PF} bei Variation von λ_i ermitteln:

$$\left.\frac{dE(r_{PF})}{d\sigma_{PF}}\right|_{\lambda_i = 0} = \left.\frac{dE(r_{PF})}{d\lambda_i}\right|_{\lambda_i = 0} \cdot \left.\frac{dE(r_{PF})}{d\sigma_{PF}}\right|_{\lambda_i = 0} = \frac{(E(r_i) - E(r_M)) \cdot \sigma_M}{\sigma_{iM} - \sigma_M^2}$$

Der rechte Quotient entspricht der abgeleiteten Kapitalmarktlinie

$$\frac{dE(r_{PF})}{d\sigma_{PF}} = \frac{E(r_M) - i_F}{\sigma_M}$$

und damit dem Marktpreis für das Risiko. Dies ist insofern sachlogisch korrekt, als die Kapitalmarktlinie an der Stelle des Marktportfolios die Effizienzkurve tangiert. Daraus folgt, daß für die einperiodische Renditeerwartung eines Wertpapiers, das Bestandteil des Marktportfolios ist, folgender formaler Zusammenhang gilt:

$$\frac{E(r_M) - i_F}{\sigma_M} = \frac{\left(E(r_i) - E(r_M)\right) \cdot \sigma_M}{\sigma_{iM} - \sigma_M^2} \quad \Rightarrow \quad E(r_i) = i_F + \left(E(r_M) - i_F\right) \cdot \frac{\sigma_{iM}}{\sigma_M^2}$$

Ferner gilt:

$$\frac{\sigma_{iM}}{\sigma_M^2} = k_{iM} \cdot \frac{\sigma_i}{\sigma_M} = \beta_i$$

Der Beta-Faktor β_i dient als Maßstab für das systematische Risiko, welches den Teil des Gesamtrisikos eines Portfolios darstellt, der nicht diversifizierbar ist. Zudem determiniert β_i die Überschußrendite des Wertpapiers i.

$E(r_i)$	$=$	i_F	$+$	$\left(E(r_M) - i_F\right)$	$\cdot$	β_i
Renditeerwartungswert des Wertpapiers		risikofreie Rendite		Marktpreis des Risikos		spezifische Risikohöhe

Aufgabe 5

Zunächst ist die Effizienzkurve unter ausschließlicher Berücksichtigung der risikobehafteten Wertpapiere entsprechend der Portfolio Selection Theory zu bestimmen.

1. Schritt: Ermittlung der Portfoliobestandteile

(1) $1 = \lambda_A + \lambda_B \quad \Rightarrow \quad \lambda_A = 1 - \lambda_B \quad \wedge \quad \lambda_B = 1 - \lambda_A$

(2) $E(r_{PF}) = 7 \cdot \lambda_A + 12 \cdot \lambda_B$

$$E(r_{PF}) = 7 \cdot \lambda_A + 12 \cdot (1 - \lambda_A) \qquad \wedge \qquad E(r_{PF}) = 7 \cdot (1 - \lambda_B) + 12 \cdot \lambda_B$$

$$E(r_{PF}) = -5 \cdot \lambda_A + 12 \qquad \wedge \qquad E(r_{PF}) = 7 + 5 \cdot \lambda_B$$

$$\lambda_A = \frac{E(r_{PF}) - 12}{-5} \qquad \wedge \qquad \lambda_B = \frac{E(r_{PF}) - 7}{5}$$

2. Schritt: Ermittlung der Standardabweichung des Portfolios

$$\sigma_{PF}^2 = 10^2 \cdot \lambda_A^2 + 15^2 \cdot \lambda_B^2 + 2 \cdot 10 \cdot 15 \cdot \lambda_A \cdot \lambda_B \cdot k_{AB}$$

$$\sigma_{PF}^2 = 100 \cdot \left(\frac{E(r_{PF}) - 12}{-5}\right)^2 + 225 \cdot \left(\frac{E(r_{PF}) - 7}{5}\right)^2$$

$$+ 2 \cdot 10 \cdot 15 \cdot \left(\frac{E(r_{PF}) - 12}{-5}\right)^2 \cdot \left(\frac{E(r_{PF}) - 7}{5}\right)^2 \cdot 0$$

$$\sigma_{PF}^2 = 100 \cdot \left(\frac{(E(r_{PF}))^2 - 24 \cdot E(r_{PF}) + 144}{25}\right) + 225 \cdot \left(\frac{(E(r_{PF}))^2 - 14 \cdot E(r_{PF}) + 49}{25}\right)$$

$$\sigma_{PF}^2 = 13 \cdot (E(r_{PF}))^2 - 222 \cdot E(r_{PF}) + 1017$$

$$\sigma_{PF} = \sqrt{13 \cdot (E(r_{PF}))^2 - 222 \cdot E(r_{PF}) + 1017}$$

3. Schritt: Um die Rendite und die Standardabweichung des Marktportfolios bestimmen zu können, ist die Steigung im Marktportfolio, das auf der Effizienzkurve liegt, mit der Steigung der Kapitalmarktlinie gleichzusetzen.

$$\sigma_{PF} = \sqrt{13 \cdot (E(r_{PF}))^2 - 222 \cdot E(r_{PF}) + 1017}$$

$$\frac{d\sigma_{PF}}{dE(r_{PF})} = \frac{1}{2} \cdot (26 \cdot E(r_{PF}) - 222) \cdot \frac{1}{\sqrt{13 \cdot (E(r_{PF}))^2 - 222 \cdot E(r_{PF}) + 1017}}$$

$$\frac{1}{2} \cdot \frac{(26 \cdot E(r_{PF}) - 222)}{\sqrt{13 \cdot (E(r_{PF}))^2 - 222 \cdot E(r_{PF}) + 1017}} = \frac{\sigma_M - \sigma_C}{E(r_M) - E(r_C)}$$

Da das Marktportfolio auf der Effizienzkurve liegt und somit ein dominantes Portfolio der möglichen dominanten Portfolios darstellt, gilt:

$$\frac{1}{2} \cdot \frac{(26 \cdot E(r_M) - 222)}{\sqrt{13 \cdot (E(r_M))^2 - 222 \cdot E(r_M) + 1017}} = \frac{\sigma_M - \sigma_C}{E(r_M) - E(r_C)}$$

$$\frac{1}{2} \cdot \frac{(26 \cdot E(r_M) - 222)}{\sqrt{13 \cdot (E(r_M))^2 - 222 \cdot E(r_M) + 1017}} = \frac{\sqrt{13 \cdot (E(r_M))^2 - 222 \cdot E(r_M) + 1017}}{E(r_M) - 4}$$

$$(26 \cdot E(r_M) - 222) \cdot (E(r_M) - 4) = 2 \cdot \left(13 \cdot (E(r_M))^2 - 222 \cdot E(r_M) + 1017\right)$$

$$26 \cdot (E(r_M))^2 - 104 \cdot E(r_M) - 222 \cdot E(r_M) + 888 = 26 \cdot (E(r_M))^2 - 444 \cdot E(r_M) + 2034$$

$$E(r_M) = 9{,}71\,[\%]$$

$$\sigma_M(E(r_M) = 9{,}71) = \sqrt{13 \cdot 9{,}71^2 - 222 \cdot 9{,}71 + 1017} = 9{,}33$$

Entsprechend lautet die Gleichung für die Kapitalmarktlinie:

$$E(r_{PF}) = i_F + \frac{E(r_M) - i_F}{\sigma_M} \cdot \sigma_{PF}$$

$$E(r_{PF}) = 4 + \frac{9{,}71 - 4}{9{,}3} \cdot \sigma_{PF}$$

$$E(r_{PF}) = 4 + 0{,}61 \cdot \sigma_{PF}$$

Zur Bestimmung der systematischen Risiken ist die Wertpapierlinie von Bedeutung:

$$E(r_i) = i_F + (E(r_M) - i_F) \cdot \beta_i$$

Mit Hilfe der Wertpapierlinie und der Beispieldaten ergeben sich folgende Werte für die systematischen Risiken der Wertpapiere A, B und C:

$$7 = 4 + (9{,}71 - 4) \cdot \beta_A \quad \Rightarrow \quad \beta_A = 0{,}53$$

$$12 = 4 + (9{,}71 - 4) \cdot \beta_B \quad \Rightarrow \quad \beta_B = 1{,}40$$

$$4 = 4 + (9{,}71 - 4) \cdot \beta_C \quad \Rightarrow \quad \beta_C = 0$$

Für den Beta-Faktor gilt zudem:

$$\beta_i = k_{iM} \cdot \frac{\sigma_i}{\sigma_M},$$

so daß sich für die Wertpapiere A, B und C folgende Korrelationen mit dem Marktportfolio ergeben:

$$\beta_A = 0{,}53 = k_{AM} \cdot \frac{10}{9{,}3} \quad \Rightarrow \quad k_{AM} = 0{,}493$$

$$\beta_A = 1{,}40 = k_{AM} \cdot \frac{15}{9{,}3} \quad \Rightarrow \quad k_{AM} = 0{,}868$$

$$\beta_A = 0 \quad = k_{AM} \cdot \frac{0}{9{,}3} \quad \Rightarrow \quad k_{AM} = 0$$

Aufgabe 6

Während das klassische CAPM von Steuern abstrahiert, werden in der Realität Kursgewinne und Zinsen nicht nur überhaupt, sondern vor allem auch unterschiedlich besteuert. Für die weitere Modellbildung ist davon auszugehen, daß (i + 1) Finanztitel gehandelt werden. Der nullte Titel generiert sichere Rückflüsse in Höhe von $I_0 = 1$. Die sicheren Rückflüsse unterliegen der Einkommensteuer s_{ESt}, so daß für die steueradjustierte, sichere Rendite

$$i_F^{ESt}$$

gilt:

$$i_F^{ESt} = i_F \cdot (1 - s_{ESt})$$

Alle weiteren Wertpapieranlagemöglichkeiten sind unsicher, wobei sich die Unsicherheit lediglich auf den Kurswert und nicht auf die Höhe der Dividendenzahlungen bezieht. Kursgewinne, sofern sie innerhalb einer bestimmten Spekulationsfrist anfallen, bleiben unbesteuert, Kursverluste werden generell nicht berücksichtigt. Im Gegensatz dazu sind Dividenden D körperschaftsteuerpflichtig (Steuersatz s_K). Ferner unterliegen sie der Einkommensteuer, wobei die Körperschaftsteuer angerechnet wird. Wird mit BD_i die Bardividende nach Abzug der Körperschaftssteuer bezeichnet, so gilt für die Einkommensteuer:

$$s_{ESt} \cdot \frac{BD_i}{1-s_K} - s_K \cdot \frac{BD_i}{1-s_K} = \underbrace{\frac{s_{ESt} - s_K}{1-s_K}}_{s_s} \cdot BD_i$$

Insofern setzt sich die steueradjustierte Rendite der unsicheren Wertpapiere aus der unversteuerten Kursrendite $E(r_i)$ und der zu versteuernden Dividendenrendite bd_i zusammen.

$$r_i^s = r_i + bd_i \cdot (1 - s_s)$$

Ferner gilt:

$$\sigma(r_M^s) = Var(r_M^s) = Var(r_M + bd_M \cdot (1 - s_s)) = Var(r_M) = \sigma_M^2$$

und

$$\sigma(r_i^s, r_M^s) = Cov(r_i^s, r_M^s) = COV(r_i + bd_i \cdot (1 - s_s), r_M + bd_M \cdot (1 - s_s)) = COV(r_i, r_M)$$

$$= \sigma_{iM}$$

Werden die steueradjustierten Daten in die klassische CAPM-Gleichung eingesetzt, so folgt daraus:

$$E(r_i) = i_F \cdot (1 - s_{ESt}) + (E(r_M) + d_M \cdot (1 - s_s) - i_F \cdot (1 - s_{ESt})) \cdot \beta_i$$

Es wird deutlich, daß der Beta-Faktor im steueradjustierten CAPM mit dem Beta-Faktor ohne Steuern identisch ist.

Aufgabe 7

Grundsätzlich läßt sich die Beurteilung des CAPM auf drei Betrachtungsebenen durchführen:

Realitätsnähe der Prämissen

Die Unterstellung eines risikoscheuen Anlegers scheint gerade im Bereich des Aktienmanagements eher eine realitätsferne Prämisse zu sein. Zudem besteht das Problem, daß das μ-σ-Prinzip nur bei geeigneten, z.B. quadratischen Nutzenfunktion zu weitgehend plausiblen Werten führt. Jedoch kann selbst eine quadratische Nutzenfunktionen zu unplausiblen Ergebnissen führen, da nach Erreichen des Maximums der Wert der Zielgröße mit zunehmenden Werten fällt. Insofern stellt nur der monoton steigende Bereich der Nutzenfunktion den definitorisch korrekten Bereich dar. Da in praxi nicht alle Anleger risikoscheu sind, ist auch die fundamentale Prämisse homogener Erwartungen sämtlicher Marktteilnehmer hinsichtlich der Rendite und des Risikos der Wertpapiere nicht haltbar. So werden risikofreudige Anleger Papiere in ihr Portefeuille aufnehmen, die ein risikoscheuer Anleger nicht ins Kalkül aufnehmen würde. Das Fehlen homogener Erwartungen führt letztendlich dazu, daß ein objektiver Marktpreis für das Risiko nicht existiert. Ein weiteres Problem stellt die Annahme eines vollkommenen Kapitalmarktes dar, die im Widerspruch zu den realen Strukturen auf den Kapitalmärkten zu stehen scheint. Jedoch führt die in der Regel bestätigte mittelstrenge Informationseffizienz dazu, daß grundsätzlich eine effiziente Aktienbewertung möglich ist. Die Frage, ob die Standardabweichung die geeignete Risikogröße darstellt, kann grundsätzlich verneint werden, da die Standardabweichung die gesamte Streuung repräsentiert und sich nicht auf die eigentliche Verlustgefahr beschränkt. Insofern reduziert ein Varianzminimierungsansatz gleichermaßen die Verlust- bzw. Gewinnaussichten. Ferner kann die Komprimierung einer beliebigen Verteilung auf den Erwartungswert und die Standardabweichung bei nicht geeigneten Nutzenfunktionen zu Fehlentscheidungen führen. Diesem Problem wird im Modell durch die Annahme normalverteilter Renditen entgegengewirkt, wobei empirische Untersuchungen eine Normalverteilung der Renditen nicht durchgängig bestätigen können. Problematisch ist gleichfalls, daß das CAPM einen einperiodischen Ansatz darstellt. Eine mehrperiodische Betrachtung ist aber gerade bei einem langfristigen Finanzengagement von Bedeutung.

Inhärente Logik des Modellansatzes

Das Marktportfolio enthält alle denkbaren riskanten Finanztitel und damit auch die noch zu beurteilenden Anlageobjekte. Der Kapitalwert der Marktportfoliobestandteile beträgt auf Basis des risikoadjustierten Zinsfußes, der mit dem CAPM ermittelt worden ist, null. Sind die zu bewertenden Anlagen jedoch nicht Bestandteil des Marktportfolios, liegt ein Ungleichgewicht vor, über das das CAPM als Gleichgewichtsmodell keine Aussagen treffen kann.

Praktische Einsetzbarkeit

Empirische Überprüfungen des CAPM liefern widersprüchliche Ergebnisse. So ist das CAPM in Erwartungswerten formuliert. Eine empirische Überprüfung kann jedoch nur auf Basis von Vergangenheitswerten ex post durchgeführt werden.

$$b_i^{ex\ post} = \frac{\sum_{t=1}^{n} (r_{it} - \bar{r}_i) \cdot (r_{mt} - \bar{r}_{mt})}{\sum_{t=1}^{n} (r_{mt} - \bar{r}_m)^2}$$

mit:

$b_i^{ex\ post}$	Ex-post-Schätzwert für den Beta-Faktor des Wertpapiers i
n	Anzahl der zu analysierenden Perioden
r_{it}	Rendite des Wertpapiers i in der Periode t
$\bar{r}_i$	Durchschnittsrendite des Wertpapiers i in den Perioden t = 1, ... , n
r_{mt}	Marktrendite in der Periode t
$\bar{r}_m$	durchschnittliche Marktrendite in den Perioden t = 1, ... , n

Fraglich ist jedoch, ob Ex-post-Beta-Faktoren überhaupt geeignet sind, um für die Bewertung zukünftiger Wertpapiere herangezogen werden zu können. Grundsätzlich kann davon ausgegangen werden, daß die Beta-Faktoren einzelner Wertpapiere im Zeitablauf Schwankungen unterworfen sind, während Beta-Faktoren ausreichend diversifizierter Portfolios relativ stabil sind.

In praxi stellen vor allem die Auswahl und die Abgrenzung des Marktportfolios ein großes Problem dar. Das CAPM entzieht sich gerade deshalb einer empirischen Überprüfung, weil die Effizienz des Marktportfolios nicht nachweisbar ist. Grundsätzlich müßte das Marktportfolio sämtliche risikobehafteten Wertpapiere enthalten. Da dies nicht möglich ist, wird hilfsweise ein Index herangezogen. Insofern können empirische Untersuchungen, die den linearen Rendite-Risiko-Zusammenhang nachweisen wollen, lediglich die Effizienz des Indexes, nicht aber die Effizienz des Marktportfolios nachweisen. Da die Qualität der indexbasierten Marktportfolioapproximation nicht überprüfbar ist, kann auch die Gültigkeit des CAPM empirisch nicht nachgewiesen werden.

Literaturhinweise

VAN AUBEL, P., RIDDERMANN, F.: Kapitalmarkttheoriegestütztes Portfoliomanagement – Ein Tag aus dem Leben eines Fondsmanagers, in; *BURCHERT, H., HERING, TH.*: Betriebliche Finanzwirtschaft – Aufgaben und Lösungen, München/Wien 1999, S. 137–146.

HERING, TH.: Investitionstheorie aus der Sicht des Zinses, Wiesbaden 1995.

HERING, TH.: Finanzwirtschaftliche Unternehmensbewertung, Wiesbaden 1999.

KRUSCHWITZ, L.: Finanzierung und Investition, 2. Auflage, München/Wien 1999.

LINTNER, J.: The Valuation of Risk Assets and the Selection of Risky Investments in Stock Portfolios and Capital Budgets, in: The Review of Economics and Statistics, 1965, S. 13–37.

MOSSIN, J.: Equilibrium in a Capital Asset Market, in: Econometrica, 1966, S. 768–783.

PERRIDON, L., STEINER, M.: Finanzwirtschaft der Unternehmung, 10. Auflage, München 1999.

SCHNEIDER, D.: Investition, Finanzierung und Besteuerung, 7. Auflage, Wiesbaden 1992.

SHARPE, W.F.: Capital Asset Pricing: A Theory of Equilibrium under Conditions of Risk, in: Journal of Finance, 1964, S. 425–442.

STEINER, M., BRUNS, CH.: Wertpapiermanagement, 7. Auflage, Stuttgart 2000.

STEINER, M., WALLMEIER, M.: Lineare Rendite-Risiko-Beziehung von Finanztiteln und das CAPM, in: Das Wirtschaftsstudium, 1999, S. 704–710.

SÜCHTING, J.: Finanzmanagement – Theorie und Politik der Unternehmensfinanzierung, 6. Auflage, Wiesbaden 1995.

UHLIR, H., STEINER, P.: Wertpapieranalyse, 3. Auflage, Heidelberg 1994.

„Frohes Forschen für Herrn Dr. rer. pol. Keuper & seine Studentenscharen!"

„Casus magister alius et paene numerosior."

PLINIUS D.Ä.

Aktienbewertung auf Basis der Arbitrage Pricing Theory

Aufgabe 1

Erläutern Sie den Grundgedanken der Arbitrage Pricing Theory, und gehen Sie dabei insbesondere auf die beiden fundamentalen Annahmen dieses Modells ein.

Aufgabe 2

Leiten Sie die Grundgleichung der Arbitrage Pricing Theory anhand der wesentlichen Transformationsschritte her, und erläutern Sie Ihr Vorgehen.

Aufgabe 3

Gegeben sind die drei gut diversifizierten Portfolios A, B und C mit folgenden Renditen und Faktorsensitivitäten b_{io} :

Portfolio	Rendite	b_{i1}	b_{i2}
A	17	1,3	0,8
B	12	0,5	0,7
C	9	0,3	0,4

Tab. 32: Beispielhafte Renditen und Faktorsensitivitäten der Portfolios A, B und C

Bestimmen Sie die allgemeine APT-Gleichung auf Basis der Portfoliodaten, und überprüfen Sie, ob die Wertpapiere D, E und F fair bewertet worden sind. Erläutern Sie Ihr Vorgehen.

Wertpapier	erwartete Rendite	b_{i1}	b_{i2}
D	14	0,7	1,3
E	11	0,9	0,2
F	7,5	0,2	0,2

Tab. 33: Beispielhaft erwartete Renditen und Faktorbetas der Wertpapiere D, E und F

Aufgabe 4

Konstruieren Sie ein Arbitrageportfolio, das den Arbitragegewinn von Wertpapier D nachbildet. Erläutern Sie Ihr Vorgehen.

Aufgabe 5

Konstruieren Sie ein Mimicking Portfolio auf Basis der Daten in Aufgabe drei, das aus den Portfolios A, B und C besteht und den Faktor b_{io} äquivalent dupliziert.

Aufgabe 6

Die Renditen der drei Portfolios in Aufgabe drei stellen nun die Renditen der Faktorportfolios dar. Ferner kann risikolos und unbegrenzt zu $i_F = 5$ [%] Kapital angelegt und aufgenommen werden. Die Wertpapiere G und H weisen folgende Faktorsensitivitäten hinsichtlich der Mimicking Portfolios A, B und C auf:

Faktorbetas der Wertpapiere	Mimicking Portfolio A $r_A = 17$ [%]	Mimicking Portfolio B $r_B = 12$ [%]	Mimicking Portfolio C $r_C = 9$ [%]
Faktorbetas von G	0,3	– 0,4	0,7
Faktorbetas von H	– 0,1	0,8	0,6

Tab. 34: Faktorbetas der Wertpapiere G und H in Hinblick auf die Mimicking Portfolios A, B und C

Ermitteln Sie die erwartete Rendite $E(r_i)$ der Wertpapiere G und H.

Aufgabe 7

Ermitteln Sie die tatsächliche Rendite der Wertpapiere G und H auf Basis der Daten in Aufgabe sechs, wenn zusätzlich für die Störgrößen

$$\varepsilon_G = 3 \text{ [\%] und } \varepsilon_H = -2 \text{ [\%]}$$

gilt und die Faktorausprägungen sich von t = 0 nach t = 1 wie folgt entwickelt haben.

$$\Delta F_A = -1, \quad \Delta F_B = 2, \quad \Delta F_C = 0$$

Aufgabe 8

Beurteilen Sie die Arbitrage Pricing Theory in Hinblick auf ihre Eignung zur Bewertung einzelner Wertpapiere.

Lösung

Aufgabe 1

Die *Arbitrage Pricing Theory* (APT) berücksichtigt bei der Bewertung eines risikobehafteten Wertpapiers auf dem Kapitalmarkt mehrere linear miteinander verknüpfte *makro-* und/oder *mikroökonomische Risikofaktoren* (*Faktormodellannahme*). Insofern stellt die Arbitrage Pricing Theory ein *Mehrfaktorenmodell* dar. Da sich die Wertpapierrendite aus einem risikolosen Teil und aus mehreren Risikoprämien zusammensetzt, ist die Kenntnis des *Marktportfolios irrelevant*. Insofern ist auch nicht die Portfolio Selection Theory die Basis der Arbitrage Pricing Theory, sondern vielmehr der Grundgedanke der arbitragefreien Bewertung. Kern der sogenannten *Arbitragefreiheitsannahme* ist, daß es bei einem gleichgewichtigen Kapitalmarkt für einen Investor unmöglich ist, risikolos Arbitragegewinne zu erzielen. Insofern kann mit Arbitrageportfolios, die vermögensneutral, d.h. ohne Kapitaleinsatz gebildet worden sind und deren systematisches wie auch unsystematisches Risiko null beträgt, keine positive Rendite erzielt werden. Zudem gelten die Bedingungen des vollkommenen Kapitalmarktes, d.h. es existieren keine Informations- und Transaktionskosten. Ferner werden steuerliche Gesichtspunkte außer Acht gelassen. Die gehandelten Wertpapiere sind beliebig teilbar und es bestehen keine Marktzugangsbeschränkungen für die Marktteilnehmer. Alle Marktteilnehmer versuchen ihren Nutzen zu maximieren und agieren innerhalb einer atomistischen Marktstruktur.

Aufgabe 2

Die allgemeine Ausgangsgleichung der Arbitrage Pricing Theory lautet:

$$r_i = E(r_i) + \sum_{o=1}^{O} b_{io} \cdot F_o + \varepsilon_i$$

mit:

$$b_{io} = \frac{Cov(r_i, F_o)}{Var(F_o)} = \frac{\sigma_{io}}{\sigma_o^2}$$

und:

r_i Rendite des Wertpapiers i
$E(r_i)$ Erwartungswert der Rendite des Wertpapiers i
b_{io} Sensitivität der Rendite des Wertpapiers i in bezug auf Faktor o
F_o Risikofaktor o mit dem Erwartungswert null
O Anzahl der systematischen Risikokomponenten
ε_i unsystematische wertpapierspezifische Störgröße

Durch Aktienkäufe und -leerverkäufe ist ein Arbitrageportfolio mit einem Wert von null zu generieren. Da zudem die Renditeerwartung eines arbitragefreien Portfolios ebenfalls null betragen muß, ist zunächst das unsystematische Risiko, welches durch die Störgröße ε_i dargestellt wird, durch ein entsprechend großes und gut diversifiziertes Portfolio zu eliminieren. Da der Erwartungswert $E(\varepsilon_i)$ gleich null ist und zudem die Störfaktoren voneinander unabhängig sind, weist auch die entsprechende Varianz $\sigma^2(\varepsilon_i)$ den Wert null auf.

Ferner gilt für die Kovarianz (COV):

$$COV(\varepsilon_i, F_o) = \sigma_{io} = 0 \text{ und } COV(\varepsilon_i, \varepsilon_o) = \sigma_{io} = 0.$$

Zudem muß $COV(F_o, F_p) = 0$ für alle $o \neq p$ mit $o = 1, \ldots, O$ und $p = 1, \ldots, P$ gelten, da andernfalls der Einfluß eines Faktors auf die Rendite eines Wertpapiers nicht unabhängig von dem Einfluß eines anderen Faktors wäre, was jedoch zwingend erforderlich ist, damit eine additive Verknüpfung der Einflußnahme möglich wird.

Aus dem Grundgedanken des Arbitrageportfolios folgt, daß die Nettoinvestitionssumme null betragen muß. Das heißt, daß der Kauf von Wertpapieren vollständig durch den Verkauf oder Leerverkauf von Wertpapieren finanziert wird. Wird mit x_i der positive oder negative Teil des Wertpapiers i am Investitionsvolumen definiert, so muß gelten:

$$\sum_{i=1}^{I} x_i = 0$$

Da im Arbitrageportfolio das systematische Risiko eliminiert ist (b_{APFo}), weist das Arbitrageportfolio hinsichtlich sämtlicher Faktoren F_o eine Portfolio-Sensitivität von Null auf.

$$b_{APFo} = \sum_{i=1}^{I} x_i \cdot b_{io} = 0 \qquad \forall\, o = 1, \ldots, O$$

Das unsystematische Risiko des Arbitrageportfolios ε_{APF}, ausgedrückt durch die Varianz ($\sigma^2(\varepsilon_{PF})$), kann durch eine entsprechend große Anzahl von Wertpapieren eliminiert werden.

$$\sigma^2(\varepsilon_{APF}) = \sigma^2\left(\sum_{i=1}^{I} x_i \cdot \varepsilon_i\right) \approx \sigma^2\left(\sum_{i=1}^{I} \pm \frac{1}{I} \cdot \varepsilon_i\right) = \frac{1}{n^2} \cdot \sigma^2\left(\sum_{i=1}^{I} \varepsilon_i\right)$$

Da die Einflüsse der Faktoren auf die Aktienrenditen unabhängig voneinander sind, kann die Varianz der Störtermsumme als Summe der Varianzen der einzelnen Störterme abgebildet werden. Da zudem jeder einzelne Störterm annahmegemäß eine obere Schranke aufweist

$$\sigma(\varepsilon_i) \leq SC \leq \infty \qquad \forall\, i = 1, \ldots, I,$$

gilt:

$$\sigma^2\left(\sum_{i=1}^{I} \varepsilon_i\right) = \sigma^2(\varepsilon_1) + \sigma^2(\varepsilon_2) + \ldots + \sigma^2(\varepsilon_I) \leq I \cdot SC$$

Wird die obere Schranke in

$$\frac{1}{n^2} \cdot \sigma^2\left(\sum_{i=1}^{I} \varepsilon_i\right)$$

eingesetzt, so führt dies zu

$$\sigma^2(\varepsilon_{APF}) \leq \frac{SC}{I}.$$

Da der Arbitrageportfolio-Störterm annahmegemäß einen Erwartungswert von null aufweist und seine Varianz wie aus der vorangehenden Ungleichung bei einer sehr großen Anzahl an Wertpapieren ebenfalls gegen null strebt, kann das unsystematische Risiko vernachlässigt werden.

$$\varepsilon_{APF} = \sum_{i=1}^{I} x_i \cdot e_i \approx 0$$

Da sich die Rendite eines Arbitrageportfolios wie folgt bestimmen läßt:

$$r_{APF} = \sum_{i=1}^{I} x_i \cdot r_i ,$$

gilt unter Beachtung der Ausgangsgleichung:

$$r_{APF} = \sum_{i=1}^{I} x_i \cdot E(r_i) + \sum_{i=1}^{I} \sum_{o=1}^{O} x_i \cdot b_{io} \cdot F_o + \sum_{i=1}^{I} x_i \cdot \varepsilon_i$$

Sowohl das systematische als auch das unsystematische Risiko sind im Arbitrageportfolio eliminiert, so daß der obige formale Zusammenhang zu nachfolgeder Gleichung vereinfacht werden kann:

$$r_{APF} = \sum_{i=1}^{I} x_i \cdot E(r_i) = E(r_{APF})$$

Ferner erwirtschaftet ein risikoloses Portfolio auf dem vollkommenen Kapitalmarkt ex definitione eine Rendite von null, so daß gelten muß:

$$r_{APF} = E(r_{APF}) = 0$$

Die vorangehenden Ausführungen verdeutlichen, daß folgendes Gleichungssystem gelten muß:

$$x_1 \cdot 1 + x_2 \cdot 1 + ... + x_I \cdot 1 = 0$$

$$x_1 \cdot b_{11} + x_2 \cdot b_{21} + ... + x_I \cdot b_{I1} = 0$$

$$\cdots$$

$$x_1 \cdot b_{1O} + x_2 \cdot b_{2O} + ... + x_I \cdot b_{IO} = 0$$

Unter der Annahme, daß

$$r_{APF} = E(r_{APF}) = 0$$

gilt, läßt sich folgendes Gleichungssystem aufstellen:

$$E(r_1) = \eta_0 \cdot 1 + \eta_1 \cdot b_{11} + \eta_O \cdot b_{1O}$$

...

$$E(r_I) = \eta_0 \cdot 1 + \eta_1 \cdot b_{I1} + \eta_O \cdot b_{IO}$$

mit:
η faktorbezogene Risikoprämie

Vereinfacht gilt somit die folgende allgemeine APT-Gleichung:

$$E(r_i) = \eta_0 + \sum_{o=1}^{O} \eta_o \cdot b_{io}$$

Die Gleichung besagt, daß die erwartete Rendite eines Wertpapiers $E(r_i)$ durch einen risikolosen Teil η_0 und mehrere Risikoprämien $\eta_o \cdot b_{io}$ determiniert wird. Insofern entspricht η_0 der Rendite einer risikolosen Kapitalanlage- und -aufnahmemöglichkeit, so daß gilt: $\eta_0 = i_F$. Ökonomisch sind die Größen η_1 bis η_O als faktorenbezogene Risikoprämien zu interpretieren, die mit den Faktorsensitivitäten b_{io} linear verknüpft werden. Die Höhe einer bestimmten Risikoprämie η_o ergibt sich unmittelbar aus dem sogenannten *Mimicking Portfolio* $E(r_{PFo})$, das bezüglich eines bestimmten Faktors o eine Sensitivität von eins und gleichzeitig hinsichtlich sämtlicher anderer Faktoren eine Reagibilität von null aufweist. Insofern stellt die Risikoprämie eines bestimmten Faktors o die erwartete Überrendite eines den Faktor imitierenden Portfolios dar.

$$E(r_i) = i_F + \sum_{o=1}^{O} \left(E(r_{PFo}) + i_F\right) \cdot b_{io}$$

Aufgabe 3

Um die APT-Gleichung bestimmen zu können, ist zunächst das nachfolgende Gleichungssystem zu lösen:

(1) $17 = \eta_0 + 1{,}3 \cdot \eta_1 + 0{,}8 \cdot \eta_2$

(2) $12 = \eta_0 + 0{,}5 \cdot \eta_1 + 0{,}7 \cdot \eta_2$

(3) $9 = \eta_0 + 0{,}3 \cdot \eta_1 + 0{,}4 \cdot \eta_2$

(1) – (2) = (4) $5 = 0{,}8 \cdot \eta_1 + 0{,}1 \cdot \eta_2$

(2) – (3) = (5) $3 = 0{,}2 \cdot \eta_1 + 0{,}3 \cdot \eta_2$

(4) · 3 – (5) = (5) $12 = 2{,}2 \cdot \eta_1$

$$\eta_1 = 5{,}\overline{45}$$

η_1 in (5) eingesetzt ergibt: $3 = 0{,}2 \cdot 5{,}\overline{45} + 0{,}3 \cdot \eta_2$

$$\eta_2 = 6{,}\overline{36}$$

η_1 und η_2 in (3) eingesetzt ergibt: $9 = \eta_0 + 0{,}3 \cdot 5{,}\overline{45} + 0{,}4 \cdot 6{,}\overline{36}$

$$\eta_0 = 4{,}\overline{81}$$

Entsprechend lautet die allgemeine APT-Gleichung:

$$E(r_i) = 4{,}\overline{81} + 5{,}\overline{45} \cdot b_{i1} + 6{,}\overline{36} \cdot b_{i2}$$

Nachdem die allgemeine APT-Gleichung ermittelt worden ist, sind die entsprechenden Wertpapierdaten in die Gleichung einzusetzen, um den Gleichgewichtskurs mit der Renditeerwartung vergleichen zu können.

<u>Wertpapier D:</u>
$$E(r_D) = 4{,}\overline{81} + 5{,}\overline{45} \cdot 0{,}7 + 6{,}\overline{36} \cdot 1{,}3 = 16{,}91\,[\%] > 14\,[\%]$$

Das Wertpapier D ist (theoretisch) überbewertet, da es im Marktgleichgewicht eine Rendite von 16,91 [%] erwirtschaften würde, real aber nur eine Rendite von 14 [%] erwartet wird. Insofern kann durch Leerverkauf von Wertpapier D ein Arbitragegewinn von 2,91 [%] erwirtschaftet werden.

<u>Wertpapier E:</u>
$$E(r_E) = 4{,}\overline{81} + 5{,}\overline{45} \cdot 0{,}9 + 6{,}\overline{36} \cdot 0{,}2 = 11\,[\%] = 11\,[\%]$$

Das Wertpapier E ist arbitragefrei bewertet worden, d.h. es kann durch einen Leerverkauf von Wertpapier E kein Arbitragegewinn erwirtschaftet werden.

<u>Wertpapier F:</u>
$$E(r_F) = 4{,}\overline{81} + 5{,}\overline{45} \cdot 0{,}2 + 6{,}\overline{36} \cdot 0{,}2 \approx 7{,}182\,[\%] < 7{,}5\,[\%]$$

Das Wertpapier F ist unterbewertet, da es im Marktgleichgewicht eine Rendite von 7,182 [%] erwirtschaften würde, real aber eine Rendite von 7,5 [%] erwartet wird.

Aufgabe 4

Da das Wertpapier D überbewertet ist, kann ein Portfolio gebildet werden, das einen Arbitragegewinn von 2,91 [%] auf jeden Fall gewährleistet. Die Zusammensetzung eines solchen Portefeuilles für eine Geldeinheit von Wertpapier D, ausgedrückt durch die jeweiligen Anteile λ_i, kann mit Hilfe des nachfolgenden Gleichungssystems bestimmt werden, wobei der Wert (– 1) bei Wertpapier D den Leerverkauf dieses Wertpapiers symbolisiert.

	A		B		C		D	
(1)	λ_A	+	λ_B	+	λ_C	+	$(-1) \cdot 1$	$= 0$
(2)	$1{,}3 \cdot \lambda_A$	+	$0{,}5 \cdot \lambda_B$	+	$0{,}3 \cdot \lambda_C$	+	$(-1) \cdot 0{,}7$	$= 0$
(3)	$0{,}8 \cdot \lambda_A$	+	$0{,}7 \cdot \lambda_B$	+	$0{,}4 \cdot \lambda_C$	+	$(-1) \cdot 1{,}3$	$= 0$

Tab. 35: Gleichungssystem zur Konstruktion eines Arbitrageportfolios auf Basis der Daten in Aufgabe 3

(1) · 1,3 – (2) = (4) $\quad 0{,}8 \cdot \lambda_B + \lambda_C - 0{,}6 = 0$

(1) · 0,8 – (3) = (5) $\quad 0{,}1 \cdot \lambda_B + 0{,}4 \cdot \lambda_C + 0{,}5 = 0$

(5) · 8 – (4) = (6) $\quad 2{,}2 \cdot \lambda_C + 4{,}6 = 0$

$$\lambda_C = -2{,}091$$

λ_C eingesetzt in (5) ergibt: $\quad 0{,}1 \cdot \lambda_B + 0{,}4 \cdot (-2{,}091) + 0{,}5 = 0$

$$\lambda_B = 3{,}364$$

λ_C und λ_B eingesetzt in (1) ergibt: $\quad \lambda_A + 3{,}364 - 2{,}091 - 1 = 0$

$$\lambda_A = -0{,}273$$

Die nachfolgende Tabelle beinhaltet das Arbitrageportfolio mit der entsprechenden Rendite von 2,91 [%], wobei der jeweilige Ertrag durch die Multiplikation der errechneten Portfolioanteile λ_i mit der entsprechenden Rendite $E(r_i)$ ermittelt wird.

Anlageobjekt	Investitions-volumen in [GE]	$\lambda_i \cdot b_{i1}$	$\lambda_i \cdot b_{i2}$	Ertrag
A	– 0,273	– 0,3549	– 0,2184	– 0,04641
B	3,364	1,682	2,3548	0,40368
C	– 2,091	– 0,6273	– 0,8364	– 0,18819
D	–1	– 0,7	– 1,3	– 0,14
Summe	0	0	0	0,02908

Tab. 36: Nachweis der Arbitragemöglichkeit

Aufgabe 5

Ein Mimicking Portfolio ist dadurch charakterisiert, daß die Portfoliorendite gegenüber dem äquivalent nachzubildenden Faktor o eine Sensitivität von eins und gegenüber allen anderen Faktoren eine Reagibilität von null aufweist.

Um ein Mimicking Portfolio zu konstruieren, das den zweiten Faktor äquivalent duplizieren soll, ist folgendes Gleichungssystem zu lösen:

(1) $$\lambda_A + \lambda_B + x_C = 1$$

(2) $$1{,}3 \cdot \lambda_A + 0{,}5 \cdot \lambda_B + 0{,}3 \cdot \lambda_C = 1$$

(3) $$0{,}8 \cdot \lambda_A + 0{,}7 \cdot \lambda_B + 0{,}4 \cdot \lambda_C = 0$$

(1) · 1,3 – (2) = (4) $$0{,}8 \cdot \lambda_B + \lambda_C = 0{,}3$$

(1) · 0,8 – (3) = (5) $$0{,}1 \cdot \lambda_B + 0{,}4 \cdot \lambda_C = 0{,}8$$

(4) · 0,4 – (5) = (6) $$0{,}22 \cdot \lambda_B = -0{,}68$$

$$\lambda_B = -3{,}\overline{09}$$

λ_B eingesetzt in (4) ergibt:

$$-2{,}47\overline{27} + \lambda_C = 0{,}3$$

$$x_C = 2{,}77\overline{27}$$

λ_B und λ_C eingesetzt in (1) ergibt:

$$\lambda_A - 3,\overline{09} + 2,77\overline{27} = 1$$

$$\lambda_A = 1,3\overline{181}$$

Das Mimicking Portfolio, das den Faktor o = 2 und damit die Faktorsensitivität b_{i2} äquivalent dupliziert, besteht aus $\lambda_A = 1{,}32$, $\lambda_B = -3{,}09$ und $\lambda_C = 2{,}77$ Teilen der Wertpapiere A, B und C.

Die Rendite eines solchen Faktor nachspielenden Portfolios errechnet sich wie folgt:

$$E(r_{PFo}) = \eta_0 + \eta_1 \cdot 1 + \eta_2 \cdot 0 = 4,\overline{81}\,[\%] + 5,\overline{45}\,[\%] = 10,\overline{27}\,[\%]$$

Aufgabe 6

Mit Hilfe der Funktion

$$E(r_i) = i_F + \sum_{o=1}^{O}\left(E(r_{PFo}) - i_F\right) \cdot b_{io}$$

können auf Basis der Beispieldaten die erwarteten Renditen ermittelt werden. Für Wertpapier G läßt sich dementsprechend eine erwartete Rendite von

$$E(r_G) = 5 + (17-5) \cdot 0{,}3 + (12-5) \cdot (-0{,}4) + (9-5) \cdot 0{,}7 = 8{,}6\,[\%]$$

ermitteln.

Für Wertpapier H gilt analog:

$$E(r_H) = 5 + (17-5) \cdot (-0{,}1) + (12-5) \cdot (0{,}8) + (9-5) \cdot 0{,}7 = 12{,}2\,[\%]$$

Aufgabe 7

Mit Hilfe der Funktion

$$r_i = E(r_i) + \sum_{o=1}^{O} b_{io} \cdot F_o + \varepsilon_i$$

können die tatsächlichen Renditen der Wertpapiere G und H quantifiziert werden, wobei F_l die Faktorwertveränderung des Faktors l darstellt.

Entsprechend beträgt die tatsächliche Rendite von Wertpapier G

$$r_G = 8{,}6 + (-1) \cdot 0{,}3 + 2 \cdot (-0{,}4) + 0 \cdot 0{,}7 + 3 = 10{,}5 \ [\%]$$

und von Wertpapier H

$$r_H = 12{,}2 + (-1) \cdot (-0{,}1) + 2 \cdot (0{,}8) + 0 \cdot 0{,}7 - 2 = 11{,}9 \ [\%]$$

Aufgabe 8

Im Gegensatz zum Capital Asset Pricing Model ist die Arbitrage Pricing Theory kein Gleichgewichtsmodell, sondern ein Arbitragemodell. Wesentlicher Vorteil der Arbitrage Pricing Theory ist, daß die Kenntnis des real schwer bestimmbaren Marktportfolios nicht benötigt wird, mit der Konsequenz, daß die empirische Nachprüfbarkeit grundsätzlich erleichtert wird und die Modellannahmen weniger restriktiv sind als im Fall des Capital Asset Pricing Model. Insofern erleichtert dies die empirische Nachprüfbarkeit.

Problematisch ist jedoch, daß die APT-Gleichung lediglich eine approximative Bewertung ermöglicht, so daß die Aussagen der Arbitrage Pricing Theory nur im Durchschnitt gelten. Die Abweichungen können dabei erheblich sein, wobei zusätzlich das Problem besteht, zu bestimmen, welche und wieviele Wertpapiere keiner genauen Bewertung unterliegen. Ein weiteres Problem besteht darin, die für die Wertpapierrendite maßgeblich verantwortlichen Risikofaktoren und deren Sensitivitäten zu ermitteln und zu bestimmen. Eine empirische Analyse der Arbitrage Pricing Theory zeigt zudem, daß weder die Zahl noch die Vorzeichen der Risikoprämien im Zeitablauf stabil bleiben. Insgesamt können bis zum jetzigen Zeitpunkt der Kapitalmarktforschung die mit der Arbitrage Pricing Theory proklamierten Vorteile gegenüber dem gleichfalls äußerst kritisch zu bewertenden Capital Asset Pricing Model nicht festgestellt werden.

Literaturhinweise

FISCHER, TH.R., LOCKERT, G., HAHNENSTEIN, L.: Eine Einführung in die Arbitrage Pricing Theory, in: Das Wirtschaftsstudium, 1999, Nr. 11, S.1488–1494.

HERING, TH.: Investitionstheorie aus der Sicht des Zinses, Wiesbaden 1995.

HERING, TH.: Finanzwirtschaftliche Unternehmensbewertung, Wiesbaden 1999.

KRUSCHWITZ, L.: Finanzierung und Investition, 2. Auflage, München/Wien 1999.

KRUSCHWITZ, L., LÖFFLER, A.: Ross' APT gescheitert. Was nun?, in: Zeitschrift für betriebswirtschaftliche Forschung, 1997, S. 644–651.

PERRIDON, L., STEINER, M.: Finanzwirtschaft der Unternehmung, 10. Auflage, München 1999.

ROSS, S.: Return, Risk, and Arbitrage, in: *FRIEND, I., BICKSLER, J.L.*, Risk and Return in Finance, Cambridge Mass. 1977, S. 189–218.

STEINER, M., BRUNS, CH.: Wertpapiermanagement, 7. Auflage, Stuttgart 2000.

STEINER, M., WALLMEIER, M.: Lineare Rendite-Risiko-Beziehung von Finanztiteln und der APT, in: Das Wirtschaftsstudium, 1999, S. 840–847.

STEINER, M., WALLMEIER, M.: Lineare Rendite-Risiko-Beziehung von Finanztiteln und das CAPM, in: Das Wirtschaftsstudium, 1999, S. 704–710.

UHLIR, H., STEINER, P.: Wertpapieranalyse, 3. Auflage, Heidelberg 1994.

3 Termingeschäfte

„Es steigt der Mut mit der Gelegenheit."

WILLIAM SHAKESPEARE

Bewertung von Optionen

Aufgabe 1

Erläutern Sie kurz, was sich hinter einem Optionsgeschäft verbirgt, und diskutieren Sie anhand von Grafiken, welche vier Gewinn- und Verlustmöglichkeiten innerhalb der vier Grundpositionen, die bei einem Optionsgeschäft eingegangen werden können, bestehen.

Aufgabe 2

Erläutern Sie kurz die Bestandteile des Optionspreises. Wie lautet der Wert einer Option am Verfalltag? Wie lauten die Preisunter- und Obergrenzen?

Aufgabe 3

Erläutern Sie kurz, was sich hinter der Put-Call-Parität verbirgt.

Aufgabe 4

Der Preis für Calls mit dreimonatiger Laufzeit und der Möglichkeit, das Wertpapier WP zum Basiskurs B = 400 [€] zu beziehen, beträgt 45 [€]. Heute in t = 0 beträgt der Schlußkurs des Wertpapiers WP 420 [€]. Wie hoch sind der innere Wert und der Zeitwert der Kaufoption? Wie hoch sind der innere Wert und der Zeitwert der Option, wenn es sich nicht um einen Call, sondern um einen Put handelt und der Optionspreis lediglich 20 [€] beträgt?

Aufgabe 5

Berechnen Sie das Options-Omega für den Fall, daß der Schlußkurs des dem Call und dem Put zugrundeliegenden Wertpapiers zwei Monate später 450 [€] beträgt und der Call zu 73 [€] bzw. der Put zu 8 [€] gehandelt werden.

Aufgabe 6

Erläutern Sie kurz den Grundgedanken des diskreten Binomialmodells von COX/ROSS/RUBINSTEIN, und leiten Sie anschließend für den Einperiodenfall die binomiale Optionspreisformel zur Bewertung eines Calls her.

Aufgabe 7

Am 03.01.2000 beträgt der Schlußkurs des Wertpapiers WP 700 [€]. Der auf das Wertpapier optierende amerikanische Call mit einem Bezugspreis von 650 [€] und einer Restlaufzeit von 100 Tagen beträgt x [€]. Der risikolose Zinssatz i_F beläuft sich zur Zeit auf 7 [%]. Von Dividendenzahlungen wird abstrahiert. Während der Aufwärtungsfaktor u 1,095 beträgt, weist der Abwärtungsfaktor d einen Wert von 0,82 auf. Die Wahrscheinlichkeit p, daß der Aktienkurs um das u-fache steigt, beträgt 0,91, die Gegenwahrscheinlichkeit, daß der Aktienkurs um das d-fache sinkt, entsprechend 0,09. Berechnen Sie mit Hilfe eines vierstufigen Binomialmodells den Wert des Calls. Erläutern Sie Ihr Vorgehen verbal und anhand von Grafiken.

Aufgabe 8

Berechnen Sie mit Hilfe eines vierstufigen Binomialmodells auf Basis der in Aufgabe 7 enthaltenen Daten den Wert eines amerikanischen Puts. Erläutern Sie Ihr Vorgehen verbal und anhand von Grafiken. Welche Besonderheit ist gegenüber der theoretischen Wertermittlung bei einem amerikanischen Call zu beachten?

Aufgabe 9

Erläutern Sie kurz den Grundgedanken des BLACK & SCHOLES-Ansatzes, und leiten Sie anschließend die BLACK & SCHOLES-Formel zur Bewertung eines Calls und eines Puts her.

Aufgabe 10

Berechnen Sie mit Hilfe des BLACK & SCHOLES-Ansatzes auf Basis der in Aufgabe 7 enthaltenen Daten den Wert eines europäischen Calls und eines europäischen Puts. Berücksichtigen Sie dabei, daß die Restlaufzeit der Optionen 120 [Tage] und die Volatilität des zugrundeliegenden Wertpapiers WP 20 [%] beträgt.

Lösung

Aufgabe 1

Eine *Option* ist ein Kontrakt, der dem Käufer der Option gegen Zahlung einer *Optionsprämie* das Recht verbrieft, eine bestimmte Menge von *Basisobjekten* (Underlying) zu einem vereinbarten *Basispreis* (Exercise Price, Strike Price) bis zu einem vorgegebenen *Zeitpunkt* (amerikanische Option) oder an einem bestimmten Zeitpunkt (europäische Option) entweder zu *erwerben* oder zu *verkaufen*. Grundsätzlich kann zwischen einer *Kaufoption* (Call) und einer *Verkaufsoption* (Put) unterschieden werden. Im Falle eines Calls kann der Käufer innerhalb oder am Ende einer Optionsfrist vom Verkäufer (Stillhalter in Wertpapieren) den Verkauf einer definierten Anzahl von Wertpapieren zu einem vereinbarten Basispreis fordern. Im Falle eines Puts erwirbt der Käufer der Verkaufsoption das Recht, bis zum Expiry Date oder am Expiry Date vom Verkäufer der Option (Stillhalter in Geld) den Kauf der definierten Wertpapiere zum vereinbarten Basispreis zu fordern.

	Käufer	Verkäufer
Call	▪ zahlt Optionsprämie ▪ besitzt das Recht zum Bezug der Basisobjekte	▪ erhält Optionsprämie ▪ Stillhalter in Wertpapieren
Put	▪ zahlt Optionsprämie ▪ besitzt das Recht zum Verkauf der Basisobjekte	▪ erhält Optionsprämie ▪ Stillhalter in Geld

Tab. 37: Grundpositionen bei Optionsgeschäften

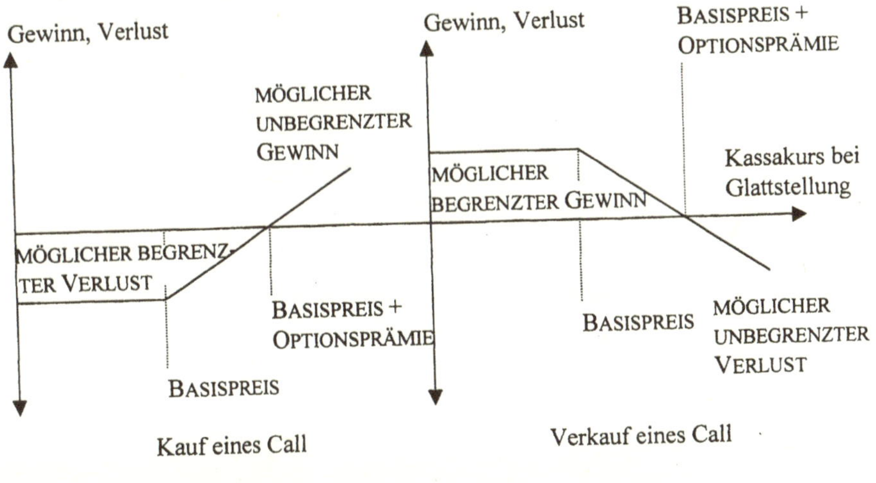

Abb. 13: Gewinn- und Verlustpositionen bei Call-Geschäften

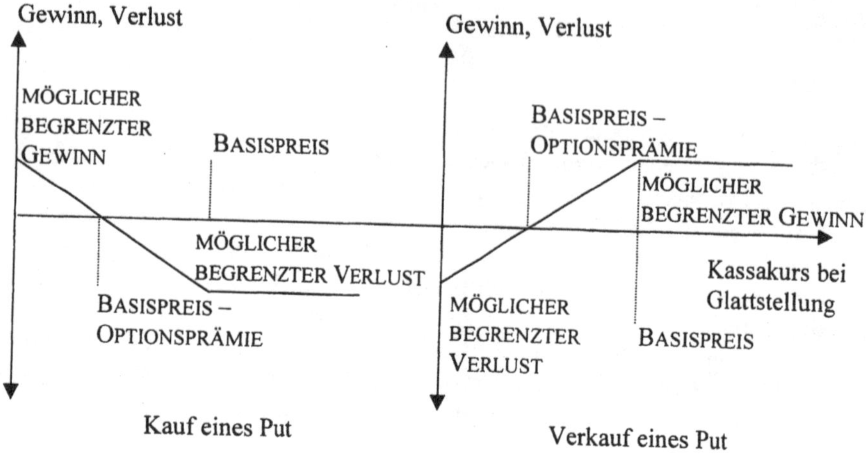

Abb. 14: Gewinn- und Verlustpositionen bei Put-Geschäften

Fazit: Das Verlustrisiko des Käufers einer Kaufoption ist auf die Optionsprämie begrenzt. Hingegen sind die möglichen Verluste des Stillhalters in Wertpapieren unbegrenzt. Beim Put-Geschäft sind sowohl für den Käufer als auch für den Verkäufer die Gewinn- und Verlustmöglichkeiten begrenzt.

Aufgabe 2

Die Optionsprämie setzt sich aus dem *inneren Wert* und der Zeitprämie der Option zusammen. Während der innere Wert die Differenz zwischen gegenwärtigem Kurs A des Basispapiers (Bezugsobjekt) – i.d.R. sind dies Aktien – und dem Basispreis (Bezugspreis) B darstellt, repräsentiert die *Zeitprämie* die Differenz zwischen dem Marktpreis der Option und ihrem inneren Wert. Die Zeitprämie wird somit für die Möglichkeit gezahlt, an zukünftigen Aktienkursveränderungen zu profitieren.

Während der Wert C einer europäischen Kaufoption am Verfalltag

$C = \max\{0, A - B\}$

beträgt, ist eine europäische Verkaufsoption am Verfalltag mit

$P = \max\{0, B - A\}$

zu bewerten.

Während am Verfalltag der Wert der Option aus ihrem inneren Wert besteht, weisen Optionen, die noch über eine Restlaufzeit verfügen, zusätzlich eine zweite Wertkomponente auf: die Zeitprämie. Je länger die Laufzeit n einer Option, desto größer ist die Zeitprämie, da mit einer längeren Laufzeit auch eine größere Chance auf die erwartete Kursentwicklung besteht.

Da der Bezugspreis eines Call ist erst am Expiry Date zu zahlen ist, kann das hierfür notwendige Geld zwischenzeitlich zum risikolosen Zinssatz i_F angelegt werden. Entsprechend lautet die Wertuntergrenze der Kaufoption während der Optionsfrist:

$$C = \max\left\{0, A - B \cdot (1 + i_F)^{-n}\right\}$$

Da der Wert eines Call niemals den Kurswert der zugrundeliegenden Aktie übersteigen kann, beträgt die Preisobergrenze für einen Call

$$C \leq A.$$

Entsprechend der Ermittlung der Preisober- und der Preisuntergrenzen beim Call beträgt die Preisobergrenze eines Put

$$P \leq B \cdot (1 + i_F)^{-n}$$

und die Preisuntergrenze während der Optionsfrist

$$P = \max\left\{0, B \cdot (1 + i_F)^{-n} - A\right\}.$$

Aufgabe 3

Die *Put-Call-Parität* verdeutlicht den Zusammenhang zwischen dem Wert eines Call und dem eines Put. Die Prämissen dabei sind, daß beide Optionen für das gleiche Wertpapier optieren, keine Dividenden ausgeschüttet werden und daß die Bezugspreise und die Laufzeiten identisch sind. Unter diesen Annahmen gilt:

$$P = C - A + B \cdot (1 + i_F)^{-n}$$

Der Unterschied zwischen den Barwerten von Call und Put entspricht somit genau der Differenz zwischen dem Barwert des Bezugspreises und dem Aktienkurs.

Die Gültigkeit dieser Beziehung kann durch einfache Arbitrageüberlegungen bewiesen werden. Zunächst ist ein Call mit Basiskurs B und Fälligkeit t = n heute in t = 0 zu erwerben. Dann ist das freie Kapital in Höhe des abgezinsten Basiskurses anzulegen. Schließlich ist in t = 0 noch eine Aktie zum Kurs A zu verkaufen.

	t = 0	t = n	
		$A_n \leq B$	$A_n > B$
Call-Kauf	$-C_0$	0	$A_n - B$
Kapitalanlage	$-B \cdot (1 + i_F)^{-n}$	B	B
Verkauf der Aktie	A_0	$-A_n$	$-A_n$
Portfolio	$-C_0 - B \cdot (1 + i_F)^{-n} + A_0$	$B - A_n$	0

Tab. 38: Put-Call-Parität

Wenn in t = n $A_n > B$ gilt, so erhält der Käufer eines Call eine Zahlung in Höhe von $A_n - B$. Aus der Geldanlage in t = 0 erhält der Anleger eine Zahlung in Höhe von $B \cdot (1 + i_F)^{-n} \cdot (1 + i_F)^n = B$. Der Kauf der Aktie erfordert Geldmittel in Höhe von $-A_n$.

Wenn in t = n $A_n \leq B$ gilt, so erhält der Käufer eines Call keinerlei Zahlung aus der Option. Aus der Geldanlage in t = 0 erhält der Anleger wie zuvor eine Zahlung in Höhe von $B \cdot (1 + i_F)^{-n} \cdot (1 + i_F)^n = B$. Entsprechend erfordert der Kauf der Aktie Geldmittel in Höhe von $-A_n$. Gleichzeitig beträgt der Wert der Option $A_n - B$, so daß sich die Rückflüsse und Zahlungen zu null saldieren.

Als Fazit bleibt festzuhalten, daß der Käufer aus dem Portfolio am Verfalltag nichts oder aber $B - A_n$ erhält. Da Portfolio und Put am Fälligkeitstag denselben Betrag auszahlen, müssen beide aus Arbitrageüberlegungen in t = 0 denselben Wert aufweisen. Es gilt somit:

$$P_0 = C_0 - A_0 - B \cdot (1 + i_F)^{-n}.$$

Aufgabe 4

Der innere Wert des Calls beträgt

C = 420 – 400 = 20 [€].

Entsprechend der zuvor dargestellten allgemeinen Ausführung ist die Zeitprämie wie folgt zu berechnen:

Zeitprämie = 45 – 20 = 25 [€]

Der Käufer der Option ist somit bereit, für die Erwartung, daß die Kurse in der Zukunft weiter steigen, eine Zeitprämie von 25 [€] zu zahlen. Da die Kaufoption einen inneren Wert hat, liegt sie „in the money".

Im Gegensatz dazu beträgt der innere Wert des Put null.

$$P = 400 - 420 = 0\ [€]$$

Die Zeitprämie bildet sich somit ausschließlich aus dem Optionswert.

$$\text{Zeitprämie} = 20 - 0 = 20\ [€]$$

Die 20 [€] zahlt der Käufer der Verkaufsoption für die Chance, von sinkenden Aktienkursen zu profitieren. Da die Verkaufsoption keinen inneren Wert aufweist, liegt die Option „out of the money".

Aufgabe 5

Das Options-Omega stellt den Leverage-Faktor dar und gibt somit die prozentuale Abhängigkeit des Optionspreises von der prozentualen Aktienkursveränderung an.

$$\text{Options-Omega} = \frac{\text{prozentuale Optionspreisveränderung}}{\text{prozentuale Aktienkursveränderung}}$$

Für den Call gilt daher:

$$\text{Options-Omega} = \frac{\frac{73-45}{45}}{\frac{450-420}{420}} = 8{,}71\,[\%]$$

Steigt also der Aktienkurs um ein Prozent, dann steigt der Preis der Kaufoption um 8,71 [%].

Für den Put gilt:

$$\text{Options-Omega} = \frac{\frac{8-20}{20}}{\frac{450-420}{420}} = -8{,}4\,[\%]$$

Steigt also der Aktienkurs um ein Prozent, dann sinkt der Preis der Verkaufsoption um 8,4 [%].

Aufgabe 6

Zentraler Grundgedanke des *Binomialmodells* ist das „*law of one price*". Das „Gesetz des einheitlichen Preises" besagt, daß Wertpapiere oder Portfolios, die in jedem Umweltzustand die gleichen Rückflüsse ermöglichen, aus Arbitrageüberlegungen auch vom Markt identisch bewertet werden müssen. Somit ist es das Ziel des Binomialmodells, den Optionswert durch die Bildung eines risikolosen Portfolios zu bestimmen (pricing by duplication). Das risikolose Portfolio kann z.B. durch den Verkauf von Calls und den gleichzeitigen Kauf von Aktien sowie durch eine entsprechende Kreditaufnahme gebildet werden. Die Risikolosigkeit des Portfolios ist jedoch nur bei einem bestimmen Verhältnis von Optionen und Aktien gegeben, da der Optionspreis mit dem Aktienkurs nicht vollständig korreliert. Beispielsweise beträgt der minimale Wert einer Kaufoption und damit deren innerer Wert null für den Fall, daß der Aktienkurs unterhalb des Bezugskurses liegt. Insofern ist die Schwankungsbreite der potentiellen Aktienkurse größer als die der Optionspreise, da der maximale Wertverlust eines Calls auf dessen Prämie begrenzt ist.

Im Einperiodenfall stellt der Zeitpunkt t = 0 den Bewertungszeitpunkt der Option dar. In t = 1, dem Verfallzeitpunkt, unterstellt das Binomialmodell zwei möglich Aktienkursausprägungen. Entweder ist der Aktienkurs um u (up) angewachsen oder um d (down) gesunken.

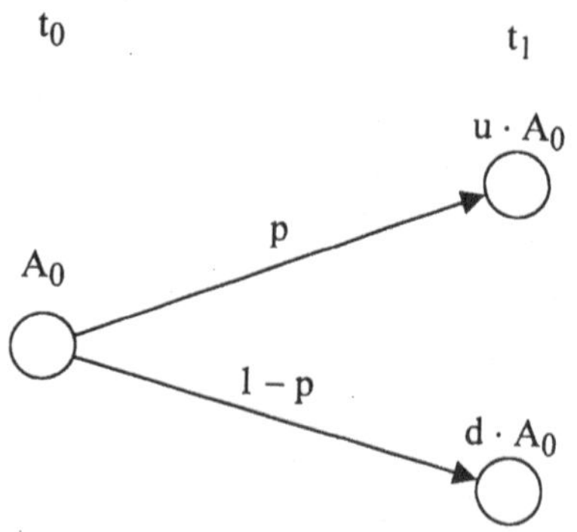

Abb. 15: Allgemeines Binomialmodell für den Zwei-Zeitpunkte-Fall

Da das zu konstruierende Portefeuille risikolos sein muß, existiert zudem eine unbegrenzte Geldanlage- und Geldaufnahmemöglichkeit zum risikolosen Zinssatz i_F. Demnach beträgt der Kurs der Aktie in t = 1 entweder $u \cdot A_0$ oder aber $d \cdot A_0$; p bzw.

(1 – p) stehen jeweils für die Wahrscheinlichkeit, daß $u \cdot A_0$ oder $d \cdot A_0$ eintritt. Um den Wert eines Calls zu duplizieren, wird angenommen, daß das äquivalente Portefeuille aus Δ Aktien besteht. Ferner wird das Portfolio durch einen Kredit in Höhe von KD gebildet. Entsprechend gilt:

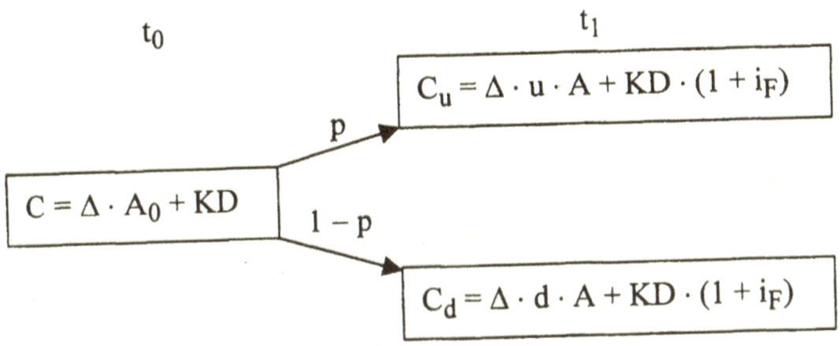

Abb. 16: Allgemeine Callpreisentwicklung im Zwei-Zeitpunkte-Fall

Das Options-Delta Δ drückt die Veränderung des Optionspreises in Abhängigkeit von der Veränderung des zugrundeliegenden Aktienkurses aus, so daß das Options-Delta letztendlich für die Anzahl der notwendigen Aktien innerhalb des äquivalenten risikolosen Portfolios steht.

$$\Delta = \frac{C_u - C_d}{(u - d) \cdot A}$$

Der Kredit, der zum risikolosen Zinssatz aufgenommen wird und eine weitere Komponente des äquivalenten risikolosen Portfolios bildet, läßt sich wie folgt ermitteln:

$$KD = \frac{u \cdot C_d - d \cdot C_u}{(u - d) \cdot (1 + i_F)}$$

Werden Δ Aktien gekauft und wird gleichzeitig ein Kredit in Höhe von KD aufgenommen, so ist die Position in bezug auf das Risiko und den Rückfluß mit der Position identisch, die ein Anleger einnimmt, wenn er eine Kaufoption erwirbt. Da in t = 0 somit $C = \Delta \cdot A_0 + KD_0$ gilt, folgt daraus:

$$C = \frac{1}{1 + i_F} \cdot \left[\frac{(1 + i_F) - d}{u - d} \cdot C_u + \frac{u - (1 + i_F)}{u - d} \cdot C_d \right]$$

Da

$$p = \frac{(1 + i_F) - d}{u - d} \text{ bzw. } (1 - p) = \frac{u - (1 + i_F)}{u - d}$$

gilt, lautet die binomiale Optionspreisformel zur Bewertung eines Call

$$C = \frac{p \cdot C_u + (1 - p) \cdot C_d}{1 + i_F}$$

Zu den wesentlichen Vorteilen des Binomialmodells zählen

- die Möglichkeit, Dividendenzahlungen explizit zu berücksichtigen,
- die exakte Bestimmung der Optionspreise für eine Periodenzahl < 30,
- die Möglichkeit aufgrund der rekursiven Ermittlung Einflüsse von Periode zu Periode zu berücksichtigen und
- die Überprüfung der Aktienkursentwicklung bei jedem Binomialschritt.

Aufgabe 7

Im Mehrperiodenfall folgen die Aktienkurse einem multiplikativen Binomialprozeß, d.h. auf jeden Zustand in einer betrachteten Periode folgen zwei Zustände in der nachfolgenden Periode. Für eine vierstufige Aktienkurs- und Callpreisentwicklung ergibt sich der auf der Folgeseite abgebildete allgemeine Verzweigungsbaum.

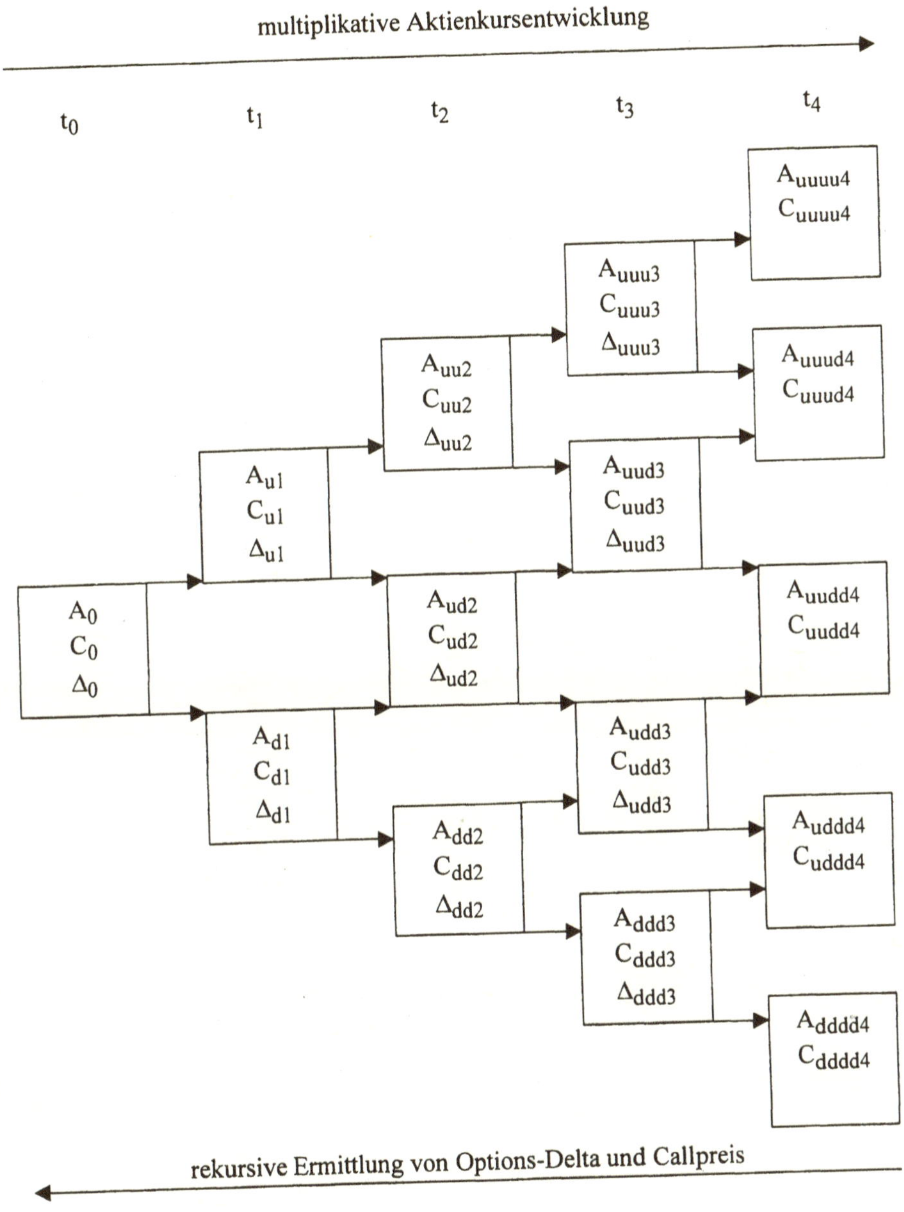

Abb. 17: Allgemeines vierstufiges Binomialmodell

Zunächst sind die dem multiplikativen Binomialprozeß folgenden Aktienkurse zu bestimmen. Zum Beispiel läßt sich der Aktienkurs A_{uuud4} wie folgt berechnen:

$A_{uuud4} = 700 \cdot 1{,}095^3 \cdot 0{,}82 = 753{,}62$ [€]

Anschließend sind rekursiv, jeweils unter einperiodischer Betrachtung, entsprechend dem einstufigen Binomialmodell die Options-Deltas und die Callpreise zu berechnen.

Die Callpreise in t = 4 lauten:

$$C_{uuuu4} = 1006{,}36 - 650 = 356{,}36 \text{ [€]}$$

$$C_{uuud4} = 753{,}62 - 650 = 103{,}62 \text{ [€]}$$

$$C_{uudd4} = 564{,}36 - 650 = 0 \text{ [€]}$$

$$C_{uddd4} = 422{,}62 - 650 = 0 \text{ [€]}$$

$$C_{dddd4} = 317{,}49 - 650 = 0 \text{ [€]}$$

Beispielhaft berechnen sich das Options-Delta Δ_{uuu3} und der Optionspreis C_{uuu3} ausführlich wie folgt:

$$\Delta_{uuu3} = \frac{C_{uuuu4} - C_{uuud4}}{(u-d) \cdot A_{uuu3}} = \frac{356{,}36 - 103{,}62}{(1{,}095 - 0{,}82) \cdot 919{,}05} = 1$$

$$KD_{uuu3} = \frac{u \cdot C_{uuud4} - d \cdot C_{uuuu4}}{(u-d) \cdot (1 + i_F)} = \frac{1{,}095 \cdot 103{,}62 - 0{,}82 \cdot 356{,}36}{(1{,}095 - 0{,}82) \cdot 1{,}07} = -607{,}48 \text{ [€]}$$

$$C_{uuu3} = \Delta_{uuu3} \cdot A_{uuu3} + KD_{uuu3} = 1 \cdot 919{,}05 - 607{,}48 = 311{,}57 \text{ [€]}$$

oder schneller

$$C_{uuu3} = \frac{p \cdot C_{uuuu4} + (1-p) \cdot C_{uuud4}}{(1 + i_F)} = \frac{0{,}91 \cdot 356{,}36 + 0{,}09 \cdot 103{,}62}{1{,}07} = 311{,}79 \text{ [€]}$$

Analog sind die weiteren Options-Deltas und Callpreise ausführlich zu ermitteln, so daß sich die nachfolgende Abbildung ergibt:

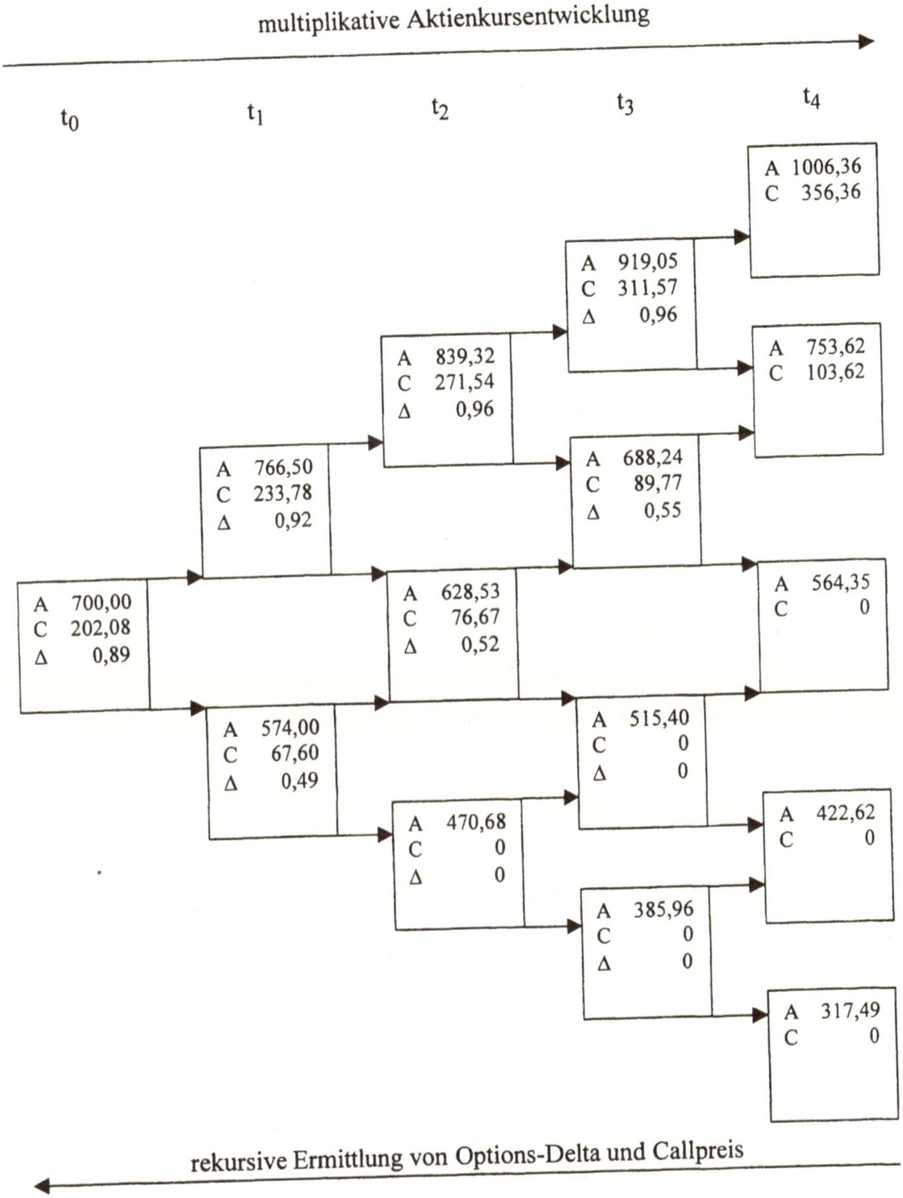

Abb. 18: Beispielhaftes Binomialmodell für eine Callpreisbestimmung

Der theoretisch richtige Callpreis beträgt in t = 0 202,08 [€].

Aufgabe 8

Die Bewertung des Put erfolgt im Binomialmodell analog zum Call. Da der Wert eines Put am Verfalltag P = max {0, B – A} beträgt, erfolgt die Duplizierung des Zahlungsstroms und des Risikos nicht durch einen fremdfinanzierten Aktienkauf, wie im Falle des Calls, sondern durch eine Festgeldanlage F, die durch den Leerverkauf einer Aktie zum Kurs A finanziert wird.

$$\Delta = \frac{P_u - P_d}{(u-d) \cdot A}$$

$$F = \frac{u \cdot P_d - d \cdot P_u}{(u-d) \cdot (1 + i_F)}$$

$$P = \Delta \cdot A + F$$

Da

$$p = \frac{(1 + i_F) - d}{u - d} \quad \text{und} \quad (1-p) = \frac{u - (1 + i_F)}{u - d}$$

gilt, lautet die binomiale Optionspreisformel zur Bewertung eines Put:

$$P = \frac{p \cdot P_u + (1-p) \cdot P_d}{(1 + i_F)}$$

Zu beachten ist allerdings, daß das zusätzliche Recht zur vorzeitigen Ausübung, das ein amerikanischer Put verbrieft, dazu führt, daß der Wert eines amerikanischen Put über dem Wert eines europäischen Put liegt. Ursache hierfür ist, daß der maximale Wert eines Put durch seinen Bezugskurs determiniert wird. Beträgt der Aktienkurs null, so erreicht der Put den Wert P = B – 0 = B. Steigt der Kurs, so sinkt der Wert des Put. Selbst wenn am Expiry Date der Wert der Aktie null beträgt, wäre es sinnvoller gewesen, eine Geldanlage in Höhe des Basispreises zu tätigen. Im Gegensatz dazu weisen amerikanische Calls trotz ihres Rechts der vorzeitigen Ausübung keinen höheren Wert auf als europäische Calls. Eine vorzeitige Optionsausübung kommt bei einem amerikanischen Call nur dann in Frage, wenn der innere Wert über dem Marktpreis liegt. Da der innere Wert jedoch die Preisuntergrenze darstellt, ist ein vorzeitiges Ausüben nicht sinnvoll. Insofern sind amerikanischer und europäischer Call identisch zu bewerten.

Da der Wert eines amerikanischen Put über dem Wert eines europäischen Put liegen kann, ist bei jedem Binomialschritt zu überprüfen, ob der Ausübungswert B – A den theoretischen Wert übersteigt. Ist dies der Fall, so ist mit dem Ausübungswert rekursiv weiterzurechen.

Die Putpreise in t = 4 lauten:

$$P_{uuuu4} = 650 - 1006{,}36 = 0 \text{ [€]}$$

$$P_{uuud4} = 650 - 753{,}62 = 0 \text{ [€]}$$

$$P_{uudd4} = 650 - 564{,}36 = 85{,}64 \text{ [€]}$$

$$P_{uddd4} = 650 - 422{,}62 = 227{,}38 \text{ [€]}$$

$$P_{dddd4} = 650 - 317{,}49 = 332{,}51 \text{ [€]}$$

Beispielhaft berechnen sich das Options-Delta Δ_{uuu3} und der Optionspreis P_{uuu3} ausführlich wie folgt:

$$\Delta_{uuu3} = \frac{P_{uuuu4} - P_{uuud4}}{(u-d) \cdot A_{uuu3}} = \frac{0-0}{(1{,}095 - 0{,}82) \cdot 919{,}05} = 0$$

$$F_{uuu3} = \frac{u \cdot P_{uuud4} - d \cdot P_{uuuu4}}{(u-d) \cdot (1 + i_F)} = \frac{1{,}095 \cdot 0 - 0{,}82 \cdot 0}{(1{,}095 - 0{,}82) \cdot 1{,}07} = 0 \text{ [€]}$$

$$P_{uuu3} = \Delta_{uuu3} \cdot A_{uuu3} + F_{uuu3} = 1 \cdot 0 - 0 = 0 \text{ [€]}$$

oder schneller

$$P_{uuu3} = \frac{p \cdot P_{uuuu4} + (1-p) \cdot P_{uuud4}}{(1 + i_F)} = \frac{0{,}91 \cdot 0 + 0{,}09 \cdot 0}{1{,}07} = 0 \text{ [€]}$$

Da der Ausübungskurs mit 650 – 919,05 = 0 [€] den theoretischen Wert von ebenfalls null nicht übersteigt, kann mit dem theoretischen Rechenwert rekursiv weitergearbeitet werden. Analog sind die weiteren Options-Deltas und Putpreise ausführlich zu ermitteln, so daß sich nachfolgende Abbildung ergibt:

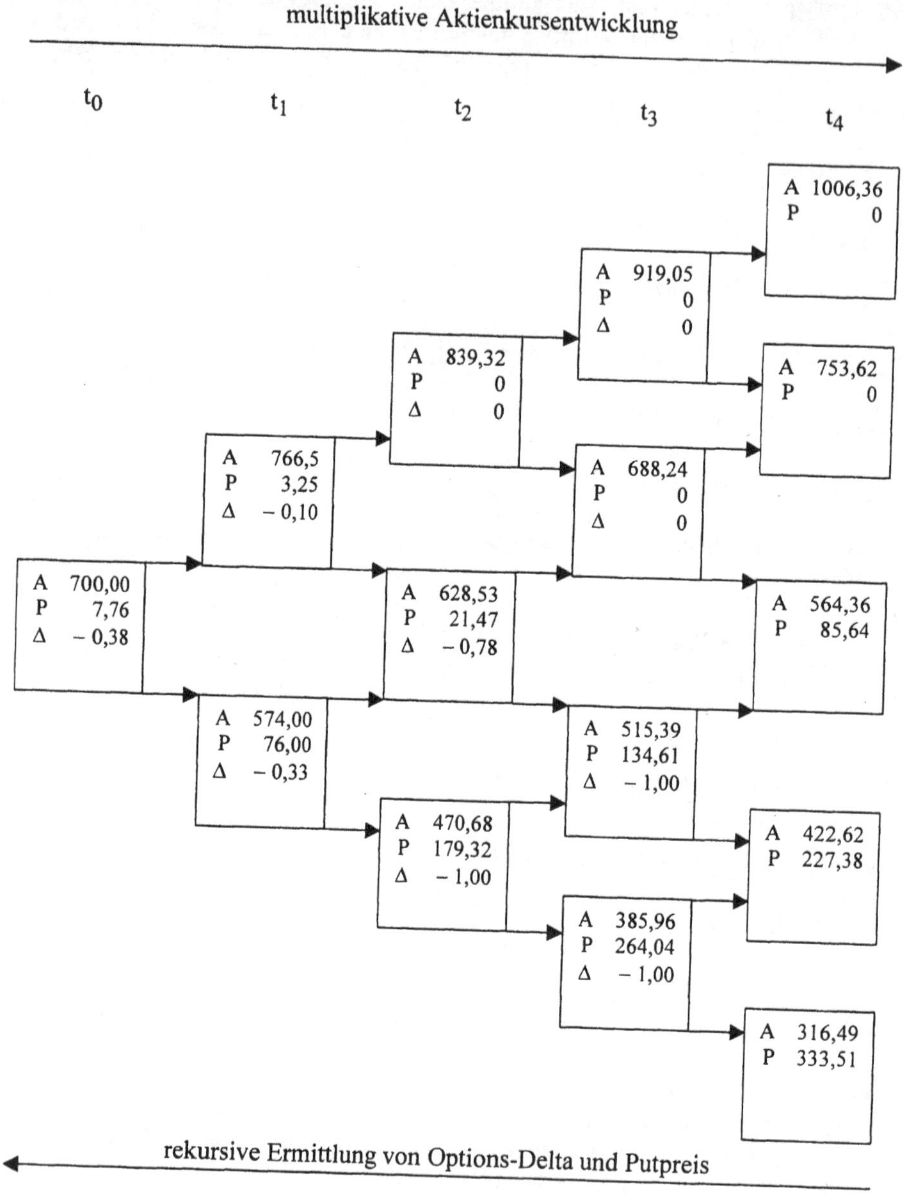

Abb. 19: Beispielhaftes Binomialmodell für eine Putpreisbestimmung

Der theoretisch richtige Putpreis beträgt in t = 0 7,76 [€].

Aufgabe 9

Während es sich bei dem Binomialmodell um einen diskreten Ansatz handelt, stellt das BLACK & SCHOLES-Modell einen kontinuierlichen Bewertungsansatz dar. Werden im Binomialmodell die Periodenlängen immer weiter verringert, so geht letztendlich das Binomialmodell in den BLACK & SCHOLES-Ansatz über. Ab einer Periodenanzahl von $n \geq 30$ ist eine Überführung der diskreten Häufigkeitsverteilung in eine kontinuierliche Standardverteilung, die die Grundlage des BLACK & SCHOLES-Ansatzes darstellt, möglich.

Das BLACK & SCHOLES-Modell basiert auf folgenden Annahmen:

- Es herrscht ein vollkommener Kapitalmarkt.
- Es besteht die uneingeschränkte Möglichkeit von Leerverkäufen.
- Es existiert eine unbegrenzte und risikolose Geldanlage- und Geldaufnahmemöglichkeit.
- Es existieren keine Transaktionskosten.
- Von Dividenden wird abstrahiert.
- Die Aktienrendite ist logarithmisch normalverteilt.
- Der Aktienkurs folgt einem Zufallspfad.
- Kurserhöhungs- und Kursverringerungsfaktoren sind nicht mehr relevant.
- Es werden nur europäische Optionen betrachtet.

Der theoretische Fair Value einer Kaufoption bestimmt sich nach der BLACK & SCHOLES-Formel wie folgt:

$$C = A \cdot N(d_1) - B \cdot e^{-i_F \cdot t} \cdot N(d_2)$$

mit

$$d_1 = \frac{\ln\left(\frac{A}{B}\right) + \left(\ln(1 + i_F) + \frac{\sigma^2}{2}\right) \cdot n}{\sigma \cdot \sqrt{n}}$$

und

$$d_2 = d_1 - \sigma \cdot \sqrt{n},$$

wobei

e	EULERsche Zahl
σ	Erwartete Volatilität des Aktienkurses p.a.
n	Restlaufzeit der Option in Jahren

$N(d_1)$ und $N(d_2)$ stellen die theoretischen Wahrscheinlichkeiten dafür dar, daß die Option bei der unterstellten Kursverlaufshypothese am Verfallstag „in the money" (Basispreis < Aktienkurs) liegt. $N(d_1)$ stellt das Options-Delta dar und drückt somit die Veränderung des Optionspreises in Abhängigkeit von dem zugrundeliegenden Aktienkurs aus. $N(d_1)$ und $N(d_2)$ gewichten den Aktienkurs und den Bezugskurs so, daß die Bewertungsfunktion über der Untergrenze abgetragen wird und die Prämien bei Optionen, die „at the money" (Basispreis ≈ Aktienkurs) liegen, am größten sind.

Analog zur Callberechnung läßt sich der Wert eines Puts ermitteln:

$$P = B \cdot e^{-i_F \cdot n} \cdot N(d_1) - A \cdot N(d_2)$$

mit

$$d_1 = \frac{\ln\left(\frac{B}{A}\right) + \left(\ln\left(1 + i_F\right) + \frac{\sigma^2}{2}\right) \cdot n}{\sigma \cdot \sqrt{n}}$$

und

$$d_2 = d_1 - \sigma \cdot \sqrt{n}$$

$N(d_1)$ und $N(d_2)$ stellen die theoretischen Wahrscheinlichkeiten dafür dar, daß die Option bei der unterstellten Kursverlaufshypothese am Verfallstag „in the money" (Basispreis > Aktienkurs) liegt.

Entsprechend ergeben sich die beiden nachfolgenden Bewertungsfunktionen:

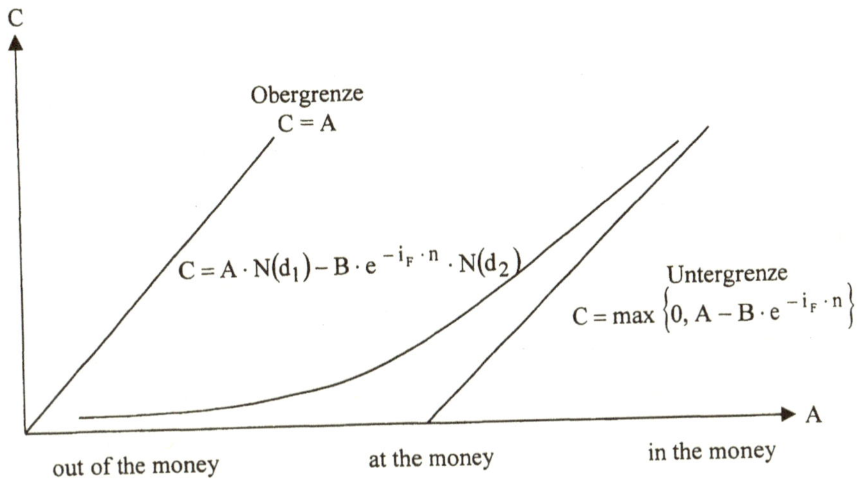

Abb. 20: Bewertungsfunktion eines Call

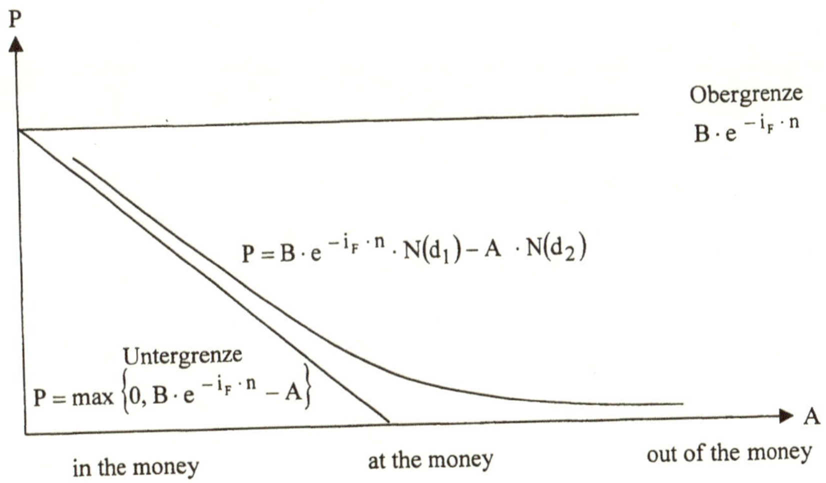

Abb. 21: Bewertungsfunktion eines Put

Aufgabe 10

Bewertung des Calls mit Hilfe der BLACK & SCHOLES-Formel:

$$C = 700 \cdot N\left(\frac{\ln\left(\frac{700}{650}\right) + \left(\ln(1+0{,}07) + 0{,}2^2 \cdot 0{,}5\right) \cdot \frac{120}{365}}{0{,}2 \cdot \sqrt{\frac{120}{365}}}\right)$$

$$- 650 \cdot e^{-0{,}07 \cdot 0{,}3288} \cdot N\left(\frac{\ln\left(\frac{700}{650}\right) + \left(\ln(1+0{,}07) - 0{,}2^2 \cdot 0{,}5\right) \cdot \frac{120}{365}}{0{,}2 \cdot \sqrt{\frac{120}{365}}}\right)$$

$$= 700 \cdot F_N(0{,}898) - 650 \cdot e^{-0{,}07 \cdot 0{,}3288} \cdot F_N(0{,}783) \quad \text{mit } F_N(-z) = 1 - F_N(z)$$

$$= 700 \cdot 0{,}8154 - 650 \cdot e^{-0{,}07 \cdot 0{,}3288} \cdot 0{,}7832 = 73{,}28 \ [€]$$

Der Wert des Calls beträgt in $t = 0$ 73,28 [€].

Bewertung des Puts mit Hilfe der BLACK & SCHOLES-Formel:

$$P = 650 \cdot e^{-0{,}07 \cdot 0{,}3288} \cdot N\left(\frac{\ln\left(\frac{650}{700}\right) + \left(\ln(1+0{,}07) + 0{,}2^2 \cdot 0{,}5\right) \cdot \frac{120}{365}}{0{,}2 \cdot \sqrt{\frac{120}{365}}}\right)$$

$$- 700 \cdot N\left(\frac{\ln\left(\frac{650}{700}\right) + \left(\ln(1+0{,}07) - 0{,}2^2 \cdot 0{,}5\right) \cdot \frac{120}{365}}{0{,}2 \cdot \sqrt{\frac{120}{365}}}\right)$$

$$= 650 \cdot e^{-0{,}07 \cdot 0{,}3288} \cdot F_N(-0{,}395) - 700 \cdot F_N(-0{,}51) \quad \text{mit } F_N(-z) = 1 - F_N(z)$$

$$= 650 \cdot e^{-0{,}07 \cdot 0{,}3288} \cdot 0{,}3464 - 700 \cdot 0{,}305 = 6{,}54 \ [€]$$

Der Wert des Puts beträgt in t = 0 6,54 [€].

Literaturhinweise

Bolek, A.: Volatilitätsschwankungen und DAX-Optionen, Wiesbaden 1999.

Black, F., Scholes, M.: Pricing of Options and Corporate Liabilities, in: Journal of Political Economy, 1973, S. 637–654.

Cox, J.C., Ross, S.A., Rubinstein, M.: Option Pricing – A Simplified Approach, in: Journal of Financial Economies, 1979, S. 229–263.

Hering, Th.: Finanzwirtschaftliche Unternehmung, Wiesbaden 1999.

Jurgeit, L.: Bewertung von Optionen und bonitätsrisikobehafteten Finanztiteln, Wiesbaden 1989.

Kesting, H., Schulte-Mattler, H.: Herleitung der Black-Scholes-Formel aus dem binomialen Optionspreismodell, in: Wirtschaftswissenschaftliches Studium, 1992, S. 167–171.

Kruschwitz, L.: Finanzierung und Investition, Berlin/New York 1995.

Perridon, L., Steiner, M.: Finanzwirtschaft der Unternehmung, 10. Auflage, München 1999.

Steiner, M., Bruns, Ch.: Wertpapiermanagement, 7. Auflage, Stuttgart 2000.

Steinrücke, M.: Optionspreise auf vollkommenen Kapitalmärkten, in: *Burchert, H., Hering, Th. (Hrsg.)*, Betriebliche Finanzwirtschaft – Aufgaben und Lösungen, München/Wien 1999, S. 156–165.

Uhlir, H., Steiner, P.: Wertpapieranalyse, 3. Auflage, Heidelberg 1994.

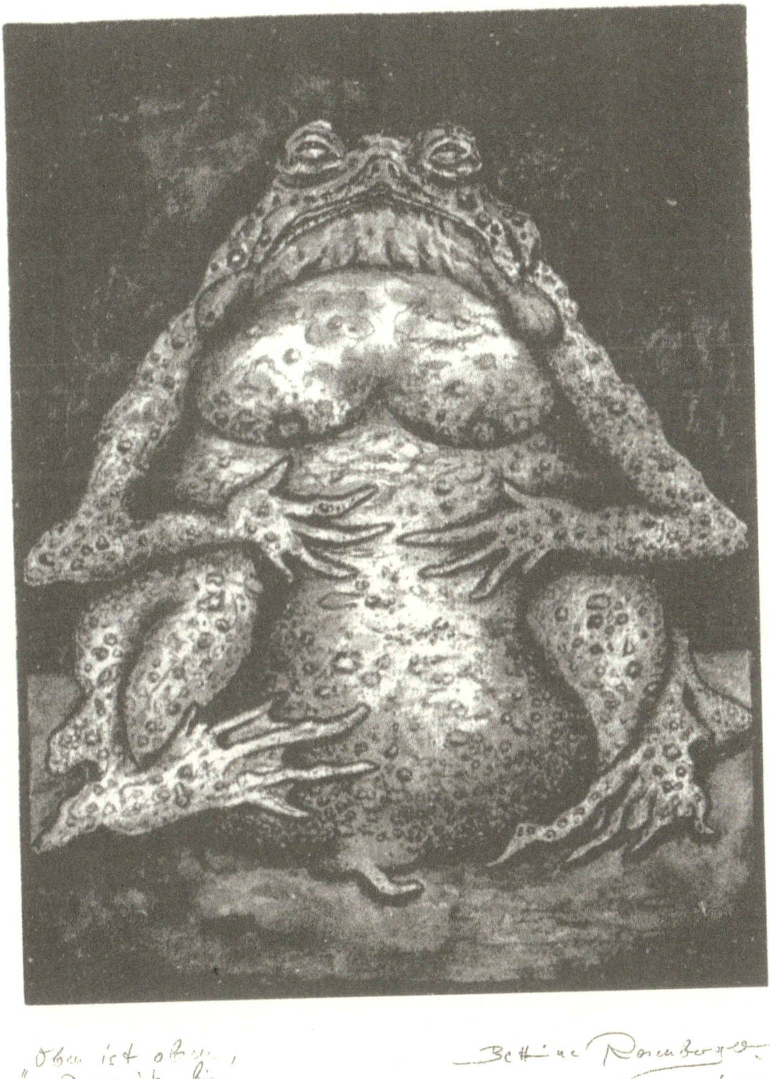

„Oben ist oben,
und wo ich bin,
ist oben (!)"

Bettina Rosenberger.
Mengebostel, d. 05.01.1999

„Das Beste an der Zukunft ist,
daß wir immer nur einen Tag auf einmal zu verkraften brauchen."

DEAN ACHESON

Bewertung von Swaps

Aufgabe 1

Was ist unter einem Swap zu verstehen? Welche grundsätzlichen Ziele werden mit einem Swapgeschäft verfolgt?

Aufgabe 2

Stellen Sie in einer Grafik die Grundformen und die Spezialformen von reinen und kombinierten Swapgeschäften dar. Erläutern Sie anschließend kurz die unterschiedlichen Charakteristika dieser Formen.

Aufgabe 3

Konstruieren Sie ein selbstgewähltes Beispiel für einen Coupon Swap, bei dem beide Vertragspartner einen Arbitragegewinn von 0,5 [%] erzielen.

Aufgabe 4

Wie können im Rahmen der Finanzchemie synthetisch „fixe oder variable Renditen in der Fremdwährung A" bzw. „fixe oder variable Renditen in der Konzernwährung" repliziert werden?

Aufgabe 5

Verdeutlichen Sie allgemein, daß die Swap Rate die Determinante des Barwertes eines Swaps ist, unabhängig davon, ob Ausfallrisiken beachtet werden oder nicht.

Aufgabe 6

Die beiden Swap-Partner A und B vereinbaren einen Swap mit einer Laufzeit von vier Jahren, wobei A der Festzinszahler und B der Festzinsempfänger ist. Aus der Nullkuponstrukturkurve lassen sich die folgenden Forward-Rates $i_{FRt-1,t}$ ableiten:

$$i_{FR12} = 5\ [\%],\ i_{FR23} = 6\ [\%],\ i_{FR34} = 7\ [\%] \text{ und } i_{FR45} = 8\ [\%].$$

Ermitteln Sie die Swap Rate.

Aufgabe 7

Wie berechnet sich die Swap Rate, wenn der Swap-Partner A aus Aufgabe 6 dem Ausfallrisiko unterliegt?

Aufgabe 8

Es gelten weiterhin die Daten aus Aufgabe 6. Zusätzlich jedoch sei angenommen, daß der Swap-Partner B folgende Ausfallwahrscheinlichkeiten $PS_t(B)$ im Zeitablauf aufweist: $PS_1(B) = 1$, $PS_2(B) = 1$, $PS_3(B) = 0{,}05$ und $PS_4(B) = 0{,}05$. Ermitteln Sie die Swap Rate, und erläutern Sie Ihr Vorgehen.

Aufgabe 9

Es gelte noch immer die Datensituation aus Aufgabe 6. Zusätzlich jedoch sei angenommen, daß beide Swap-Partner Ausfallrisiken aufweisen. Ermitteln Sie die Swap Rate für den Fall, daß die angenommenen Ausfallwahrscheinlichkeiten für A $PS(A) = 0{,}02$ und für B $PS(B) = 0{,}05$ betragen. Erläutern Sie Ihr Vorgehen.

Aufgabe 10

Sie stehen vor der Aufgabe, 6.000.000 [€] 90 Tage lang möglichst gewinnbringend anzulegen. Dabei soll das Währungsrisiko ausgeschlossen werden. Einerseits besteht die Möglichkeit, in Euro-Anleihen zu investieren. Für diese Anleihen beträgt die aktuelle Verzinsung LIBOR + 0,5 [%]. Der LIBOR für diese Anlageform beträgt zur Zeit 5,4 [%]. Allerdings müssen 200.000 [€] oder ein Vielfaches davon angelegt werden. Als weitere Alternative besteht die Möglichkeit, in US-\$-Commercial Paper à 500.000 [\$] zu investieren. Diese Papiere werden zur Zeit mit 12 [%] verzinst. Während der Geldkurs 1,10 [€/\$] beträgt, beläuft sich der Briefkurs zur Zeit auf

1,03 [€/$]. Ermitteln Sie den gewinnmaximalen Vermögensendwert und damit die gewinnmaximale Anlageform.

Lösung

Aufgabe 1

Bei Swapgeschäften handelt es sich um eine vertragliche Vereinbarung zwischen zwei Vertragspartnern über den Austausch von Zahlungsverpflichtungen innerhalb eines bestimmten Zeitraums. Die Vereinbarung beinhaltet, wann, wie häufig und in welcher Währung die gegenseitigen Zahlungen zu erfolgen haben. Die Höhe einer Zahlung wird durch den vereinbarten Basisbetrag, den vereinbarten Zinssatz und den Zeitraum, der seit der letzten Zahlung verstrichen ist, determiniert. Die Zahlungszeitpunkte müssen jedoch nicht übereinstimmen. Gleichfalls können die Zahlungen in unterschiedlichen Währungen stattfinden. Insofern versuchen Swap-Partner generell, mit Hilfe von Swapgeschäften komparative Kostenvorteile, die aufgrund unterschiedlicher Bonitätseinschätzungen und unterschiedlicher Marktzugangsmöglichkeiten entstehen, an den internationalen Finanzmärkten auszunutzen. Dabei wird versucht, die Finanzkosten durch den Umweg über einen Zwischenmarkt zu senken bzw. die Erträge aus Anlagen zu sichern. Ferner wird angestrebt, durch geeignete Swapgeschäfte die Finanzierungsquellen zu diversifizieren und die Fremdfinanzierung an die Bedürfnisse des jeweiligen Swap-Partners anzupassen. Letztendlich dienen somit Swapgeschäfte der Absicherung von Zins- und Währungskursrisiken.

Aufgabe 2

Entsprechend ihrer Zielsetzung, Zins- und Währungskursrisiken zu managen, können Swaps allgemein in Zins- und Währungsswaps differenziert werden. Die nachfolgende Abbildung gibt einen Überblick über die unterschiedlichen Formen von Swapgeschäften.

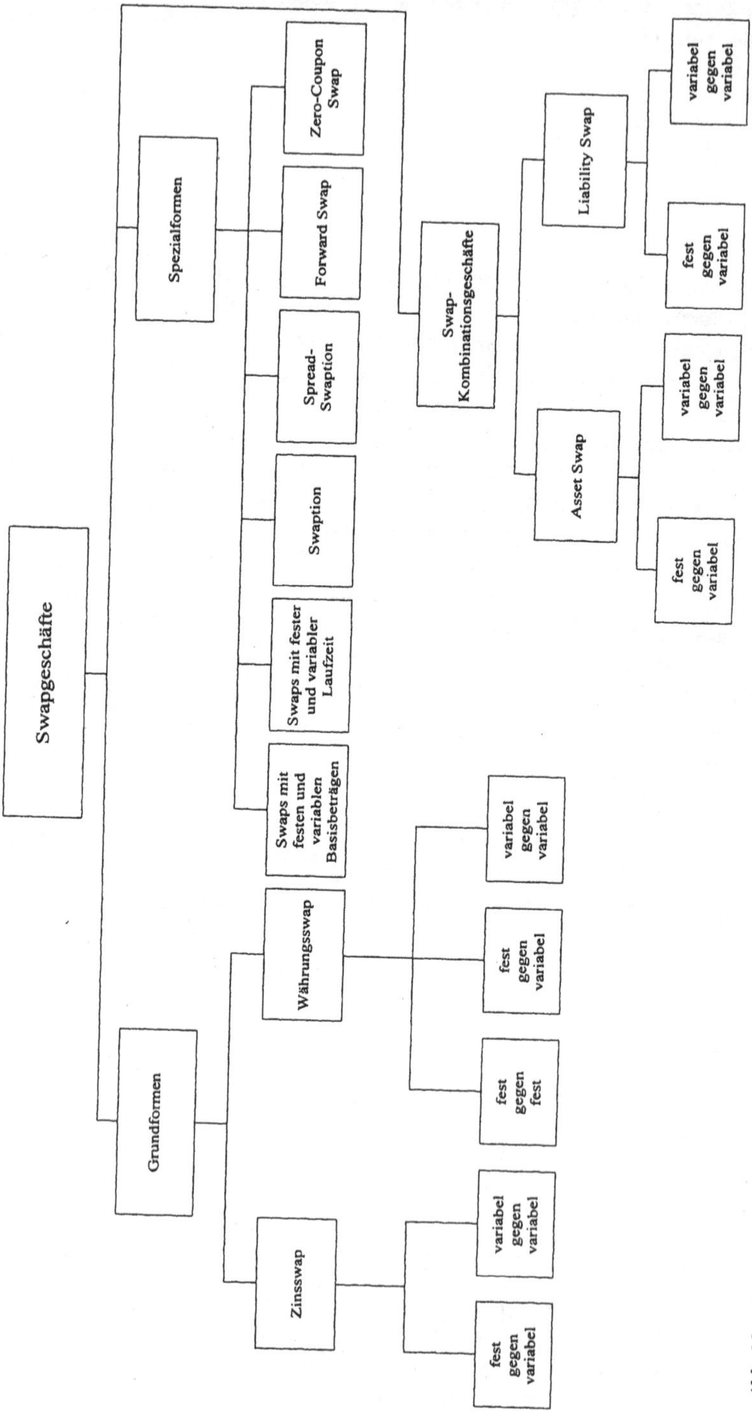

Abb. 22: Swapgeschäfte

Zinsswap
Bei einem Zinsswap erfolgt kein Austausch der Kapitalbeträge, sondern lediglich ein Austausch der Zinsverpflichtungen. Die Zinszahlungen basieren auf einer einheitlichen Währung. Grundsätzlich können dabei Arbitragegeschäfte unterschieden werden, bei denen Festzinszahlungen (Swap Rate) gegen variable Zinszahlungen und variable Zinszahlungen gegen variable Zinszahlungen ausgetauscht werden.

Zinsswap fest gegen variabel (Coupon Swap)
Bei einem Zinsswap fest gegen variabel verpflichtet sich ein Vertragspartner, Zahlungen auf Basis eines Festzinssatzes zu leisten, während der andere Zahlungen auf Basis einer variablen Verzinsung tätigt.

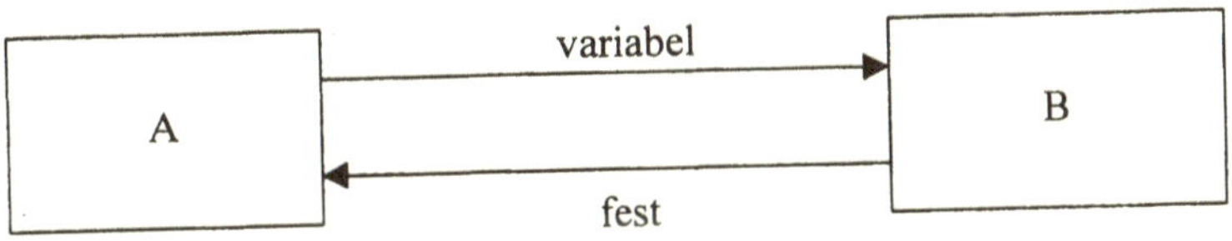

Abb. 23: Coupon Swap

Zinsswap variabel gegen variabel (Basis Swap)
Bei einem Basis Swap tauschen die Swap-Partner währungsgleiche Zinszahlungen auf Basis unterschiedlicher variabler Zinssätze. Beispielsweise können 3-Monats-LIBORsätze gegen 6-Monats-LIBORsätze getauscht werden.

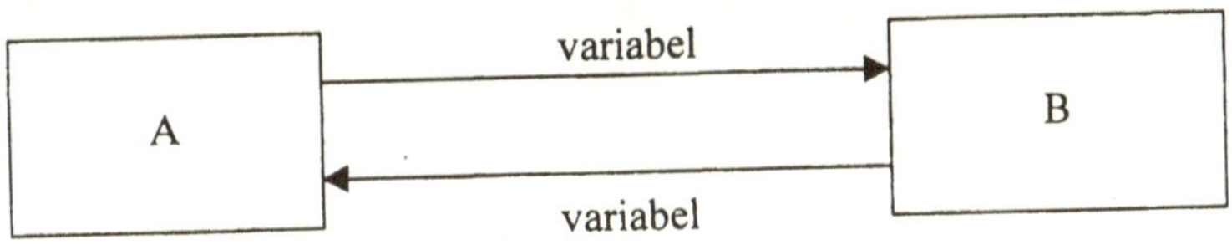

Abb. 24: Basis Swap

Währungsswap
Im Gegensatz zu Zinsswaps werden bei Währungsswaps sowohl die Kapitalsummen als auch die Zinsverpflichtungen ausgetauscht, mit der Konsequenz, daß die Zahlungen in unterschiedlichen Währungen stattfinden. Grundsätzlich können dabei Arbitragegeschäfte unterschieden werden, bei denen Festzinszahlungen gegen Festzinszahlungen, Festzinszahlungen gegen variable Zinszahlungen oder variable Zinszahlungen gegen variable Zinszahlungen ausgetauscht werden. Generell kann ein Währungsswapgeschäft in eine Ausgangstransaktion, eine Zinstransaktion und eine Schlußtransaktion differenziert werden. In der Ausgangstransaktion werden die Kreditbeträge zwischen den Partnern ausgetauscht. Allerdings ist dies nicht zwingend.

Die anschließende Zinstransaktion beinhaltet den Austausch der Zinszahlungen bzw. ihrer Differenzbeträge. In der abschließenden Schlußtransaktion werden, falls vereinbart, die Anleihebeträge zu vorab vereinbarten Kursen zurückgetauscht.

Währungsswap fest gegen fest

Bei einem Fest-fest-Währungsswap verpflichten sich die Vertragspartner, Zahlungen in unterschiedlichen Währungen auf Basis fester Zinssätze zu leisten.

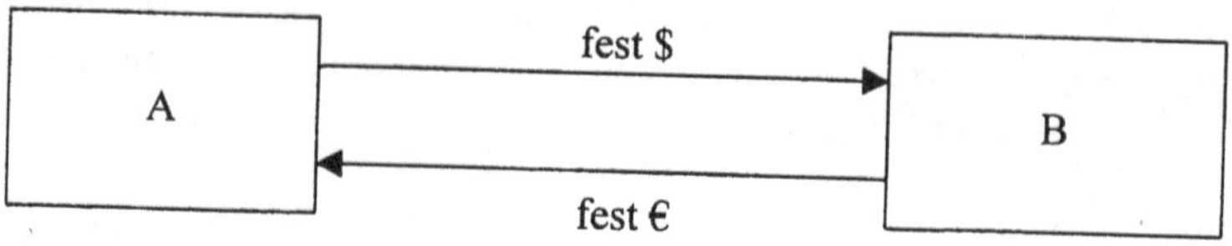

Abb. 25: Währungsswap fest gegen fest

Währungsswap fest gegen variabel (Cross Currency Interest Rate Swap, CCIRS)

Bei einem Fest-variabel-Währungsswap, auch Zins-/Währungsswap genannt, werden aus unterschiedlichen Zinsverpflichtungen auf Basis unterschiedlicher Währungen Zahlungen untereinander ausgetauscht.

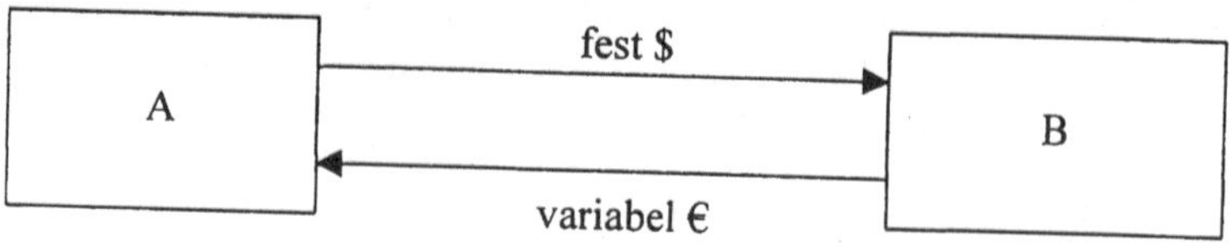

Abb. 26: Währungsswap fest gegen variabel

Währungsswap variabel gegen variabel (Cross Currency Basis Rate Swap, CCBRS)

Bei einem Währungsswap variabel gegen variabel werden variable Zinszahlungen auf Basis unterschiedlicher Währungen zwischen den Swap-Partnern getauscht.

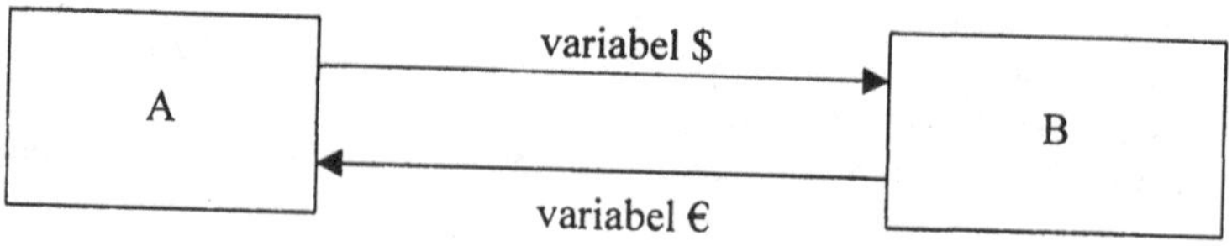

Abb. 27: Währungsswap variabel gegen variabel

Spezialformen

Neben den Grundformen von Swapgeschäften existieren noch eine Reihe weiterer Swaptypen. Diese Spezialformen basieren auf der individuellen Ausgestaltung der neben den Währungs- und Zinskonditionen spezifisch zu vereinbarenden weiteren Elemente eines Swapvertrages. Hierzu zählen der Basisbetrag, die Laufzeit, die Möglichkeit zu optieren, der Beginn des Referenzzeitraumes für die erste Zahlung und die Häufigkeit der Zahlungen. In der Regel basieren diese Spezialformen jedoch auf Zinsswaps.

Swaps mit festen und variablen Basisbeträgen

Normalerweise bleibt der Basisbetrag während der Swaplaufzeit konstant. Solche Swaps werden als endfällige Swaps bezeichnet. Der häufigste Swap ist der Plain Vanilla Swap, der einen endfälligen Coupon Swap darstellt.

Wird zwischen den Vertragspartnern vereinbart, daß der Basisbetrag während der Laufzeit sukzessive reduziert wird, liegt ein Amortisationsswap vor. Erhöht sich jedoch im Zeitablauf der Basisbetrag sukzessive, wird dies als Stufenswap bezeichnet. Die Kombination eines Stufenswap mit einem Amortisationsswap wird Roller Coaster Swap genannt.

Swaps mit fester und variabler Laufzeit

Kann die Vertragslaufzeit vorzeitig beendet werden, handelt es sich um einen kündbaren Swap (Callable Swap), im Falle einer möglichen Laufzeitverlängerung um einen prolongierbaren Swap.

Swaption

Eine Swaption stellt eine Kombination von Option und Swapgeschäft dar, die gegen Zahlung einer Prämie das Recht beinhaltet, innerhalb einer bestimmten Frist in ein Swapgeschäft einzusteigen, dessen Konditionen vorab vereinbart wurden.

Spread-Swaption

Eine Spread-Swaption beinhaltet gegen Zahlung einer Prämie das Recht, innerhalb der Swaplaufzeit variable Zahlungsverpflichtungen gegen zuvor vereinbarte Festzinszahlungsverpflichtungen zu transformieren.

Forward Swap

Während bei Swaps in der Regel nahezu unmittelbar (nach wenigen Tagen) nach Abschluß des Vertrages (Trade Date) die erste Zahlung erfolgt, kann bei einem Forward Swap dieser Zeitraum auf Monate oder Jahre verlängert werden.

Zero-Coupon Swap
Bei einem Zero-Coupon Swap werden variable, kontinuierlich zu zahlende Zinszahlungen in eine einmalige, endfällige, fest vereinbarte Zinszahlung getauscht. Dabei ist es das Ziel, eine variable Anlage in einen Zerobond zu tauschen

Asset Swap
Die dargestellten Swaparten dienen in der Regel dazu, relative Kostenvorteile zu erzielen. Zunehmend werden jedoch Swapgeschäfte eingesetzt, um Erträge zu realisieren und damit die Aktivseite der Bilanz positiv zu beeinflussen. Da es sich dabei um einen Tausch von Aktiva (Assets) und der/den daraus resultierenden Zinszahlungen handelt, werden diese Tauschgeschäfte als Asset Swaps bezeichnet. Insofern stellen Asset Swaps eine Kombination aus einem Grundgeschäft, d.h. dem Erwerb einer fest- oder variabel verzinslichen Kapitalanlage (Floating Rate Note, FRN), und einem Coupon Swap dar.

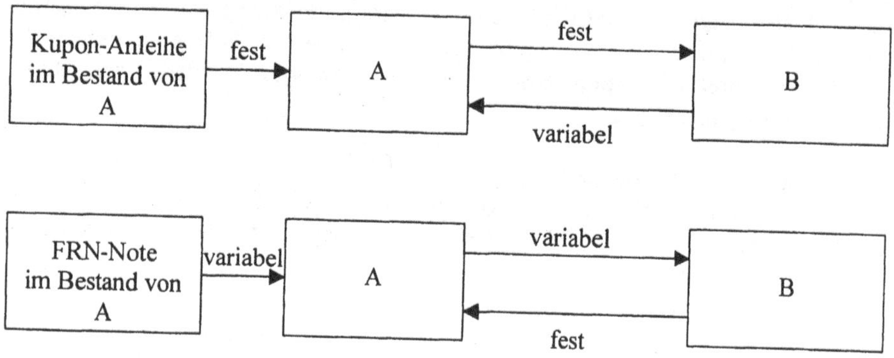

Abb. 28: Asset Swaps

Liability Swap
Im Gegensatz zu Asset Swaps stellen Liability Swaps eine Kombination aus einem Grundgeschäft, das durch feste oder variable Zinsauszahlungen charakterisiert ist, und einem Coupon Swap dar, wobei der Swap dazu dient, die jeweilige feste oder variablen Zinsverpflichtung des Grundgeschäftes in eine variable oder feste zu transformieren.

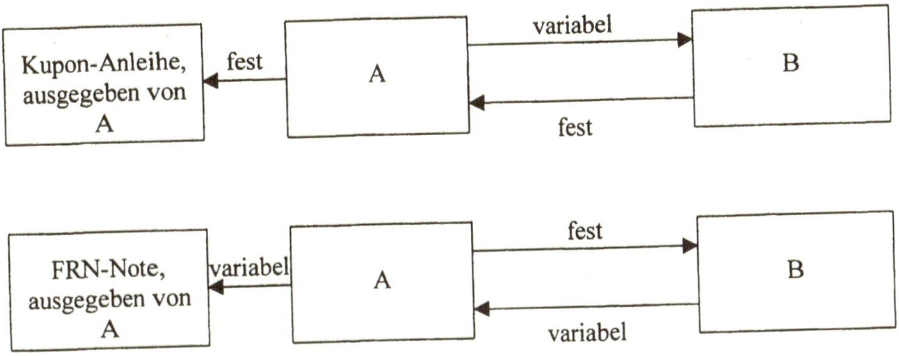

Abb. 29: Liability Swaps

Aufgabe 3

Beispielsweise können die zwei Unternehmen A und B Fremdkapital zu folgenden Konditionen aufnehmen:

Unternehmen	Festzins p.a.	variable Verzinsung p.a.
A	9 [%]	LIBOR + 0,5 [%]
B	11 [%]	LIBOR + 1,5 [%]

Tab. 39: Beispielkonditionen für ein Swapgeschäft

Das Unternehmen A verschuldet sich zu 9 [%] beim Fremdkapitalgeber X, und gleichzeitig nimmt B Fremdkapital zu LIBOR + 1,5 [%] beim Gläubiger Y auf. Unter der Annahme, daß das Unternehmen A an einem variablen Kredit interessiert ist, wird vereinbart, daß die Zinsen über die jeweils identischen Kreditbeträge vom jeweils anderen Unternehmen übernommen werden. Unternehmen A hat eine variable Zinslast zu LIBOR + 0,5 [%]. Gleichzeitig erhält A von dem Unternehmen B 9,5 [%] fest und damit 0,5 [%] mehr, als A seinerseits an seinen Gläubiger X zu zahlen hat. Insofern kostet A die variable Verzinsung nur noch LIBOR. Unternehmen B zahlt A 9,5 [%] fest und damit 1,5 [%] weniger, als dies in der Ausgangssituation möglich gewesen wäre. Mit den eingesparten 1,5 [%] können zum einen die Differenz zwischen den von B zu zahlenden LIBOR + 1,5 [%] und den erhaltenen LIBOR + 0,5 [%] ausgeglichen werden, und zum anderen gewinnt B damit ebenfalls wie A 0,5 [%].

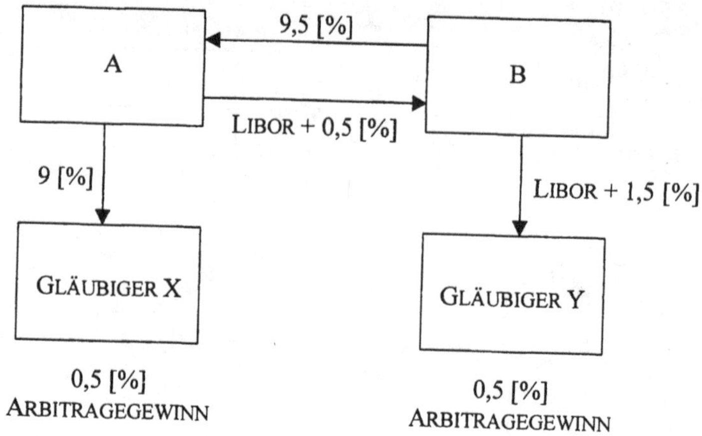

Abb. 30: Beispielhaftes Swapgeschäft

Aufgabe 4

Die nachfolgenden Darstellungen verdeutlichen, welche Alternativen existieren, um eine fixe bzw. variable Rendite in einer Fremdwährung sowie eine fixe bzw. variable Rendite in der Konzernwährung originär zu erzielen bzw. synthetisch zu replizieren.

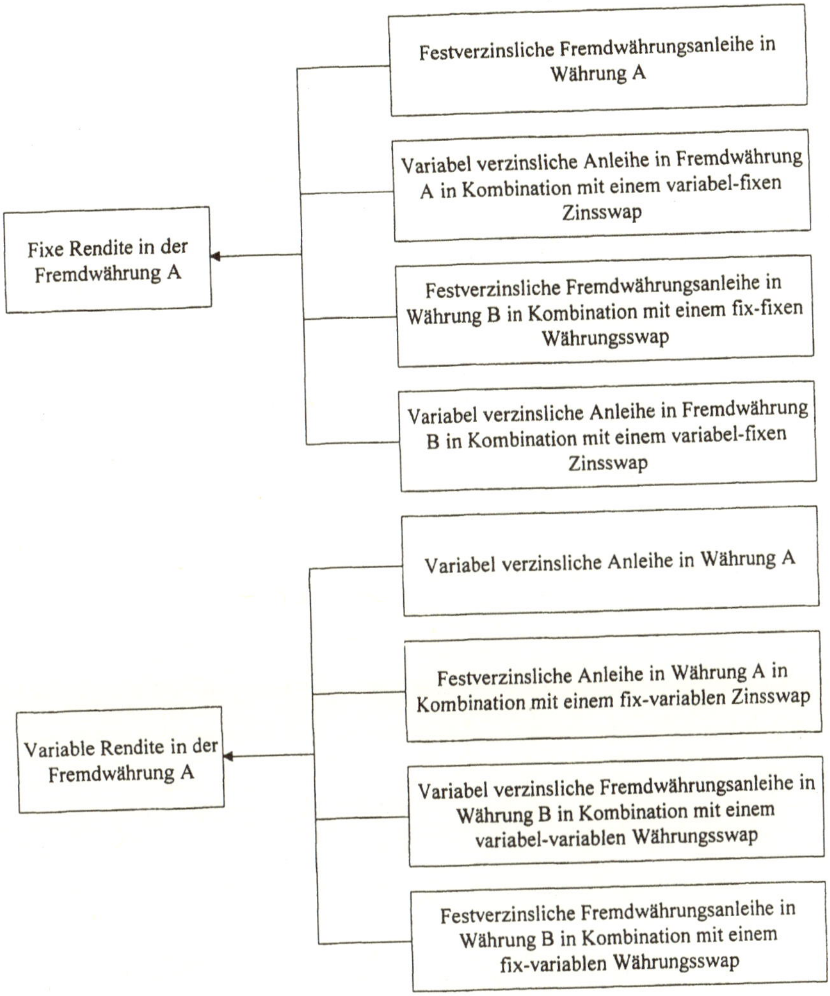

Abb. 31: Alternativen zur Erzielung einer fixen bzw. variablen Fremdwährungsrendite

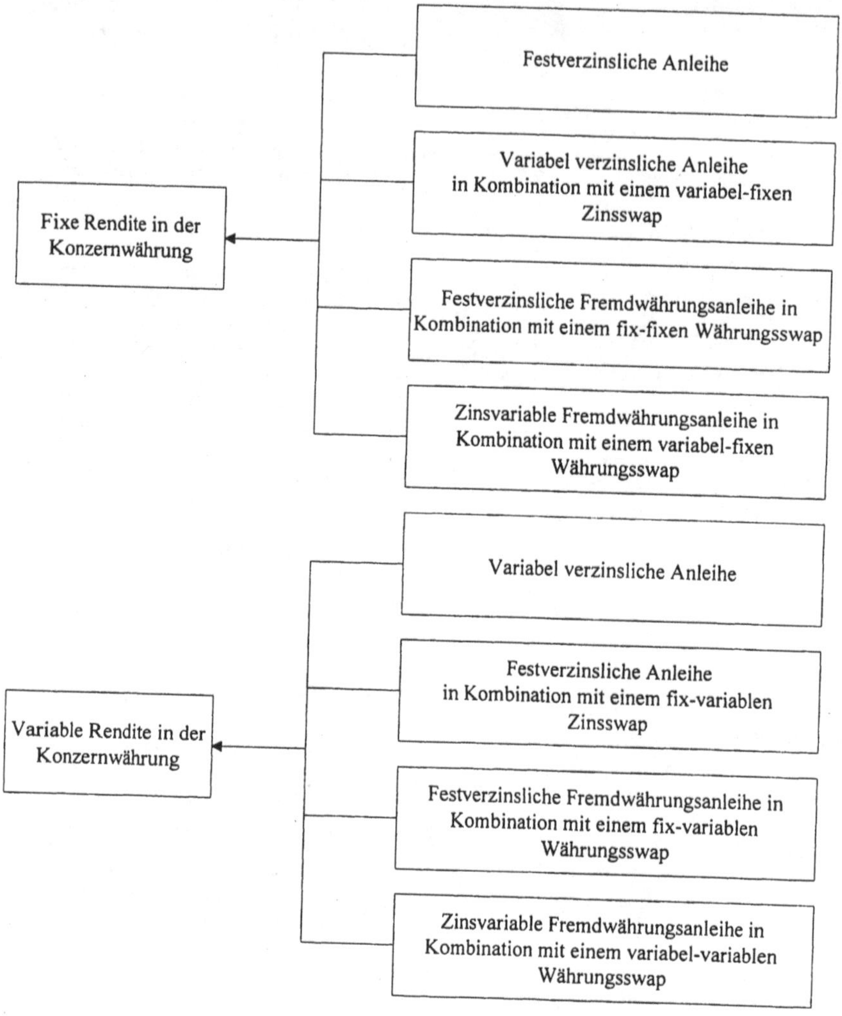

Abb. 32: Alternativen zur Erzielung einer fixen bzw. variablen Konzernwährungsrendite

Aufgabe 5

Da mit einem Swap Ein- und Auszahlungen verbunden sind, kann als Vorteilhaftigkeitskriterium der Barwert des Swap herangezogen werden.

Aus Sicht des Marktes beträgt der Barwert eines Swaps für den Festzinszahler

$$PV(s_M^-) = \sum_{t=1}^{n} \frac{BS \cdot (i_{Ft} - s)}{\prod_{j=1}^{t} (1 + i_{Fj})}$$

und für den Festzinsempfänger

$$PV(s_M^+) = \sum_{t=1}^{n} \frac{BS \cdot (s - i_{Ft})}{\prod_{j=1}^{t} (1 + i_{Fj})}$$

mit:

$PV(s_M^-), PV(s_M^+)$	Barwert des Swaps aus Sicht des Marktes für den Festzinszahler bzw. -empfänger
n	Laufzeit
BS	Basisbetrag
s	Swap Rate
i_{Ft}, i_{Fj}	risikoloser Zinssatz zum Zeitpunkt t bzw. zum Zeitpunkt j

Die Summe der Barwerte beträgt null. Am Markt bildet sich weder für den Festzinszahler noch für den Festzinsempfänger ein positiver Barwert.

Wenn

$$PV(s_M^-) = PV(s_M^+) = 0$$

gilt, beträgt die Swap Rate

$$s = \frac{\displaystyle\sum_{t=1}^{n} \frac{i_{Ft}}{\prod_{j=1}^{t} (1 + i_{Fj})}}{\displaystyle\sum_{t=1}^{n} \frac{1}{\prod_{j=1}^{t} (1 + i_{Fj})}}$$

Werden Ausfallrisiken berücksichtigt, beträgt der Barwert des Swap aus der Sicht des Marktes für den risikoneutralen Festzinszahler

$$PV(s_M^-) = \sum_{t=1}^{n} \frac{PS_t^* \cdot E \cdot (i_{Ft} - s)}{\prod_{j=1}^{t}(1 + i_{Fj})}$$

und für den risikoneutralen Festzinsempfänger

$$PV(s_M^+) = \sum_{t=1}^{n} \frac{PS_t^* \cdot BS \cdot (s - i_{Ft})}{\prod_{j=1}^{t}(1 + i_{Fj})},$$

wobei PS_t* die Wahrscheinlichkeit dafür darstellt, daß die Zahlung im Zeitpunkt t vereinbarungsgemäß erfolgt.

Wenn

$$PV(s_M^-) = PV(s_M^+) = 0$$

gilt, beträgt die Swap Rate

$$s = \frac{\sum_{t=1}^{n} \frac{PS_t^* \cdot i_{Ft}}{\prod_{j=1}^{t}(1 + i_{Fj})}}{\sum_{t=1}^{n} \frac{PS_t^*}{\prod_{j=1}^{t}(1 + i_{Fj})}}$$

Aufgabe 6

Die Swap Rate berechnet sich wie folgt:

$$s = \frac{\sum_{t=1}^{n} i_{Ft} \cdot R_t}{\sum_{t=1}^{n} R_t},$$

wobei für den Abzinsungsfaktor R_t gilt:

$$R_t = \frac{1}{\prod_{j=1}^{t}(1 + i_{Fj})}$$

Es ergibt sich somit folgende Tabelle:

t	i_{Ft}	$i_{Ft} \cdot R_t$	R_t
1	5 [%]	0,04762	0,95238
2	6 [%]	0,05391	0,89847
3	7 [%]	0,05878	0,83969
4	8 [%]	0,06220	0,77749
		Σ 0,22251	Σ 3,46803

Tab. 40: Swap-Rate-Berechnung ohne Berücksichtigung von Ausfallwahrscheinlichkeiten

Nach Division von 0,22251 durch 3,46803 ergibt sich eine Swap Rate von 6,416 [%].

Aufgabe 7

Nach der unter ausfallrisikofreien Swap-Partnern vereinbarten Swap Rate von 6,416 [%] aus Aufgabe 6 ist A Nettozahler in t = 1 und t = 2 und Nettoempfänger in t = 3 und t = 4. Die vorliegende Zahlungsstruktur unterstellt, daß A in t = 1 mit der Wahrscheinlichkeit PS(A*) = 1 – PS(A) zahlt. Wenn A in t = 1 zahlt, wird er auch in t = 2 zahlen, da er andernfalls seine Zahlungsansprüche in t = 3 und t = 4 verliert. Da in t = 2 der Barwert der Zahlungen von B größer ist als die zu tätigende Zahlung von A, würde er bei Nichtzahlung auf einen Vermögenszuwachs verzichten.

Die Wahrscheinlichkeit, daß A in t = 1 und t = 2 zahlt, beträgt daher PS(A*). Da B im Anschluß an A zum Nettozahler wird, ist die Wahrscheinlichkeit, daß A in t = 1 und t = 2 zahlt und daß B in t = 3 und t = 4 zahlt, PS(A*). Wenn $PS_t^* = PS(A^*)$ gilt, läßt sich die Swap Rate analog zur Swap Rate unter ausfallfreien Swap-Partnern ermitteln:

$$s = \frac{\sum_{t=1}^{n} i_{Ft} \cdot R_t}{\sum_{t=1}^{n} R_t}$$

mit:

$$R_t = \frac{1}{\prod_{j=1}^{t}\left(1 + i_{Fj}\right)}$$

Aufgabe 8

Da $s > i_{Ft}$ gilt, ist B als Festzinsempfänger bei steigenden Zinsen zunächst auch Nettoempfänger. A wird eine geringere Swap Rate als bei ausfallfreiem Partner zu zahlen bereit sein, um hierdurch das potentielle Risiko für sich adäquat zu berücksichtigen. Aus Aufgabe 6 wird deutlich, daß zunächst A in den Zahlungszeitpunkten t = 1 und t = 2 und anschließend B in den Zahlungszeitpunkten t = 3 und t = 4 Nettozahler ist. Nachdem A seine Nettozahlungen getätigt hat, ist er in der Situation eines Kreditgebers. B leistet hingegen seine Zahlungen mit einer Wahrscheinlichkeit von PS(B*), so daß $PS_t^* = PS(B^*)^t$ für t = 3 und t = 4 gilt.

$$PS_t^* = \begin{cases} 1 & \text{für } t = 1, 2 \\ PS(B^*)^t & \text{für } t = 3, 4 \end{cases}$$

Es ergibt sich somit folgende Tabelle:

t	i_{Ft}	R_t	PS_t^*	$PS_t^* \cdot i_{Ft} \cdot R_t$	$PS_t^* \cdot R_t$
1	5 [%]	0,95238	1	0,04762	0,95238
2	6 [%]	0,89847	1	0,05391	0,89847
3	7 [%]	0,83969	0,85738	0,05040	0,71993
4	8 [%]	0,77749	0,81451	0,05066	0,63327
				Σ 0,20259	Σ 3,20405

Tab. 41: Swap-Rate-Berechnung mit einseitiger Berücksichtigung der Ausfallwahrscheinlichkeit

Nach Division von 0,20259 durch 3,20405 ergibt sich eine Swap Rate von 6,323 [%] und damit 6,416 [%] – 6,323 [%] = 0,093 [%] weniger als im Fall ohne Ausfallrisiken.

Aufgabe 9

Die nachfolgende Abbildung verdeutlicht, wie sich die Ausfallrisiken auf die Wahrscheinlichkeit der vereinbarten Nettozahlung im Zeitpunkt t auswirken.

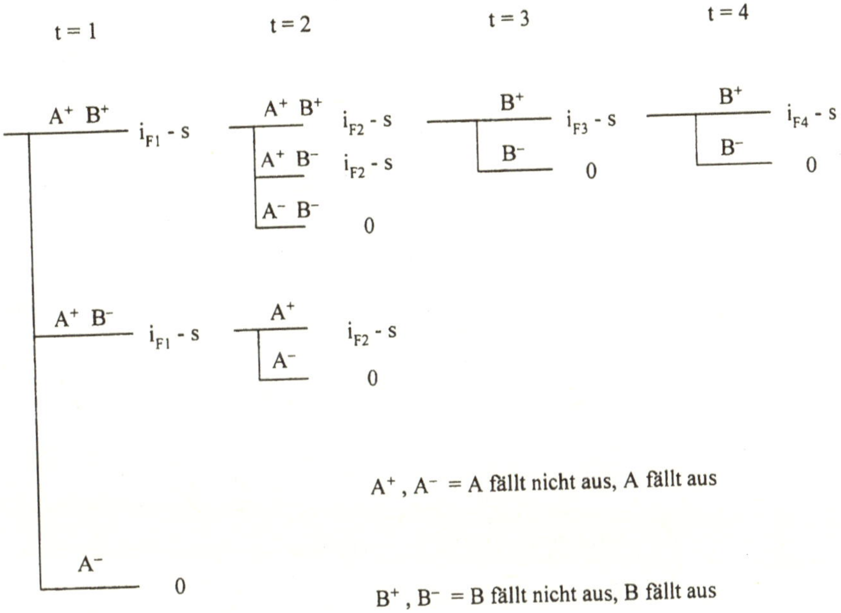

Abb. 33: Wirkung der Ausfallrisiken auf die vereinbarten Nettozahlungen

In t = 1 kommt A seinen Zahlungsverpflichtungen nach, unabhängig davon, ob B zu diesem Zeitpunkt ausfällt oder nicht, so daß gilt: $PS_1^* = PS(A^*)$.

Die Wahrscheinlichkeit, daß B in t = 1 ausfällt und A in t = 2 zahlt, beträgt $PS(A^*)^2 \cdot PS(B)$. Wenn B bereits in t = 1 ausgefallen ist, kann A in Zukunft keine Zahlungen mehr von B erwarten. Insofern zahlt A in t = 2 nur, wenn A selber nicht ausfällt. Für die fällige Swapzahlung einen Kredit aufzunehmen, ist A nicht zu empfehlen.

Von dem Ausfall oder Nichtausfall von B in t = 2 hängt ab, ob bei Nichtausfall von B in t = 1 A seine Swapzahlung in t = 2 leistet. Fällt B in t = 2 aus, dann beträgt die Wahrscheinlichkeit $PS(A^*)^2 \cdot PS(B^*) \cdot PS(B)$. Fällt jedoch B in t = 2 nicht aus, beträgt die Wahrscheinlichkeit $PS(A^*) \cdot PS(B^*)^2$. Sofern B in t = 2 nicht ausfällt, kann A in t = 3 und t = 4 Zahlungen von B erwarten. Da der Barwert der Zahlungen von B in t = 2 größer ist als die Zahlung von A in t = 2, bietet es sich für A an, die Zahlung gegebenenfalls durch die Aufnahme eines Kredits sicherzustellen. Insgesamt beträgt somit die Wahrscheinlichkeit, daß A seine Swapzahlung in t = 2 tätigt:

$$PS_2{}^* = PS(A^*)^2 \cdot PS(B) + PS(A^*)^2 \cdot PS(B^*) \cdot PS(B) + PS(A^*) \cdot PS(B^*)^2$$

Da B seine Zahlungen in t = 3 und t = 4 nur tätigt, wenn A seinen Zahlungen in t = 1 und t = 2 nachgekommen ist und B selbst nicht ausfällt, beträgt die Wahrscheinlichkeit

$$PS_t{}^* = PS(A^*) \cdot PS(B^*)^t \qquad \text{für } t = 3, 4$$

Es ergibt sich somit auf Basis der Beispieldaten folgende Tabelle:

t	i_{Ft}	R_t	$PS_t{}^*$	$PS_t{}^* \cdot i_{Ft} \cdot R_t$	$PS_t{}^* \cdot R_t$
1	5 [%]	0,95238	0,98000	0,04667	0,93333
2	6 [%]	0,89847	0,97809	0,05273	0,87878
3	7 [%]	0,83969	0,84022	0,04939	0,70552
4	8 [%]	0,77749	0,79822	0,04965	0,62061
				Σ 0,19844	Σ 3,13824

Tab. 42: Swap-Rate-Berechnung bei gegenseitiger Ausfallwahrscheinlichkeit der Swap-Partner

Nach Division von 0,19844 durch 3,13824 ergibt sich eine Swap Rate von 6,323 [%] und damit 6,416 [%] – 6,323 [%] = 0,093 [%] weniger als im Fall ohne Ausfallrisiken.

Aufgabe 10

Die Euro-Geldanlage erwirtschaftet:

$$6.000.000 \cdot \left(1 + \frac{0,059 \cdot 90}{360}\right) = 6.088.500 \ [€]$$

Da Commercial Paper abgezinst betrachtet werden, muß zunächst der Diskontierungsfaktor d_{cp} ermittelt werden:

$$d_{cp} = \frac{1}{1 + \frac{0,12 \cdot 90}{360}} = 0,97087$$

Für 6.000.000 [€] können 5.454.545,46 [$] à 1,10 [€/$] gekauft werden. Um den maximalen Vermögensendwert, der theoretisch mit Hilfe der Commercial Paper erreichbar wäre, zu bestimmen, sind die 5.454.545,46 [€] durch 0,97087 zu dividieren.

$$5.454.545{,}46 : 0{,}97087 = 5.618.203{,}73\,[\$]$$

Das bedeutet, daß maximal 5.500.000 [$] mit Hilfe der Commercial Paper erzielt werden können. Um diese 5.500.000 [$] zu erzielen, müssen

$$5.500.000 \cdot 0{,}97087 = 5.339.785\,[\$]$$

in Commercial Paper investiert werden. Das verursacht Euro-Aufwendungen in Höhe von

$$5.339.785 \cdot 1{,}10 = 5.873.763{,}50\;[€].$$

Von der Ausgangssumme 6.000.000 [€] können damit lediglich 5.873.763 [€] angelegt werden. Die verbleibenden 126.236,50 [€] können nicht weiter angelegt werden, da die Mindeststückelung für Euro-Anleihen 200.000 [€] beträgt.

Um die 5.500.000 [$] abgesichert zurückzutauschen, ist zunächst der Swapsatz zu ermitteln.

$$\text{Swapsatz} = \frac{\text{Kassakurs} \cdot \text{Zinsdifferenz} \cdot \text{Laufzeit}}{(\text{Fremdwährungszinssatz} \cdot \text{Laufzeit}) + 360 \cdot 100}$$

Hier:

$$\text{Swapsatz} = \frac{1{,}09 \cdot (12 - 5{,}9) \cdot 90}{(12 \cdot 90) + 360 \cdot 100} = 0{,}01614$$

Somit ergibt sich bei Investition in die Commercial Paper ein Vermögensendwert von

$$5.500.000 \cdot (1{,}09 - 0{,}01614) + 126.236{,}50 = 6.032.466{,}50\;[€]$$

Da die Investition in Commercial Paper zu einem geringeren Endvermögen als die Euro-Geldanlage (6.032.466,50 [€] < 6.088.500 [€]) kommt, ist die Euro-Geldanlage vorzuziehen.

Literaturhinweise

LERBINGER, P.: Zins- und Währungsswaps – neue Instrumente im Finanzmanagement von Unternehmen und Banken, Wiesbaden 1988.

NABBEN, S.: Financial Swaps – Instrument des Bilanzstrukturmanagements in Banken, Wiesbaden 1990.

PERRIDON, L., STEINER, M.: Finanzwirtschaft der Unternehmung, 10. Auflage, München 1999.

PETERS, J.: Swap-Finanzierung – Grundtypen, Varianten, Risiken, Wiesbaden 1990.

SENDER, G.: Zinsswaps – Instrumente zur Senkung der Finanzierungskosten oder zum Zinsmanagement?, Wiesbaden 1996

STEINER, M.: Die Examensklausur aus der BWL, in: Das Wirtschaftsstudium, 1992, S. 191–194.

STEINER, M., BRUNS, CH.: Wertpapiermanagement, 7. Auflage, Stuttgart 2000.

WERMUTH, D., OCHYNSKI, W.: Strategien an den Devisenmärkten – eine Einleitung für die Praxis, 3. Auflage, Wiesbaden 1987.

„Mich interessiert vor allem die Zukunft,
denn das ist die Zeit,
in der ich leben werde."

ALBERT SCHWEITZER

Bewertung von Caps und Floors

Die zunehmende Internationalisierung und Globalisierung der Finanzmärkte führt dazu, daß die Märkte immer sensibler auf ökonomische und politische Meldungen reagieren. Als Konsequenz dessen wurden im Rahmen des Financial Engeneerings flexible Risikomanagementinstrumente entwickelt, zu denen auch Caps und Floors gehören.

Aufgabe 1

Erläutern Sie, was unter einem Cap bzw. einem Floor zu verstehen ist. Stellen Sie das Auszahlungsprofil und das Absicherungsprofil von Caps und Floors grafisch dar.

Aufgabe 2

Verdeutlichen Sie, daß ein Cap aus einem Portfolio von Put-Optionen auf Zerobonds und ein Floor aus einem Portfolio von Call-Optionen auf Zerobonds besteht.

Aufgabe 3

In praxi ist das BLACK-Modell das gängige Bewertungsverfahren für Caps und Floors. Der auf dem BLACK & SCHOLES-Modell basierende Ansatz weist jedoch erhebliche Schwächen auf. Leiten Sie die Bewertungsgleichungen für Caps und Floors nach dem BLACK-Modell allgemein her, und nennen Sie stichpunktartig die zwei wesentlichen Schwächen des Modells.

Aufgabe 4

Folgende allgemeine Daten seien am 03.01.2000 gegeben:

Datum	Laufzeit (Jahre)	Rendite p.a.	Forward-Rate p.a. [%]
03.07.2000	0,5	8 [%]	9 [%]
03.01.2001	1	8,7 [%]	9,5 [%]
03.07.2001	1,5	9 [%]	10,5 [%]
03.01.2002	2	9,6 [%]	11,2 [%]
03.07.2002	2,5	9,9 [%]	–
Laufzeit des Cap bzw. des Floor:		2 Jahre und 6 Monate	
Referenzzins:		6-Monats-LIBOR	
Cap-Strike:		10 [%]	
Floor-Strike:		8 [%]	
Volatilität der Forward-Rates:		10 [%]	

Tab. 43: Beispieldaten zur Bewertung von Caps und Floors

Bestimmen Sie mit Hilfe des BLACK-Modells den Wert des Caps bzw. des Floors.

Lösung

Aufgabe 1

Zinscaps und *Zinsfloors* sind vertraglich vereinbarte Zinsbegrenzungen, die dem Käufer eines solchen Kontraktes das Recht verbriefen, an einem oder mehreren Terminen innerhalb einer bestimmten Zeitperiode vom Verkäufer einen Zinsdifferenzbetrag zu verlangen. Bei einem Cap (Deckel) wird eine Zinsobergrenze vereinbart. Wenn der Referenzzins über der Cap Rate liegt, erhält der Käufer vom Stillhalter eine Ausgleichszahlung. Als Referenzzins wird i.a. der 3-Monats-LIBOR oder der 6-Monats-LIBOR gewählt. Im Gegensatz dazu wird beim Floor eine Zinsuntergrenze vereinbart. Somit erhält der Käufer eines Floors für den Fall, daß der Referenzzins am vereinbarten Roll-Over-Termin unterhalb der vereinbarten Grenze liegt, eine Ausgleichszahlung. Die Käufer eines Caps oder eines Floors zahlen dem Stillhalter für dessen Risikoübernahme eine Prämie. Die Höhe der Prämie richtet sich u.a. nach der Laufzeit, der Cap Rate, dem vereinbarten Referenzzins, der Anzahl der Roll-Over-Termine und dem Nennbetrag.

Caps und Floors stellen asymmetrische Zinssicherungsinstrumente dar, d.h. sie bieten die Möglichkeit, Risiken zu begrenzen und Gewinnchancen zu wahren.

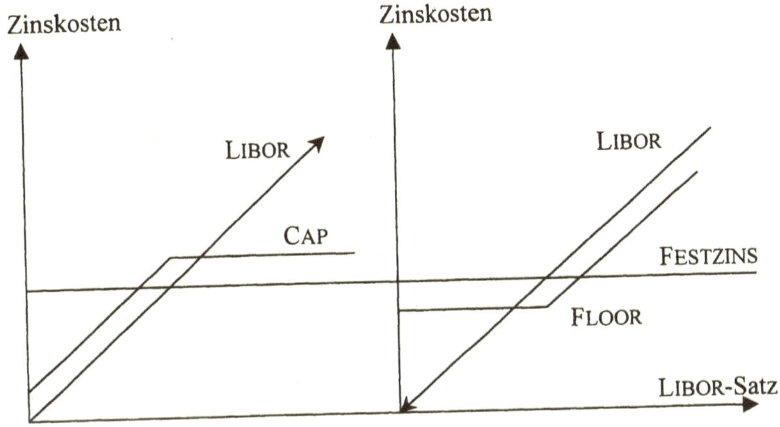

Abb. 34: Absicherungsprofil eines Caps und eines Floors an einem Roll-Over-Termin

Entsprechend lassen sich die Auszahlungsprofile an einem Roll-Over-Termin ableiten:

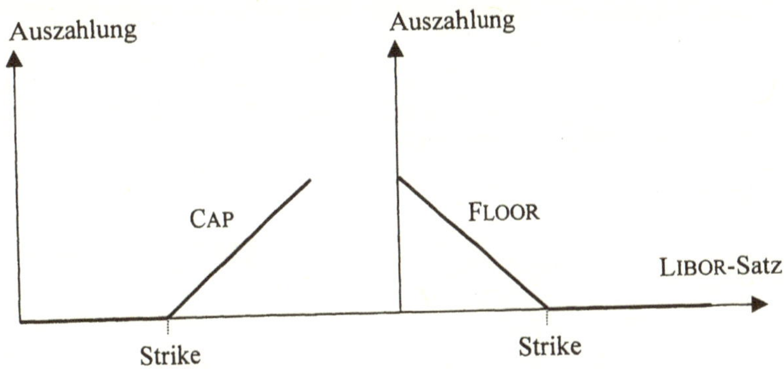

Abb. 35: Auszahlungsprofil eines Caps bzw. eines Floors an einem Roll-Over-Termin

Aufgabe 2

Emittiert beispielsweise eine Bank einen Cap und einen Floor zum 03.01.2000 mit einer Laufzeit von 3 Jahren, wobei als Referenzzins der 6-Monats-LIBOR herangezogen wird, so ergeben sich aufgrund des halbjährlichen Referenzzinses nicht sechs, sondern lediglich fünf Zinsoptionen, die Caplet Cl bzw. Floorlet Fl genannt werden.

In der ersten Zinsperiode liegt keine Option vor, da der LIBOR zum Zeitpunkt 03.01.2000 bekannt ist. Entsprechend ergeben sich an den Optionszeitpunkten ($t^o + 1$) die folgenden Zahlungsströme:

$$Cl = N \cdot \max\{0, i_{Rt} - \bar{c}\}$$

$$Fl = N \cdot \max\{0, \bar{f} - i_{Rt}\}$$

mit:

N	Nominalbetrag der Cap- bzw. Floorvereinbarung
i_{Rt}	Referenzzins zum Zeitpunkt t (z.B. LIBOR)
$\bar{c}$	Cap Rate
$\bar{f}$	Floor Rate

Abgezinst ergibt sich für den Cap

$$\frac{N}{1+i_{Rt}} \cdot \max\{0, i_{Rt} - \bar{c}\}$$

bzw. für den Floor

$$\frac{N}{1+i_{Rt}} \cdot \max\{0, \bar{f} - i_{Rt}\},$$

so daß ein Cap bzw. ein Floor als ein Portfolio von Call- bzw. von Put-Optionen auf einen Zinsindex angesehen werden kann.

Gleichzeitig kann ein Cap bzw. ein Floor auch als ein Portfolio aus Put-Optionen bzw. Call-Optionen auf Zerobonds interpretiert werden. Der Zusammenhang wird aus den nachfolgenden Umformungen deutlich:

$$Cl = \frac{N}{1+i_{Rt}} \cdot \max\{0, i_{Rt} - \bar{c}\} = \max\left[\frac{N}{1+i_{Rt}} \cdot \{0, i_{Rt} - \bar{c}\}\right]$$

$$= \max\left[0, \frac{N \cdot i_{Rt} + N - N - N \cdot \bar{c}}{1+i_{Rt}}\right] = \max\left[0, \frac{N \cdot (i_{Rt}+1) - N \cdot (1+\bar{c})}{1+i_{Rt}}\right]$$

$$= \max\left[0, N - N \cdot \frac{(1+\bar{c})}{(1+i_{Rt})}\right]$$

Aufgabe 3

Wie bereits dargestellt, handelt es sich bei Caps und Floors um bedingte Termingeschäfte mit Optionscharakter. Ursprünglich ist das BLACK & SCHOLES-Modell für die Bewertung von Optionen auf Aktien konzipiert worden. Dabei wird unterstellt, daß die Aktienkurse einem BROWNschen-Prozeß folgen. Dies ist insofern für den Einsatz des Modells zur Bewertung von Caps und Floors problematisch, als Caps und Floors nicht auf Aktien, sondern auf Zerobonds optieren, d.h. es wird von dem Pull-to-Par-Effekt abstrahiert. Dieser Effekt besagt, daß Zerobonds bei Fälligkeit ihren Nominalwert als Kurs erreichen. Das bedeutet, daß die unterstellte Kursverlaufshypothese bei Aktien nur temporär mit dem Kursverlauf eines Zerobonds identisch ist.

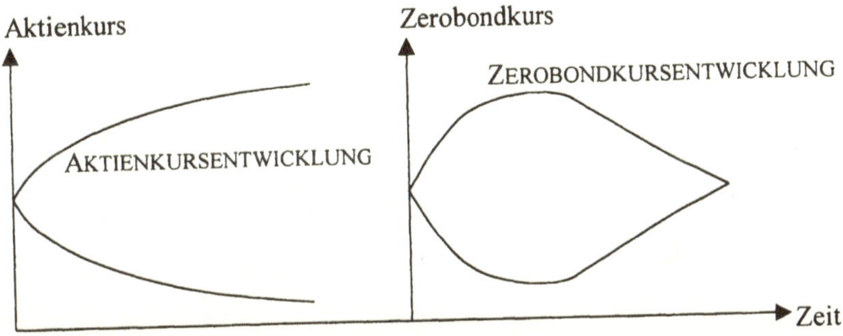

Abb. 36: Aktien- und Zerobondkursentwicklung

Gleichwohl hat sich aus dem BLACK & SCHOLES-Ansatz das BLACK-Modell entwickelt. Bei diesem Modell wird nicht die Anleihekursentwicklung, sondern die Entwicklung von Forward-Rates $i_{FRt-1,t} = i_{FRk}$ als stochastischer Prozeß formuliert. Die Forward-Rates können dabei aus der Nullkuponstrukturkurve oder aus der aktuellen Zinsstrukturkurve abgeleitet werden (vgl. Fallstudie „Bewertung von Zahlungsströmen unter Beachtung der Zinsstrukturkurve").

Bewertungsgleichung für einen Cap:

$$\text{Cap} = \sum_k CL_k$$

$$Cl_k = e^{-i_F(n_k)\cdot n_k} \cdot \left[i_{FRk} \cdot N(d_1) - \bar{c} \cdot N(d_2)\right]$$

mit:

$$d_1 = \frac{\ln\left(\frac{i_{FRk}}{\bar{c}}\right) + 0{,}5 \cdot \sigma^2 \cdot n_k}{\sigma \cdot \sqrt{n_k}} \quad \text{und} \quad d_2 = d_1 - \sigma \cdot \sqrt{n_k}$$

und:

Cl_k Preis des k-ten Caplet eines Cap
e EULERsche Zahl
n_k Laufzeit des k-ten Caplet bzw. des k-ten Floorlet
$i_F(n_k)$ risikoloser Zins für die Laufzeit des Caplet k bzw. des Floorlet k

Bewertungsgleichung für einen Floor:

$$\text{Floor} = \sum_k Fl_k$$

$$Fl_k = e^{-i_F(n_k) \cdot n_k} \cdot \left[\bar{f} \cdot N(-d_2) - i_{FRk} \cdot N(-d_1)\right]$$

$$Fl_k = e^{-i_F(n_k) \cdot n_k} \cdot \left[\bar{f} \cdot (1 - N(d_2)) - i_{FRk} \cdot (1 - N(d_1))\right]$$

$$\text{mit}: d_1 = \frac{\ln\left(\frac{i_{FRk}}{\bar{f}}\right) + 0{,}5 \cdot \sigma^2 \cdot n_k}{\sigma \cdot \sqrt{n_k}} \quad \text{und} \quad d_2 = d_1 - \sigma \cdot \sqrt{n_k}$$

und:

Fl_k Preis des k-ten Floorlet

Wesentliche Kritikpunkte am BLACK-Modell:

- Das BLACK-Modell unterstellt Zinsentwicklung als BROWNsche Bewegung. Gleichzeitig unterstellt das Modell jedoch bei der Abzinsung einen konstanten risikolosen Zins.
- Es wird unterstellt, daß die Volatilität für alle Caplets und Floorlets konstant ist. Realiter ist jedoch die Volatilität laufzeitabhängig.

Aufgabe 4

Bewertung des Caps:

1. Caplet

$$Cl_1 = e^{-0,08\cdot 0,5} \cdot \left[0,09 \cdot N\left\{ \frac{\ln\left(\frac{0,09}{0,10}\right) + 0,5 \cdot 0,10^2 \cdot 0,5}{0,10 \cdot \sqrt{0,5}} \right\} \right.$$

$$\left. - 0,10 \cdot N\left\{ \frac{\ln\left(\frac{0,09}{0,10}\right) - 0,5 \cdot 0,10^2 \cdot 0,5}{0,10 \cdot \sqrt{0,5}} \right\} \right]$$

$$Cl_1 = e^{-0,08\cdot 0,5} \cdot [0,09 \cdot N\{-1,455\} - 0,10 \cdot N\{-1,525\}] \quad \text{mit } F_N(-z) = 1 - F_N(z)$$

$$Cl_1 = e^{-0,08\cdot 0,5} \cdot [0,09 \cdot 0,0728 - 0,10 \cdot 0,0636]$$

$$Cl_1 = 0,00018 = 0,018\,[\%]$$

2. Caplet

$$Cl_2 = e^{-0,087\cdot 1} \cdot \left[0,095 \cdot N\left\{ \frac{\ln\left(\frac{0,095}{0,10}\right) + 0,5 \cdot 0,10^2 \cdot 1}{0,10 \cdot \sqrt{1}} \right\} \right.$$

$$\left. - 0,10 \cdot N\left\{ \frac{\ln\left(\frac{0,095}{0,10}\right) - 0,5 \cdot 0,10^2 \cdot 1}{0,10 \cdot \sqrt{1}} \right\} \right]$$

$$Cl_2 = e^{-0{,}087 \cdot 1} \cdot [0{,}095 \cdot N\{-0{,}463\} - 0{,}10 \cdot N\{-0{,}563\}] \quad \text{mit } F_N(-z) = 1 - F_N(z)$$

$$Cl_2 = e^{-0{,}087 \cdot 1} \cdot [0{,}095 \cdot 0{,}3217 - 0{,}10 \cdot 0{,}2867]$$

$$Cl_2 = 0{,}001733 = 0{,}17\,[\%]$$

Entsprechend ergibt sich für das dritte Caplet ein Wert von $Cl_3 = 0{,}69$ [%] und für das vierte Caplet ein Wert von $Cl_4 = 1{,}14$ [%]. Für den gesamten Cap ergibt sich eine Prämie von 2,018 [%] des Nominalbetrages.

Bewertung des Floors:

1. Floorlet

$$d_1 = \frac{\ln\left(\frac{0{,}09}{0{,}08}\right) + 0{,}5 \cdot 0{,}10^2 \cdot 0{,}5}{0{,}10 \cdot \sqrt{0{,}5}} = 1{,}701 \quad \Rightarrow \quad N(1{,}701) = 0{,}9555$$

$$d_2 = 1{,}70105 - 0{,}07071 = 1{,}630 \quad \Rightarrow \quad N(1{,}630) = 0{,}9484$$

$$Fl_1 = e^{-0{,}08 \cdot 0{,}5} \cdot [0{,}08 \cdot (1 - 0{,}9484) - 0{,}09 \cdot (1 - 0{,}9555)]$$

$$Fl_1 = 0{,}000118 = 0{,}012\,[\%]$$

2. Floorlet

$$d_1 = \frac{\ln\left(\frac{0{,}095}{0{,}08}\right) + 0{,}5 \cdot 0{,}10^2 \cdot 1}{0{,}10 \cdot \sqrt{1}} = 1{,}769 \quad \Rightarrow \quad N(1{,}769) = 0{,}9616$$

$$d_2 = 1{,}769 - 0{,}10 = 1{,}669 \quad \Rightarrow \quad N(1{,}66850) = 0{,}9524$$

$$Fl_2 = e^{-0{,}087 \cdot 1} \cdot [0{,}08 \cdot (1 - 0{,}9524) - 0{,}095 \cdot (1 - 0{,}9616)]$$

$$Fl_2 = 0{,}000145 = 0{,}015\,[\%]$$

Entsprechend ergibt sich für das dritte Floorlet ein Wert von $Fl_3 = 0{,}0048$ [%] und für das vierte Floorlet ein Wert von $Fl_4 = 0{,}0037$ [%]. Für den gesamten Cap ergibt sich eine Prämie von 0,0355 [%] des Nominalbetrages.

Literaturhinweise

ADAM, B.: Volatilitätsschwankungen und DAX-Optionen – Auswertungen auf Bewertung und Risikomanagement, Wiesbaden 1999.

BLACK, F., SCHOLES, M.: Pricing of Options and Corporate Liabilities, in: Journal of Political Economy, 1973, S. 637–654.

ELLER, R., SPINDLER, CH.: Zins- und Währungsrisiken optimal managen – Analyse, Risiko, Strategie, Wiesbaden 1994.

HULL, J., WHITE, A.: One-Factor-Interest-Rate Models and the Valuation of Interest-Rate-Derivative Securities, in: Journal of Financial and Quantitative Analysis, 1992, S. 235–254.

JURGEIT, L.: Bewertung von Optionen und bonitätsrisikobehafteten Finanztiteln, Wiesbaden 1989.

KESTING, H., SCHULTE-MATTLER, H.: Herleitung der Black-Scholes-Formel aus dem binomialen Optionspreismodell, in: Wirtschaftswissenschaftliches Studium, 1992, S. 167–171.

PERRIDON, L., STEINER, M.: Finanzwirtschaft der Unternehmung, 10. Auflage, München 1999.

STEINER, M., BRUNS, CH.: Wertpapiermanagement, 7. Auflage, Stuttgart 2000.

STEINRÜCKE, M.: Optionspreise auf vollkommenen Kapitalmärkten, in: *BURCHERT, H., HERING, TH. (HRSG.)*, Betriebliche Finanzwirtschaft, 1999, S. 156–165.

UHLIR, H., STEINER, P.: Wertpapieranalyse, 3. Auflage, Heidelberg 1994.

4 Kapitalkostentheorie

„Wer zu spät an die Kosten denkt, ruiniert sein Unternehmen. Wer immer zu früh an die Kosten denkt, tötet die Kreativität."

PHILIPP ROSENTHAL

Traditionelle These versus MODIGLIANI-MILLER-Theorem

Aufgabe 1

Erläutern Sie verbal und anhand einer Grafik die Kernaussage und die Annahmen der „traditionellen These" hinsichtlich der Kapitalkosten.

Aufgabe 2

Erläutern Sie allgemein den Zusammenhang zwischen dem Marktwert des Eigenkapitals EK^M, dem Marktwert des Fremdkapitals FK^M, dem Marktwert des Gesamtkapitals GK^M und dem Verschuldungsgrad VG unter der Annahme, daß der Eigenkapitalkostensatz r^{EK} und der Fremdkapitalkostensatz r^{FK} unabhängig vom Verschuldungsgrad VG sind und daß $r^{FK} > r^{EK}$ gilt.

Aufgabe 3

Ein Unternehmen hat 10.000 Aktien emittiert. Die jährlichen Ausschüttungen an die Aktionäre belaufen sich auf 160.000 [€]. Der Eigenkapitalkostensatz beträgt zur Zeit 16 [%]. Zusätzlich zu den 10.000 Aktien hat das Unternehmen noch 6.000 Obligationen ausgegeben. Die Fremdkapitalkosten belaufen sich bei einem Fremdkapitalkostensatz von 10 [%] auf 72.000 [€]. Ermitteln Sie den Marktwert des Eigen-, Fremd- und Gesamtkapitals sowie den aktuellen Gesamtkapitalkostensatz und den Verschuldungsgrad.

Aufgabe 4

Ermitteln Sie den optimalen Verschuldungsgrad für den Fall, daß innerhalb des Kontinuums $0 \leq VG \leq 1$ die Eigen- und Fremdkapitalkostensätze konstant bei 16 [%] bzw. 12 [%] liegen und bei einem Verschuldungsgrad $VG > 1$ kontinuierlich um 0,5 [%] steigen.

Aufgabe 5

Erläutern Sie verbal und anhand einer entsprechenden Grafik die Probleme bei steigenden Fremd- und Eigenkapitalkosten, wenn eine vollständige bzw. keine vollständige Konditionenanpassung vorgenommen wird.

Aufgabe 6

Erläutern Sie verbal und anhand einer Grafik die Kernaussage und die Annahmen des MODIGLIANI-MILLER-Theorems hinsichtlich der Kapitalkosten.

Aufgabe 7

Beweisen Sie, daß der Marktwert eines Unternehmens nach MODIGLIANI und MILLER unabhängig von seiner Kapitalstruktur ist.

Aufgabe 8

Für zwei Unternehmen gelten folgende Daten:

	Unternehmen U_1	Unternehmen U_2
Marktwert des EK	20.000.000 [€]	12.000.000 [€]
Marktwert des FK	–	6.000.000 [€]
Marktwert des GK	20.000.000 [€]	18.000.000 [€]

Tab. 44: Marktwerte der Unternehmen U_1 und U_2

Das Eigenkapital der Unternehmen U_1 und U_2 basiert auf Aktien. Analog hierzu wird das Fremdkapital der Unternehmung U_2 durch die Emission von Obligationen gebildet. Alle Wertpapiere können transaktionskostenfrei gehandelt werden. Zudem ist eine beliebige Stückelung der Wertpapiere möglich. Beide Unternehmen erwarten für die Zukunft einen jährlichen Kapitalgewinn von 2.000.000 [€] vor Abzug der Fremdkapitalzinsen. Die Standardabweichung, in Euro ausgedrückt, beträgt für beide Unternehmen jeweils 500.000 [€]. Ein Konkursrisiko kann für beide Unternehmen ausgeschlossen werden. Sowohl private Anleger als auch Unternehmen können beliebig zu 7 [%] Fremdkapital in Form von Krediten aufnehmen.

Der Anleger Z hat Anteile am Unternehmen U_1 in Höhe von 100.000 [€]. Berechnen Sie zunächst die Eigenkapitalkostensätze und die Gesamtkapitalkostensätze für die bestehenden Unternehmen sowie die jeweiligen Verschuldungsgrade. Ermitteln Sie anschließend die Höhe der Kapitalrückflüsse für den Anleger Z, die Standardabweichung dieser Rückflüsse sowie den Variationskoeffizienten VC für das von Z investierte Kapital.

Der Anleger Z verkauft seine Anteile am Unternehmen U_1 und kauft statt dessen von Unternehmen U_2 Obligationen im Wert von 33.333,34 [€] und Aktien im Wert von 66.666,66 [€]. Berechnen Sie die Rückflüsse, die Standardabweichung und den Variationskoeffizienten nach der Transaktion.

Aufgabe 9

Erläutern Sie allgemein und analytisch, welche Konsequenzen alternative Kapitalkostenverläufe für die Verschuldungspolitik eines Unternehmens haben, unter der Annahme, daß die Fremdkapitalkostensätze konstant bleiben. Verdeutlichen Sie Ihre Aussagen anhand der folgenden Beispieldaten:

Ein Unternehmen ist vollständig eigenfinanziert. Die Ausschüttung an die Eigenkapitalgeber beträgt $AS^{EK} = 30$ [GE]. Die Eigenkapitalkosten belaufen sich auf $r^{EK} = 15$ [%]. Zu einem späteren Zeitpunkt kann Fremdkapital zu $r^{FK} = 7$ [%] aufgenommen werden.

Lösung

Aufgabe 1

Die zentrale Aussage der traditionellen These hinsichtlich der Kapitalkosten ist, daß Unternehmen bei gegebenem Gesamtkapital GK^M in der Lage sind, mittels Substitution des teuren Eigenkapitals EK^M durch billiges Fremdkapital FK^M den durchschnittlichen Gesamtkapitalkostensatz r^{GK} bzw. den Marktwert des gesamten Unternehmens GK^M positiv zu beeinflussen, d.h. es existiert ein *optimaler Verschuldungsgrad*. Die durch die Annahmen initialisierte permanente Transformation von Eigen- in Fremdkapital verursacht jedoch ab einem kritischen Verschuldungsgrad VG_{krit} einen Anstieg der Eigen- und der Fremdkapitalrisikoprämie (r^{EK}, r^{FK}). Die Folge ist, daß die Vorteilhaftigkeit der Substitution bis zum optimalen Verschuldungsgrad kontinuierlich abnimmt, d.h. die Eigenkapitalkostenfunktion hat die gleiche Verlaufsform wie die Fremdkapitalkostenfunktion, zunächst konstant und ab einem kritischen Verschuldungsgrad überproportional steigend. Im Unterschied zur Fremdkapitalkostenfunktion verläuft die Eigenkapitalkostenfunktion lediglich auf einem höheren Niveau. Die Gesamtkapitalkosten verlaufen u-förmig.

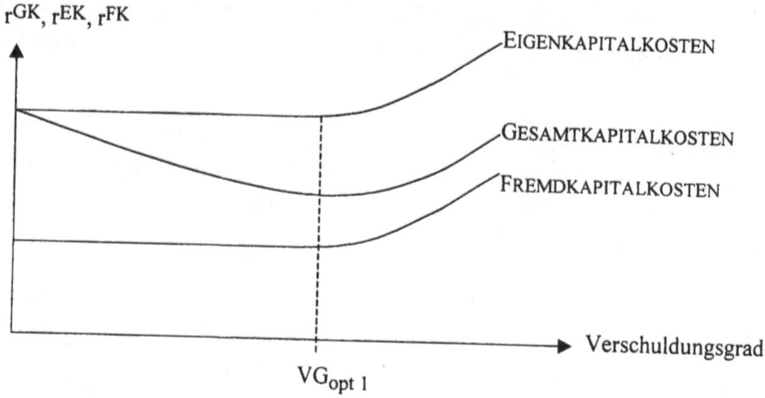

Abb. 37: Kapitalkostenverläufe auf Basis der traditionellen These

Gilt jedoch für die Zeitpunkte, ab denen Fremd- und Eigenkapitalkosten ansteigen, ein unterschiedlicher *kritischer Verschuldungsgrad*, wobei $VG_{krit}^{EK} < VG_{krit}^{FK}$ ist, so verschiebt sich der optimale Verschuldungsgrad von $VG_{opt\ 1}$ nach rechts zu $VG_{opt\ 2}$.

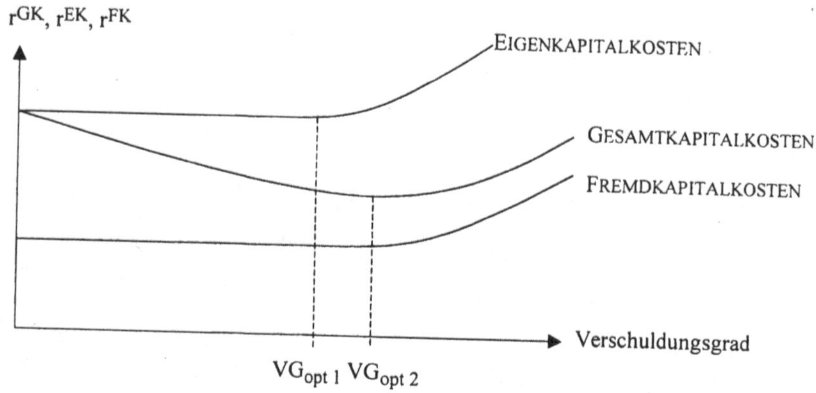

Abb. 38: Anstieg der Kapitalkosten bei unterschiedlichen Verschuldungsgraden im Rahmen der traditionellen These

Der Ansatz basiert auf der Annahme, daß bis zu einem kritischen Verschuldungsgrad weder Eigen- noch Fremdkapitalgeber bei Erhöhung des Verschuldungsgrades reagieren. Ab dem kritischen Verschuldungsgrad reagieren jedoch die Kapitalgeber unmittelbar auf eine weitere Erhöhung des Verschuldungsgrades, da sie von da an das Insolvenzrisiko nicht weiter vernachlässigen wollen.

Kritisch ist anzumerken, daß für die Bestimmung der Kapitalkostenfunktionen eine exakte Erfassung der *Risikosensibilität* der Eigen- und Fremdkapitalgeber notwendig ist. Zudem fehlt es der traditionellen These an der *empirischen Fundierung*.

Aufgabe 2

Der Marktwert des Eigenkapitals EK^M entspricht den diskontierten Ausschüttungen an die Eigenkapitalgeber:

$$EK^M = \sum_{t=1}^{\infty} AS_t^{EK} \cdot q_{EK}^{-t}$$

mit:

AS_t^{EK} Ausschüttungen an die Eigenkapitalgeber zum Zeitpunkt t

q_{EK}^{-t} Diskontierungsfaktor für die Eigenkapitalgeber $(1 + r^{EK})$

r^{EK} Eigenkapitalkostensatz

Aus der Annahme konstanter Ausschüttungen im Zahlungszeitraum folgt:

$$EK^M = AS^{EK} \cdot \sum_{t=1}^{\infty} q_{EK}^{-t} = AS^{EK} \cdot \lim_{T \to \infty} \frac{1 - q_{EK}^{T}}{q_{EK} - 1} = AS^{EK} \cdot \frac{1}{q_{EK} - 1} = \frac{AS^{EK}}{r^{EK}}$$

Entsprechend lauten die Marktwerte für das Fremdkapital und das Gesamtkapital:

$$FK^M = \frac{AS^{FK}}{r^{FK}}$$

$$GK^M = EK^M + FK^M = \frac{AS^{EK}}{r^{EK}} + \frac{AS^{FK}}{r^{FK}} = \frac{AS^{GK}}{r^{GK}}$$

Insofern können die Gesamtkapitalkosten als gewogener Durchschnitt der Eigen- und Fremdkapitalkosten betrachtet werden.

$$r^{GK} = \frac{r^{EK} \cdot EK^M + r^{FK} \cdot FK^M}{EK^M + FK^M} = r^{EK} \cdot \frac{EK^M}{EK^M + FK^M} + r^{FK} \cdot \frac{FK^M}{EK^M + FK^M}$$

Da für den Verschuldungsgrad VG = FK^M/EK^M gilt, können die Gesamtkapitalkosten in Abhängigkeit vom Verschuldungsgrad VG abgebildet werden.

$$r^{GK} = r^{EK} \cdot \frac{1}{1+\frac{FK^M}{EK^M}} + r^{FK} \cdot \frac{\frac{FK^M}{EK^M}}{1+\frac{FK^M}{EK^M}} = r^{EK} \cdot \frac{1}{1+VG} + r^{FK} \cdot \frac{VG}{1+VG}$$

Aus dem obigen formalen Zusammenhang folgt:

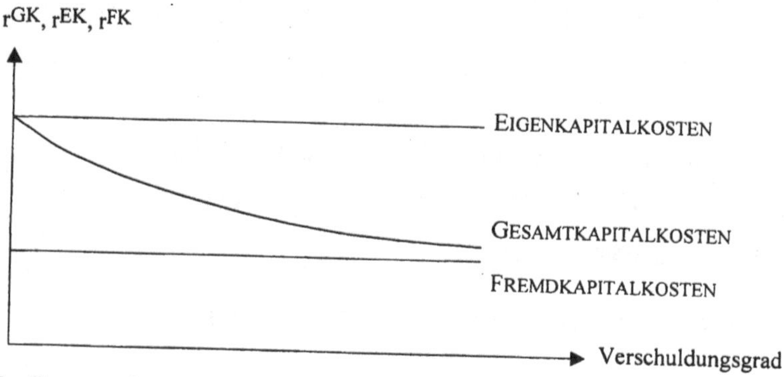

Abb. 39: Zusammenhang zwischen den Kapitalkosten auf Basis der traditionellen These

Aufgabe 3

Marktwert des Eigenkapitals:

$$EK^M = \frac{160.000}{0{,}16} = 1.000.000 \ [€]$$

Marktwert des Fremdkapitals:

$$FK^M = \frac{72.000}{0{,}10} = 720.000 \ [€]$$

Marktwert des Gesamtkapitals:

$$GK^M = 1.000.000 + 720.000 = 1.720.000 \ [€]$$

Der Gesamtkapitalkostensatz beträgt:

$$r^{GK} = \frac{0{,}16 \cdot 1.000.000 + 0{,}10 \cdot 720.000}{1.720.000} = 13{,}49\,[\%]$$

Der Verschuldungsgrad beträgt:

$$VG = \frac{720.000}{1.000.000} = 0{,}72$$

Aufgabe 4

Für VG > 1 gilt:

$$r^{EK} = 0{,}16 + 0{,}005 \cdot (VG - 1)$$

$$r^{FK} = 0{,}12 + 0{,}005 \cdot (VG - 1)$$

$$r^{GK} = (0{,}16 + 0{,}005 \cdot (VG - 1)) \cdot \frac{1}{1 + VG} + (0{,}12 + 0{,}005 \cdot (VG - 1)) \cdot \frac{VG}{1 + VG}$$

$$= \frac{0{,}005 \cdot VG^2 + 0{,}012 \cdot VG + 0{,}155}{1 + VG}$$

$$\frac{dr^{GK}}{dV} = VG^2 + 2 \cdot VG - 7 \overset{!}{=} 0$$

$$\Rightarrow \quad VG_{1/2} = -1 \pm \sqrt{1+7} \quad \Rightarrow \quad VG_1 = 1{,}8284 \;\wedge\; VG_2 = -3{,}8284$$

Der optimale Verschuldungsgrad beträgt $VG_1 = 1{,}8284$.

Aufgabe 5

Unter der Annahme zunächst *konstanter*, dann ab einem kritischen Verschuldungsgrad *steigender Eigen- und Fremdkapitalkosten* kommt es zum typischen *u-förmigen* Verlauf der durchschnittlichen Kapitalkostensatzfunktion. Der *Marktwert des Eigenkapitals* weist somit einen *konkaven Verlauf* auf. Die Konsequenz ist, daß die *Zielset-*

zungen Maximierung des Gesamtkapitalmarktwertes und Maximierung des Eigenkapitalmarktwertes *identisch* sind. Insofern wird das Maximum des Gesamtkapitalmarktwertes dann erreicht, wenn die durchschnittlichen Gesamtkapitalkosten ihr Minimum aufweisen.

Kommt es jedoch zu keiner Konditionenanpassung für die Altgläubiger, so bedeutet dies, daß im Bereich steigender Fremdkapitalkosten nur die neu hinzugekommenen Fremdkapitalgeber an den gestiegenen Zinsen partizipieren, während die Altgläubiger lediglich ihre bisherigen Zinsen erhalten. Aufgrund des neuen höheren Diskontierungsfaktors, der sowohl für die Bewertung der Fremdkapitalanteile der Neu- als auch der Altgläubiger anzusetzen ist, sinkt jedoch der Marktwert des Fremdkapitals. Die Verringerung des Fremdkapitalmarktwertes kann durch eine Steigerung des Eigenkapitalmarktwertes überkompensiert, gerade kompensiert oder nicht kompensiert werden. In Abhängigkeit vom Kompensationsgrad kann dementsprechend der Gesamtkapitalmarktwert steigen, konstant bleiben oder sinken. Der optimale Verschuldungsgrad liegt somit nicht mehr im Minimum der Gesamtkostenfunktion, sondern vielmehr rechts davon, und damit im Bereich steigender Gesamtkosten.

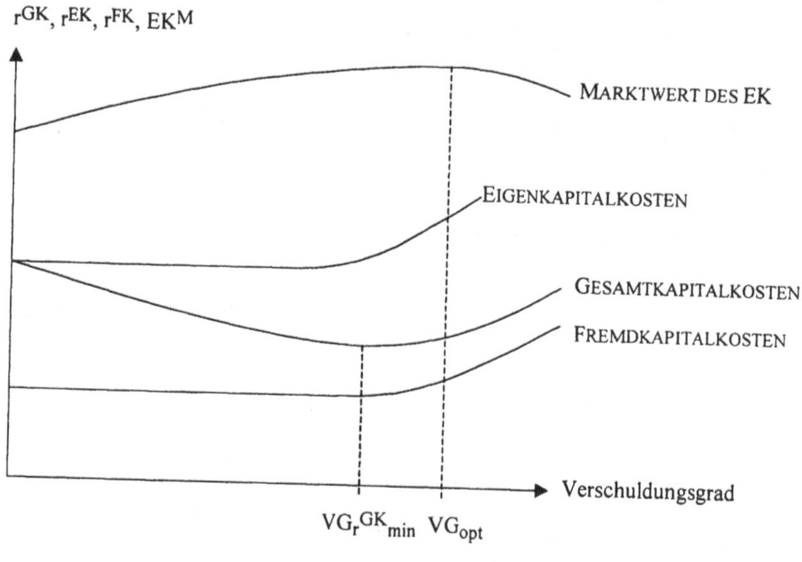

Abb. 40: Kapitalkostenverläufe bei unterschiedlicher Konditionenanpassung

Aufgabe 6

Das MODIGLIANI-MILLER-Theorem geht davon aus, daß der *Marktwert* einer Unternehmung *unabhängig* von der *Kapitalstruktur* und der *Ausschüttungspolitik* ist. Insofern stellen die *Gesamtkapitalkosten* eine vom *Verschuldungsgrad unabhängige Kon-*

stante dar. Im Gegensatz dazu verlaufen die *Eigenkapitalkosten proportional* zum *Verschuldungsgrad*. Die *Fremdkapitalkosten* stellen wiederum eine vom *Verschuldungsgrad unabhängige Konstante* dar. Als Kalkulationszinsfuß für Investitionsvorhaben ist unabhängig von der Finanzierung der Kapitalkostensatz der Risikoklasse anzusetzen, in der sich das investierende Unternehmen befindet.

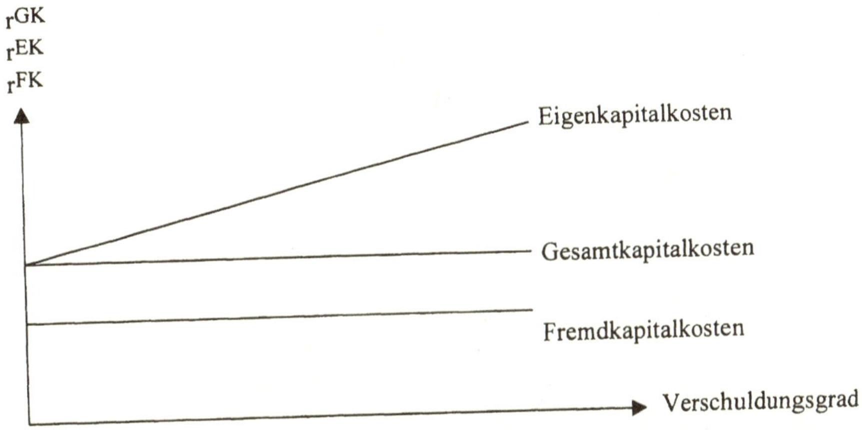

Abb. 41: Kapitalkostenverläufe nach MODIGLIANI-MILLER

Das MODIGLIANI-MILLER-Theorem basiert auf z.T. sehr restriktiven Annahmen. So wird das *Insolvenzrisiko* vernachlässigt mit der Konsequenz, daß die Fremdkapitalkosten unabhängig vom Verschuldungsgrad sind. Ferner wird davon ausgegangen, daß der *Kapitalmarkt vollkommen* und atomistisch ist. Zudem bleiben *steuerliche Gesichtspunkte* bei der Modellbetrachtung außen vor. Zentrale Prämisse ist zudem die Annahme, daß die *Verschuldungsmöglichkeiten* für *private Anleger* und *Unternehmen identisch* sind.

Aufgabe 7

Unter der Annahme, daß zwei Unternehmen U_1 und U_2 der gleichen Risikoklasse die gleichen Bruttogewinne G (Periodenüberschuß vor Abzug der Fremdkapitalzinsen) erzielen, und unter der Prämisse, daß das Unternehmen U_1 im Gegensatz zu dem Unternehmen U_2 vollständig eigenfinanziert ist, beträgt der Nettoerfolgsstrom für das zweite Unternehmen $G - r_2^{GK} \cdot FK_2^M$. Besitzt ein Anteilseigner Z z Anteile an dem Unternehmen U_2, so beträgt sein Einkommen $Y_2 = z \cdot (G - r_2^{FK} \cdot FK_2^M)$. Verkauft der Anteilseigner seine Anteile am verschuldeten Unternehmen U_2, so erhält er Kapital in Höhe von $z \cdot EK_2^M$. Da der Investor ursprünglich sowohl am Fremd- als auch am Eigenkapital beteiligt war, kann er nun durch die zusätzliche Aufnahme eines

Kredits in Höhe von $z \cdot FK_2^M$ das zuvor bestandene Fremdkapitalwagnis duplizieren. Kauft er nun in Höhe seines Gesamtkapitals Anteile vom unverschuldeten Unternehmen U_1, so beläuft sich sein neues Einkommen auf:

$$Y_1 = \frac{z \cdot EK_2^M + z \cdot FK_2^M}{EK_1^M} \cdot G - r_2^{FK} \cdot z \cdot FK_2^M$$

Die Transaktion ist jedoch nur sinnvoll, wenn $Y_2 < Y_1$ gilt.

$$z \cdot \left(G - r_2^{FK} \cdot FK_2^M\right) < \frac{z \cdot EK_2^M + z \cdot FK_2^M}{EK_1^M} \cdot G - r_2^{FK} \cdot z \cdot FK_2^M$$

Der Ausdruck

$$r_2^{FK} \cdot z \cdot FK_2^M$$

stellt die vom Anleger Z zu zahlenden Fremdkapitalzinsen dar.

Der Arbitrageprozeß ist somit nur lohnend, wenn

$$G < \frac{EK_2^M + FK_2^M}{EK_1^M} \cdot G \text{ und somit } EK_1^M < EK_2^M + FK_2^M.$$

Ist jedoch $EK_1{}^M = EK_2{}^M + FK_2{}^M$ und werden die jeweiligen Anteile an den Unternehmen dennoch unterschiedlich bewertet, so werden Arbitrageprozesse eingeleitet, die dazu führen, daß die Nachfrage nach den unterbewerteten Titeln steigt und dementsprechend die Nachfrage nach den überbewerteten Titeln sinkt. Es kommt damit zu einer Preisanpassung.

Aufgabe 8

Unternehmen U_1:

$$r_1^{EK} = \frac{2.000.000}{20.000.000} = 0{,}1 = 10\,[\%]$$

$$VG_1 = 0$$

Unternehmen U_2:

$$r_2^{EK} = \frac{2.000.000 - 0{,}07 \cdot 6.000.000}{12.000.000} = 13{,}17\,[\%]$$

$$r_2^{GK} = \frac{0{,}1317 \cdot 12.000.000 + 0{,}07 \cdot 6.000.000}{18.000.000} = 11{,}10\,[\%]$$

$$VG_2 = \frac{6.000.000}{12.000.000} = 0{,}5$$

Anleger Z:

$$Z_Z = 100.000 \cdot 0{,}1 = 10.000 \ [€]$$

$$\sigma_Z = \frac{100.000}{20.000.000} \cdot 500.000 = 2.500 \ [€]$$

$$VC_Z = \frac{2.500}{10.000} = 0{,}25$$

Anleger A nach der Transaktion:

$$Z_Z = 33.333{,}34 \cdot 0{,}07 + 66.666{,}66 \cdot 0{,}1317 = 11.113{,}33 \ [€]$$

$$\sigma_Z = \frac{66.666{,}66}{12.000.000} \cdot 500.000 = 2.777{,}78 \ [€]$$

$$VC_Z = \frac{2.777{,}78}{11.113{,}33} = 0{,}25$$

Es wird deutlich, daß trotz der gleichen Risikoklasse VC = 0,25 höhere Rückflüsse erzielt werden können.

Aufgabe 9

Basierend auf dem formalen Zusammenhang

$$\frac{AS^{GK}}{r^{GK}} = \frac{AS^{EK}}{r^{EK}} + \frac{AS^{FK}}{r^{FK}}$$

stellt sich für ein Unternehmen die Frage, ob es sinnvoll ist, Eigenkapital durch Fremdkapital zu substituieren. Grundsätzlich bestehen zwei Möglichkeiten für das Unternehmen, Einfluß auf seine Schuldenpolitik zu nehmen.

a) Das Unternehmen kann den Eigenkapitalanteil erhöhen und damit den Verschuldungsgrad verringern.
b) Das Unternehmen kann den Eigenkapitalanteil verringern und damit den Verschuldungsgrad erhöhen.

Um die Konsequenzen einer Eigenkapitalerhöhung bzw. einer Eigenkapitalverringerung formal abzubilden wird der Parameter φ eingeführt, wobei $\varphi > 0$ den Betrag einer etwaigen Neuverschuldung darstellt und entsprechend $\varphi < 0$ den Betrag einer möglichen Schuldentilgung repräsentiert.

Ziel ist es, den Marktwert des Eigenkapitals zu maximieren. Es ergibt sich somit für den Marktwert des Eigenkapitals vor der Durchführung, aber nach der Ankündigung der Finanztransaktion folgender formaler Zusammenhang.

$$EK_v^M(\varphi) = \frac{AS^{EK} - \varphi \cdot r^{FK}(\varphi)}{r^{EK}(\varphi)} + \varphi \quad = \quad \frac{AS^{EK}}{r^{EK}(\varphi)} + \gamma \cdot \left(1 - \frac{r^{FK}(\varphi)}{r^{EK}(\varphi)}\right)$$

Für $\varphi > 0$, was einer Neuverschuldung und damit einer Eigenkapitalherabsetzung entspricht, kommt es zu einer Verringerung des jährlichen Dividendenbetrages um die zusätzlich aufzubringenden Fremdkapitalzinsen. Entsprechend ist der Betrag der bevorstehenden Auszahlung an die Anteilseigner bei der Ermittlung des Marktwertes des Eigenkapitals hinzu zu addieren. Es ergibt sich somit folgender Marktwert des Fremdkapitals unmittelbar vor der Finanztransaktion:

$$FK_v^M(\varphi) = \frac{AS^{FK} + \varphi \cdot r^{FK}(\varphi)}{r^{FK}(\varphi)} - \varphi$$

Im Gegensatz zu den vorangehenden Ausführungen ist für $\varphi < 0$, was einer Schuldentilgung und damit einer Eigenkapitalanteilserhöhung gleichkommt, mit einer Erhöhung des jährlichen Dividendenbetrages um die eingesparten Fremdkapitalzinsen zu rechnen. Entsprechend ist der Einlageanteil der Anteilseigner abzuziehen. Es ergibt sich somit folgender Marktwert des Fremdkapitals unmittelbar vor der Finanztransaktion:

$$FK_v^M(\varphi) = \frac{AS^{FK}}{r^{FK}(\varphi)}$$

Entsprechend kann der Marktwert des Eigenkapitals vor der Finanztransaktion auch wie folgt bestimmt werden:

$$EK_v^M(\varphi) = GK_v^M(\varphi) - FK_v^M(\varphi) = \frac{AS^{GK}}{r^{GK}(\varphi)} - \frac{AS^{FK}}{r^{FK}(\varphi)}$$

Vor der eingangs dargestellten Zielsetzung „Maximierung des Marktwertes des Eigenkapitals" ist nun unter Berücksichtigung der Kapitalkostenverläufe ein entsprechender Wert für φ auszuwählen. Wird von konstanten Fremdkapitalkostensätzen ausgegangen, so gilt:

$$FK_v^M(\varphi) = FK^M$$

Entsprechend erreicht ist der *Marktwert des Eigenkapitals maximal*, wenn der *Marktwert des Gesamtkapitals* sein *Maximum* erreicht hat und das *Maximum* des *Gesamtkapitalmarktwertes* ist erreicht, wenn der *Gesamtkapitalkostensatz* auf seinem *Tiefststand* angekommen ist.

Gelten wie im Beispiel konstante Fremd- und Gesamtkapitalkostensätze, so ergibt sich der im folgenden dargestellte Verschuldungsgrad.

Der Marktwert des vollständig eigenfinanzierten Unternehmens U beträgt:

$$EK^M = \frac{30}{0{,}15} = 200 \ \text{[GE]}$$

Wird nun Fremdkapital aufgenommen so lassen sich die Ausschüttungen an die Eigenkapital- und Fremdkapitalgeber unmittelbar vor der Finanztransaktion als Funktion von φ visualisieren.

$$AS_v^{EK}(\varphi) = 30 - 0{,}07 \cdot \varphi$$

$$AS_v^{FK}(\varphi) = 0{,}07 \cdot \varphi$$

Da AS^{GK} gleich AS^{EK} ist, ist auch r^{GK} gleich r^{EK}. Daraus folgt, daß das der Marktwert des Fremdkapitals vor der Finanztransaktion

$$FK_v^M(\varphi) = \frac{0 + 0{,}07 \cdot \varphi}{0{,}07} - \varphi = 0$$

ist. Entsprechend lautet der Marktwert des Eigenkapitals unmittelbar vor der Finanztransaktion:

$$EK_v^M(\varphi) = \frac{30}{0{,}15} - FK_v^M(\varphi) = 200 - 0 = 200 \ [GE]$$

Es wird deutlich, daß nach MODIGLIANI-MILLER der Verschuldungsgrad keinen Einfluß auf den Marktwert des Eigenkapitals hat, was bedeutet, daß jeder beliebige Verschuldungsgrad optimal ist.

Wird im Gegensatz zu den vorangehenden Ausführungen davon ausgegangen, daß die Fremdkapital- und Eigenkapitalkostensätze konstant sind und daß die Fremkapitalkostensätze größer als die Eigenkapitalkostensätze sind (links vom optimalen Verschuldungsgrad im Rahmen der traditionellen These), so gilt:

$$EK_v^M(\varphi) = \frac{30 - 0{,}07 \cdot \varphi}{0{,}15} + \varphi$$

$$EK_v^M(\varphi) = 200 - 0{,}4\overline{6} \cdot \varphi + \varphi$$

$$EK_v^M(\varphi) = 200 - 0{,}5\overline{3} \cdot \varphi$$

Es wird deutlich, daß der optimale Verschuldungsgrad der maximale Verschuldungsgrad ist. Der maximale Verschuldungsgrad beträgt 375.

Literaturhinweise

BITZ, M.: Investition und Finanzierung, Fernuniversität Hagen 1979.

BITZ, M.: Verschuldungsgrad, Kapitalkosten und Risiko, in: Zeitschrift für betriebswirtschaftliche Forschung, 1980, S. 611–630.

DILGER, A.: Die Irrelevanz der Kapitalstruktur nach Modigliani/Miller, in: BURCHERT, H., HERING, TH. (HRSG.): Betriebliche Finanzwirtschaft – Aufgaben und Lösungen, München/Wien 1999, S. 124–130.

KRUSCHWITZ, L.: Finanzierung und Investition, Berlin/New York 1995.

MILLER, M.H.: Debt and Taxes, in: Journal of Finance, 1977, Nr. 32, S. 261–275.

MILLER, M.H., MODIGLIANI, F.: The Cost of Capital, Corporate Finance and the Theory of Investment, in: American Economic Review, 1958, Vol. 48, S. 261–297.

MILLER, M.H., MODIGLIANI, F.: Corporate Income Taxes and the Cost of Capital: A Correction, in: American Economic Review, 1963, Vol. 53, S. 433–443.

PERRIDON, L., STEINER, M.: Finanzwirtschaft der Unternehmung, 10. Auflage, München 1999.

„Die Saat der Zinses-Zinsen“ B. Rosenberger 1995 Mengebostel

„Wenn man 50 Euro Schulden hat, so ist man ein Schnorrer.
Hat jemand 50.000 Euro Schulden, so ist er ein Geschäftsmann.
Wer 50 Millionen Euro Schulden hat, ist ein Finanzgenie.
50 Milliarden Euro Schulden haben – das kann nur der Staat."

Unbekannt

Leverage-Effekt und Pyramideneffekt

Aufgabe 1

Erläutern Sie anhand einer Grafik die Kernaussage des Leverage-Effekts. Leiten Sie anschließend die Leverage-Formel allgemein her.

Aufgabe 2

Erläutern Sie, wie sich ein proportional mit dem Verschuldungsgrad steigender Fremdkapitalkostensatz r^{FK} auf die Eigenkapitalrentabilität r^{EK} auswirkt, wenn

a) über sämtliche Verschuldungsgrade hinweg $r^{GK} > r^{FK}$ gilt.

b) über sämtliche Verschuldungsgrade hinweg $r^{FK} > r^{GK}$ gilt.

Aufgabe 3

Zeigen Sie allgemein, daß unsicherheitsbedingte Schwankungen der Eigenkapitalkosten bei gegebener Schwankung der Gesamtkapitalkostensätze r^{GK} von der Höhe des Verschuldungsgrads VG abhängen und damit ebenfalls einer Hebelwirkung unterliegen.

Aufgabe 4

Verdeutlichen Sie allgemein den Zusammenhang zwischen den Eigenkapitalkosten, dem Return on Investment und dem Leverage-Effekt.

Aufgabe 5

Beantworten Sie die sich an die folgende Holding-Struktur anschließenden Fragen.

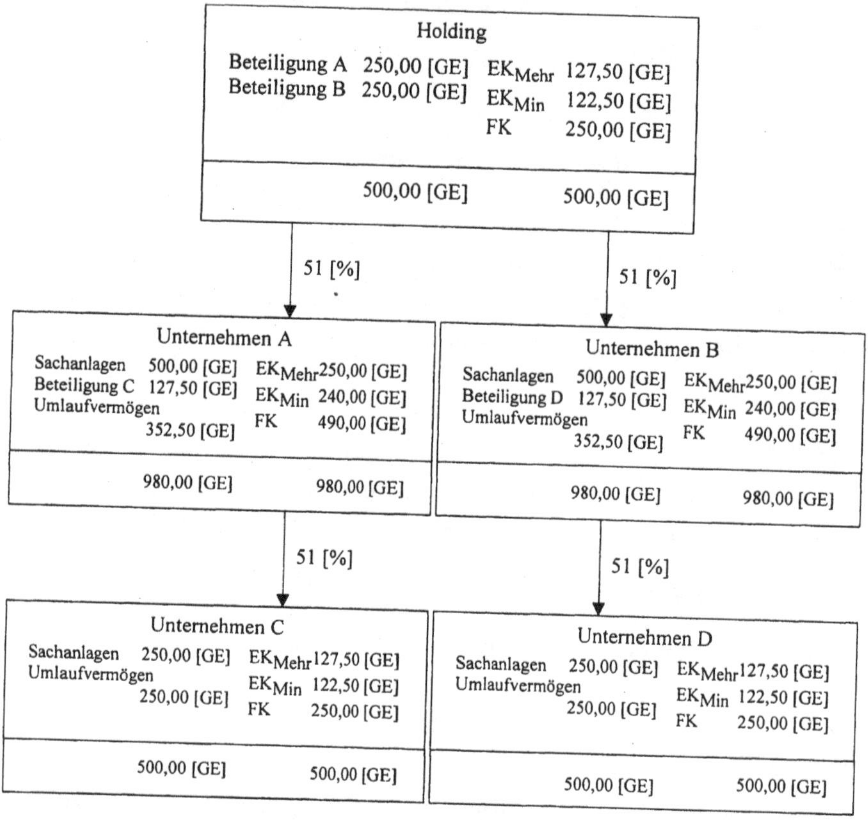

Abb. 42: Holdingstruktur zur Bestimmung des Pyramideneffekts

a) Ermitteln Sie den zu kontrollierenden Gesamtumsatz in der betrachteten Holding H, und erläutern Sie kurz den Umsatzmultiplikatoreffekt als eine Komponente des Pyramideneffekts.

b) Ermitteln Sie sukzessiv die Eigenkapitalrentabilität der Holding-Gesellschaft H.

c) Erläutern Sie kurz den Rentabilitätshebel als zweite Komponente des Pyramideneffekts. Überprüfen Sie die sukzessiv ermittelte Eigenkapitalrentabilität mit Hilfe der erweiterten Leverage-Formel.

d) Verdeutlichen Sie, daß eine Vollkonsolidierung im Gegensatz zu einer Quotenkonsolidierung den Hebeleffekt auf die Rentabilität der Holding-Dachgesellschaft nicht adäquat abbildet. Weisen Sie die Werte für das Anlage- und das Umlaufvermögen ebenso wie das Fremdkapital und das Eigenkapital der Mehr- und Minderheitsgesellschafter lediglich ganzzahlig aus.

Die umsatzbezogene Gesamtkapitalrentabilität beträgt für alle Konzernunternehmen 15 [%]. Der Fremdkapitalzins beträgt 8 [%].

Lösung

Aufgabe 1

Liegt die Gesamtkapitalrentabilität (Gesamtkapitalkosten) r^{GK} über dem Fremdkapitalzins (Fremdkapitalkosten) r^{FK}, so kann durch eine Erhöhung des Verschuldungsgrades VG, der das Verhältnis von Fremdkapital FK zu Eigenkapital EK repräsentiert, die Eigenkapitalrentabilität (Eigenkapitalkosten) r^{EK} gesteigert werden. Die mit dem Verschuldungsgrad einhergehende Wirkung auf die Eigenkapitalrentabilität wird im angelsächsischen Raum als Leverage-Effekt bezeichnet. Ist die Zinsmarge, d.h. die Differenz zwischen Gesamtkapitalrentabilität und Fremdkapitalzins, positiv, wird dieser Effekt als *Leverage-Chance* bezeichnet.

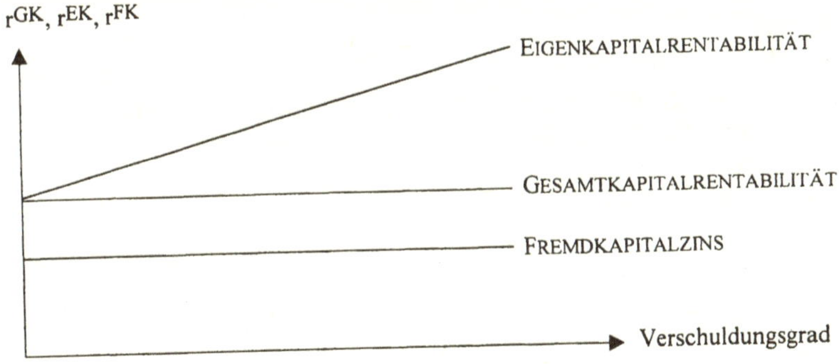

Abb. 43: Leverage-Chance

Die Eigenkapitalrentabilität repräsentiert das Verhältnis von Gewinn zu Eigenkapital.

$$r^{EK} = \frac{G}{EK}$$

Der Gewinn nach Abzug der Fremdkapitalzinsen stellt die Differenz zwischen der Verzinsung des Gesamtkapitals $r^{GK} \cdot GK$ und der Verzinsung des Fremdkapitals $r^{FK} \cdot FK$ dar.

$$r^{EK} = \frac{r^{GK} \cdot GK - r^{FK} \cdot FK}{EK}$$

Wird GK durch EK + FK ersetzt, folgt daraus:

$$r^{EK} = \frac{r^{GK} \cdot (EK + FK) - r^{FK} \cdot FK}{EK},$$

und wird der Klammerinhalt ausmultipliziert

$$r^{EK} = \frac{r^{GK} \cdot EK + r^{GK} \cdot FK - r^{FK} \cdot FK}{EK},$$

ergibt sich:

$$r^{EK} = \frac{r^{GK} \cdot EK + (r^{GK} - r^{FK}) \cdot FK}{EK} = r^{GK} + (r^{GK} - r^{FK}) \cdot \frac{FK}{EK}.$$

Aufgabe 2

a) Steigt mit steigendem Verschuldungsgrad VG der Fremdkapitalzins r^{FK} aufgrund des erhöhten Ausfallrisikos an, so steigt die Eigenkapitalrentabilität so lange unterproportional an, wie $r^{GK} > r^{FK}$ ist. Übersteigt der Fremdkapitalzins die Gesamtkapitalrentabilität so sinkt die Eigenkapitalrentabilität.

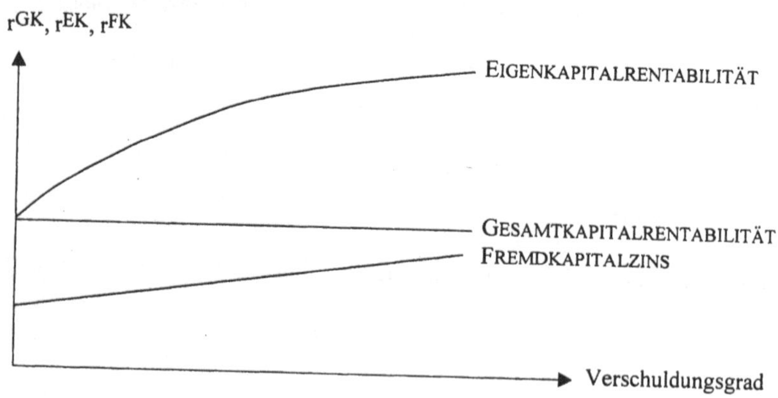

Abb. 44: Unterproportionaler Anstieg der Eigenkapitalrentabilität

b) Ist der Fremdkapitalzins größer als die Gesamtkapitalrentabilität und steigt der Fremdkapitalzins mit steigendem Verschuldungsgrad zudem an, so sinkt die Eigenkapitalrentabilität überproportional. Ist die Zinsmarge, d.h. die Differenz zwischen Gesamtkapitalrentabilität und Fremdkapitalzins, negativ, wird dieser Effekt als *Leverage-Risiko* bezeichnet.

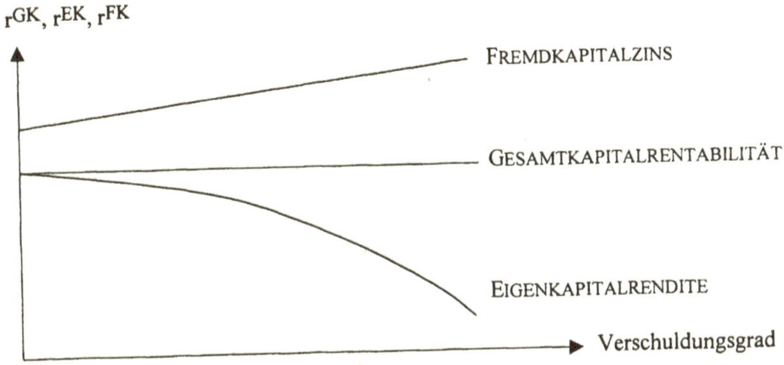

Abb. 45: Leverage-Risiko

Aufgabe 3

Die Schwankung der Eigenkapitalrentabilität hängt zum einen von der Schwankung der Gesamtkapitalrendite und zum anderen vom Verschuldungsgrad ab. Die potentielle Schwankungsbreite der Eigenkapitalrentabilität in Abhängigkeit vom Verschuldungsgrad wird als *Leverage-Horn* bezeichnet.
Somit gilt:

$$\Delta r^{EK} = (1 + VG) \cdot \Delta r^{GK}$$

Wird die Gesamtkapitalrendite r^{GK} als eine unsichere, um ihren Erwartungswert $r^{GK'}$ verteilte Zufallsgröße r^{GK*} angesehen, so gilt:

$$r^{GK'} = \int_{r_{min}^{GK*}}^{r_{max}^{GK*}} r^{GK*} \cdot f\left(r^{GK*}\right) \cdot dr^{GK*}$$

mit:
$f\left(r^{GK*}\right)$ erwartete Häufigkeit von r^{GK*}

Wenn die Schwankungen für r^{GK*} und für r^{EK*} in den jeweiligen Standardabweichungen σ^{GK*} und σ^{EK*} erfaßt werden, läßt sich der vorangehende Ausdruck wie folgt transformieren:

$$\sigma^{GK'} = \sqrt{\int \left(r^{GK'} - r^{GK*}\right)^2 \cdot f\left(r^{GK*}\right) \cdot dr^{GK*}}$$

Entsprechend lautet:

$$\sigma^{EK'} = \sqrt{\int \left(r^{EK'} - r^{EK*}\right)^2 \cdot f\left(r^{EK*}\right) \cdot dr^{EK*}}$$

$$\sigma^{EK'} = \sqrt{\int \left[\left[r^{GK'} + VG \cdot \left(r^{GK'} - r^{FK}\right)\right] - \left[r^{GK*} + VG \cdot \left(r^{GK*} - r^{FK}\right)\right]\right]^2 \cdot f\left(r^{GK*}\right) \cdot dr^{GK*}}$$

$$= \sqrt{\int \left[r^{GK'} + VG \cdot r^{GK'} - r^{GK*} - VG \cdot r^{GK*}\right]^2 \cdot f\left(r^{GK*}\right) \cdot dr^{GK*}}$$

$$= \sqrt{\int \left[(1 + VG) \cdot \left(r^{GK'} - r^{GK*}\right)\right]^2 \cdot f\left(r^{GK*}\right) \cdot dr^{GK*}}$$

$$= \sqrt{\int (1 + VG)^2 \cdot \left(r^{GK'} - r^{GK*}\right)^2 \cdot f\left(r^{GK*}\right) \cdot dr^{GK*}}$$

$$= (1 + VG) \cdot \sqrt{\int \left(r^{GK'} - r^{GK*}\right)^2 \cdot f\left(r^{GK*}\right) \cdot dr^{GK*}}$$

$$= (1 + VG) \cdot \sigma^{GK'}$$

$$= \sigma^{GK'} + VG \cdot \sigma^{GK'}$$

Der letzte Ausdruck verdeutlicht, daß die Standardabweichung der Eigenkapitalrentabilität von der Standardabweichung der Gesamtkapitalrentabilität und dem Verschuldungsgrad abhängt. Insofern wird die „doppelte" Hebelwirkung des Leverage-Effekts deutlich. Es wird somit nicht nur die Eigenkapitalrentabilität durch die Variation des Verschuldungsgrades verändert, sondern auch die Risikoposition des Eigenkapitalgebers.

Aufgabe 4

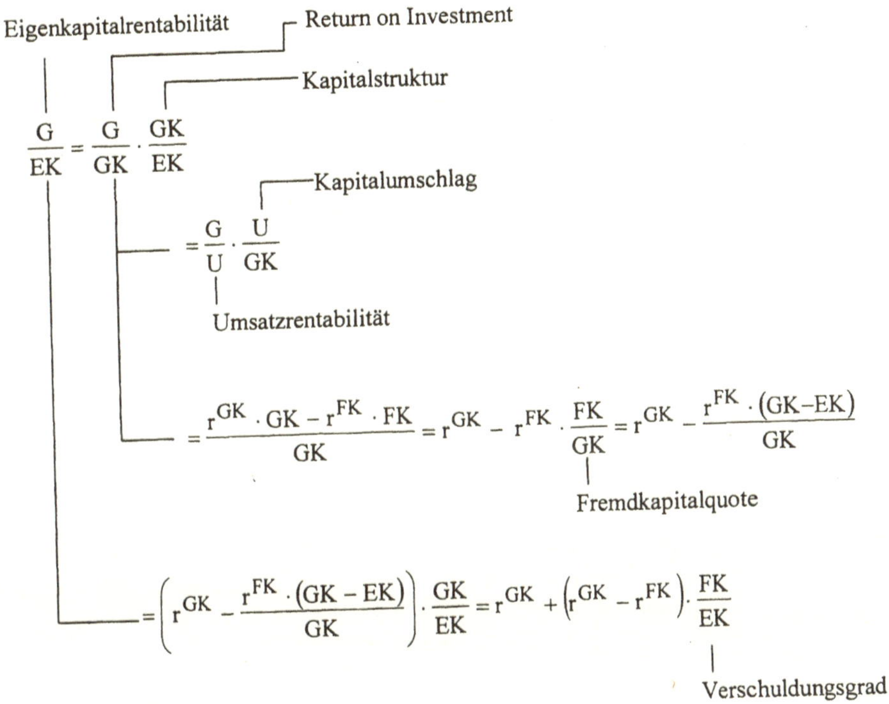

Abb. 46: ROI-Schema

Aufgabe 5

a) Der *Umsatzmultiplikatoreffekt* als eine Komponente des *Pyramideneffekts* besagt, daß sich bei gegebenem Eigenkapitaleinsatz innerhalb einer verschachtelten Unternehmung ein erheblich höheres Umsatzvolumen beeinflussen und kontrollieren läßt, als dies in einem Einheitsunternehmen ohne Konzernbeteiligungen an anderen Unternehmen der Fall ist. Voraussetzung hierfür ist, daß die Obergesellschaft direkt oder indirekt über eine entsprechende Mehrheitsbeteiligung an den untergeordneten Tochtergesellschaften verfügt (mindestens 50 [%] + x [%] oder die Hälfte des Grundkapitals + eine Aktie).

Bei dem unterstellten Kapitalumschlag von 1 kontrolliert die Obergesellschaft ein Umsatzvolumen von U = 500 + 500 + 852,50 + 852,50 = 2705 [GE]. Dieses Umsatzvolumen wird durch einen Kapitaleinsatz von 127,50 [GE] der Mehrheitsaktionäre der Obergesellschaft kontrolliert, während die Minderheitsgesellschafter Beteiligungen im Wert von 847,50 [GE] kontrollieren. Das Fremdkapital beläuft sich hingegen auf 1730 [GE].

Obwohl die Mehrheitsgesellschafter der Obergesellschaft wertmäßig absolut betrachtet „Minderheitsgesellschafter" sind, werden sie aufgrund der verschachtelten Konzernstruktur nicht von den konzernweiten Minderheitsgesellschaftern, die wertmäßig absolut betrachtet „Mehrheitsgesellschafter" sind, kontrolliert. Bei einem Einheitsunternehmen ohne verschachtelte Struktur können die Mehrheitsgesellschafter der Obergesellschaft mit ihrem Kapitaleinsatz von 127,50 [GE] und einem Kapitalumschlag von 1 lediglich 500 [GE] kontrollieren.

Allgemein kann der zu kontrollierende Gesamtumsatz U im Konzern wie folgt berechnet werden:

$$U = (EK_O + FK_O) \cdot KU_O + \sum_{T=1}^{n} (EK_{T\,Min} + FK_T) \cdot KU_T$$

mit:

EK_O, FK_O	Eigen- bzw. Fremdkapital der Obergesellschaft O
KU_O, KU_T	Kapitalumschlag der Ober- bzw. der Tochtergesellschaft
$EK_{T\,Min}$	Eigenkapital der Minderheitsgesellschafter der Tochtergesellschaft T
FK_T	Fremdkapital der Tochtergesellschaft T

Hier:

$$U = (250 + 250) \cdot 1 + (240 + 490) \cdot 1 \cdot 2 + (122{,}50 + 250) \cdot 1 \cdot 2 = 2705 \text{ [GE]}$$

b) Die sukzessive Berechnung der Eigenkapitalrentabilität der Holding-Gesellschaft wird bottom-up durchgeführt.

Legende

G	Bruttogewinn
Z_{FK}	Fremdkapitalzinsen
G_N	Nettogewinn
D_A	Dividende, die an das Unternehmen A zu zahlen ist

Unternehmen C	
Bruttogewinn	75,00 [GE]
– Zinsen	20,00 [GE]
= Nettogewinn	55,00 [GE]
r^{EK}	22,00 [%]
Dividende an A	28,05 [GE]

Unternehmen D	
Bruttogewinn	75,00 [GE]
– Zinsen	20,00 [GE]
= Nettogewinn	55,00 [GE]
r^{EK}	22,00 [%]
Dividende an B	28,05 [GE]

Tab. 45: Ertragsausweis von Unternehmen C und D

$$
\begin{aligned}
G_B &= 0{,}15 \cdot 500 = 75\ [GE]\\
Z_{FK} &= 0{,}08 \cdot 250 = 20\ [GE]\\
G_N &= 75 - 20 = 55\ [GE]\\
r^{EK} &= 55/250 = 22\ [\%]\\
D_{A,B} &= 55 \cdot 0{,}51 = 28{,}05\ [GE]
\end{aligned}
$$

Unternehmen A	
Bruttogewinn	127,88 [GE]
+ Dividende von C	28,05 [GE]
– Zinsen	39,20 [GE]
= Nettogewinn	116,73 [GE]
r^{EK}	23,82 [%]
Dividende an H	59,53 [GE]

Unternehmen B	
Bruttogewinn	127,88 [GE]
+ Dividende von C	28,05 [GE]
– Zinsen	39,20 [GE]
= Nettogewinn	116,73 [GE]
r^{EK}	23,82 [%]
Dividende an H	59,53 [GE]

Tab. 46: Ertragsausweis von Unternehmen A und B

$$
\begin{aligned}
G_B &= 0{,}15 \cdot (980 - 127{,}50) = 127{,}88\ [GE]\\
Z_{FK} &= 0{,}08 \cdot 490 = 39{,}20\ [GE]\\
G_N &= 127{,}88 + 28{,}05 - 39{,}20 = 116{,}73\ [GE]\\
r^{EK} &= 116{,}73/490 = 23{,}82\ [\%]\\
D_H &= 116{,}73 \cdot 0{,}51 = 59{,}53\ [GE]
\end{aligned}
$$

Holding H	
Dividende von A und B	119,06 [GE]
– Zinsen	20,00 [GE]
= Nettogewinn	99,06 [GE]
r^{EK}	39,63 [%]
Dividende an die Mehrheitsgesellschafter	50,52 [GE]

Tab. 47: Ertragsausweis der Holding H

$$
\begin{aligned}
G_B &= 59{,}53 \cdot 2 = 119{,}06\ [GE]\\
Z_{FK} &= 0{,}08 \cdot 250 = 20{,}00\ [GE]\\
G_N &= 119{,}06 - 20 = 99{,}06\ [GE]\\
r^{EK} &= 99{,}06/250 = 39{,}62\ [\%]
\end{aligned}
$$

$D_{Mehr} = 99{,}06 \cdot 0{,}51 = 50{,}52$ [GE]

c) Durch eine verschachtelte Konzernstruktur läßt sich im Gegensatz zu einem Einheitsunternehmen ohne Mehrheitsbeteiligungen ein zusätzlicher positiver Rentabilitäts-Leverage-Effekt erzielen. Insofern kann eine Eigenkapitalrentabilität ausgewiesen werden, die in einem unverschachtelten Einheitsunternehmen nur durch eine erheblich höhere Verschuldung erzielt werden kann. Dieser zusätzliche Rentabilitäts-Leverage-Effekt ist die zweite Komponente des Pyramideneffekts. Allerdings gilt dieser Zusammenhang nicht nur für die Leverage-Chance, sondern auch für das Leverage-Risiko.

Im dargestellten Beispiel beträgt die Eigenkapitalrentabilität bei verschachtelter Konzernstruktur 39,62 [%]. Hingegen beträgt die Eigenkapitalrentabilität in einem unverschachtelten Unternehmen mit einem äquivalenten Verschuldungsgrad wie beim betrachteten verschachtelten Unternehmen (VG = 1730/975 = 1,77) lediglich $r^{EK} = 0{,}15 + (0{,}15 - 0{,}08) \cdot 1{,}77 = 27{,}39$ [%]. Um die Eigenkapitalrentabilität des verschachtelten Unternehmens zu erreichen, bedarf es eines Verschuldungsgrades von VG = 3,52.

Allgemein kann die Eigenkapitalrentabilität bei einem verschachtelten Unternehmen wie folgt berechnet werden:

$$r^{EK} = r^{GK} + \left(r^{GK} - r^{FK}\right) \cdot \frac{FK_O}{EK_O} + \left(r^{GK} - r^{FK}\right) \cdot \frac{\sum_{T=1}^{n} B_T \cdot FK_T}{EK_O}$$

r^{GK} umsatzbezogene Gesamtkapitalrentabilität
B_T durchgerechnete Beteiligungsquote an der Tochtergesellschaft T

Hier:

$$r^{EK} = 0{,}15 + (0{,}15 - 0{,}08) \cdot 1 + (0{,}15 - 0{,}08) \cdot \frac{0{,}51 \cdot 490 \cdot 2 + 0{,}2601 \cdot 250 \cdot 2}{250} = 39{,}64\ [\%]$$

d)

Vollkonsolidierung			
Aktiva		**Passiva**	
Sachanlagen	1500,00	EK_{Mehr}	127,50
Umlaufvermögen	1205,00	EK_{Min}	847,50
		FK	1730,00
	2705,00		2705,00
Brutto-(Kapital-)Gewinn	405,75		
Zinsaufwand	138,40		
Reingewinn	267,35		
Konzerneigenkapital	975		
Verschuldungsgrad	1,77		
Eigenkapitalrentabilität	27,42 [%]		

Tab. 48: Vollkonsolidierung

Quotenkonsolidierung			
Aktiva		**Passiva**	
Sachanlagen	640,00	EK_{Mehr}	127,50
Umlaufvermögen	489,00	EK_{Min}	122,50
		FK	879,00
	1129,00		1129,00
Brutto-(Kapital-)Gewinn	169,45		
Zinsaufwand	70,39		
Reingewinn	99,06		
Konzerneigenkapital	250		
Verschuldungsgrad	3,52		
Eigenkapitalrentabilität	39,62 [%]		

Tab. 49: Quotenkonsolidierung

Literaturhinweise

BITZ, M.: Investition und Finanzierung, Fernuniversität Hagen 1979.

BITZ, M.: Verschuldungsgrad, Kapitalkosten und Risiko, in: Zeitschrift für betriebswirtschaftliche Forschung, 1980, S. 611–630.

DILGER, A.: Die Irrelevanz der Kapitalstruktur nach Modigliani/Miller, in: *BURCHERT, H., HERING, TH. (HRSG.)*: Betriebliche Finanzwirtschaft – Aufgaben und Lösungen, München/Wien 1999, S. 124–130.

ELSCHEN R.: Eigen- und Fremdfinanzierung – Steuerliche Vorteilhaftigkeit und betriebliche Risikopolitik, in: *GEBHARDT, G.; GERKE, W.; STEINER, M. (HRSG.)*: Handbuch des Finanzmanagements, München 1993, S. 585–617.

HERING, TH.: Finanzwirtschaftliche Unternehmensbewertung, Wiesbaden 1999.

KRUSCHWITZ, L.: Finanzierung und Investition, Berlin/New York 1995.

MILLER, M.H.: Debt and Taxes, in: Journal of Finance, 1977, Nr. 32, S. 261–275.

MILLER, M.H., MODIGLIANI, F.: The Cost of Capital, Corporate Finance and the Theory of Investment, in: American Economic Review, 1958, Vol. 48, S. 261–297.

MILLER, M.H., MODIGLIANI, F.: Corporate Income Taxes and the Cost of Capital: A Correction, in: American Economic Review, 1963, Vol. 53, S. 433–443.

PERRIDON, L., STEINER, M.: Finanzwirtschaft der Unternehmung, 10. Auflage, München 1999.

SCHIERENBECK, H.: Der Pyramideneffekt im verschachtelten Konzern, in: Die Betriebswirtschaft, 1980, S. 249–258.

SCHIERENBECK, H.: Grundzüge der Betriebswirtschaftslehre, 10. Auflage, München/Wien 1989.

„Kapital ist akkumulierte Arbeit.
Arbeit ist Kapital, das sich nicht akkumuliert."

PAUL LAFFITTE

Kapitalkostenbestimmung und Investitionsentscheidungen mit Hilfe des Capital Asset Pricing Model

Aufgabe 1

Leiten Sie allgemein die Eigenkapitalkosten bei Unsicherheit mit Hilfe des Capital Asset Pricing Model unter der Annahme her, daß das betrachtete Unternehmen unverschuldet ist. Erläutern Sie Ihr Vorgehen.

Aufgabe 2

Leiten Sie im Gegensatz zu Aufgabe 1 allgemein die Eigenkapitalkosten bei Unsicherheit mit Hilfe des Capital Asset Pricing Model unter der Annahme her, daß das betrachtete Unternehmen verschuldet ist und lediglich eine proportionale Gewinnsteuer seitens des Unternehmens zu zahlen ist. Erläutern Sie Ihr Vorgehen.

Aufgabe 3

Leiten Sie ausführlich allgemein die Kapitalwertformeln (Present-Value-Formeln) für den Fall her, daß mit Hilfe des Capital Asset Pricing Model auf Basis eines risikoadjustierten Zinssatzes bzw. mit Hilfe eines Sicherheitsäquivalents die Vorteilhaftigkeit einer einperiodischen Investition bestimmt wird. Erläutern Sie Ihr Vorgehen.

Aufgabe 4

Beweisen Sie das Irrelevanztheorem von MODIGLIANI und MILLER mit Hilfe des CAPM. Erläutern Sie Ihr Vorgehen.

Aufgabe 5

Zwei Unternehmen planen, eine Sachinvestition zu tätigen. Der Zahlungsstrom dieser Sachinvestition weist für beide Unternehmen die folgende Struktur auf (in Euro):

t_0	t_1	t_2	t_3	t_4
– 10.000.000	3.000.000	8.000.000	6.000.000	5.000.000

Tab. 50: Zahlungsreihe zur Bestimmung der Vorteilhaftigkeit eines Investitionsobjektes mit Hilfe des CAPM

Über den gesamten Planungszeitraum besteht die Möglichkeit, zum risikolosen Kalkulationszins von 7 [%] unbegrenzt Kapital aufzunehmen und anzulegen. Während das Unternehmen A 50 [%] der Anschaffungsauszahlung risikolos fremdfinanziert, investiert das Unternehmen B ausschließlich Eigenkapital in die Sachinvestition. Die Kovarianz zwischen den Rückflüssen aus der Sachinvestition und der Rendite des zugrundegelegten Marktportfolios, dem Dax, beträgt 0,9. Im Gegensatz dazu weist die Marktrendite eine Standardabweichung von 0,5477 auf. Sowohl Erwartungswert der Marktrendite $E(r_M) = 15$ [%] als auch der Beta-Faktor und der risikolose Zins i_F sind über alle Perioden als konstant anzusehen. Ermitteln Sie den Kapitalwert der Investition für das Unternehmen A und für das Unternehmen B mit Hilfe eines risikoadjustierten Kalkulationszinsfußes.

Aufgabe 6

Im Gegensatz zu Aufgabe fünf existiert nun ein Gewinnsteuersatz von $s_{ESt} = 0{,}2$. Berechnen Sie den Kapitalwert für das Unternehmen A auf Basis der in Aufgabe fünf enthaltenen Daten mit Hilfe eines risiko- und steueradjustierten Kalkulationszinsfußes.

Aufgabe 7

Gegeben sei für den Planungszeitraum t = 0 bis t = 3 folgende Zahlungs- und Renditestruktur

Zustand in t_0	Zahlungsstrom	Wahrscheinlichkeit	Marktrendite
s_0	– 100	1	–

Tab. 51: Rückfluß- und Renditeerwartung in t = 0

Zustände in t_1	Zahlungsstrom	Wahrscheinlichkeit	Marktrendite
s_1	60	0,50	0,10
s_2	40	0,50	0,05

Tab. 52: Rückfluß- und Renditeerwartung in t = 1

Zustände in t_2	Zahlungsstrom	Wahrscheinlichkeit	Marktrendite
s_3	100	0,50	0,15
s_4	120	0,50	0,09

Tab. 53: Rückfluß- und Renditeerwartung in t = 2

Zustände in t_3	Zahlungsstrom	Wahrscheinlichkeit	Marktrendite
s_5	160	0,40	0,13
s_6	80	0,35	0,11
s_7	120	0,25	0,09
s_8	90	0,50	0,09
s_9	30	0,40	0,20
s_{10}	170	0,10	0,17

Tab. 54: Rückfluß- und Renditeerwartung in t = 3

Grafisch abgebildet, gestaltet sich demzufolge die Struktur der Zahlungsstrom- und Renditeerwartung wie folgt:

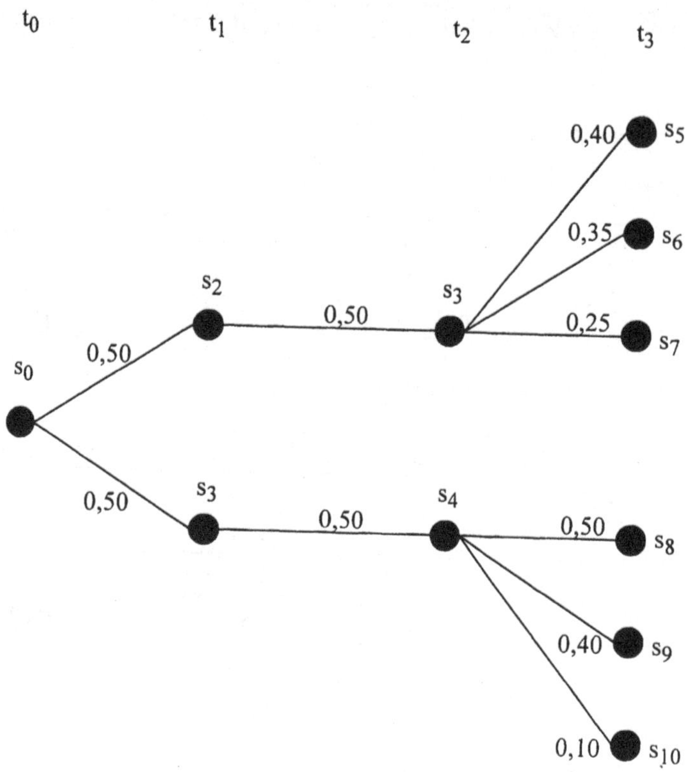

Abb. 47: Zahlungs- und Renditestruktur eines mehrperiodischen Investitionsobjektes

Ermitteln Sie den Kapitalwert des Investitionsvorhabens mit Hilfe geeigneter Risikoabschläge und unter Verwendung der risikolosen Kalkulationszinsfüße $i_F = 7$ [%] für $t = 1$, $i_F = 5$ [%] für $t = 2$ und $i_F = 8$ [%] für $t = 3$.

Lösung

Aufgabe 1

Das CAPM im engen Sinne, die sogenannte Wertpapierlinie, stellt die Renditeerwartung für eine Aktie $E(r_i)$ als Linearkombination aus risikolosem Zinssatz i_F und einer Risikoprämie $(E(r_M) - i_F)$ für jede Einheit des übernommenen systematischen Risikos β_i dar (zur Herleitung des CAPM vgl. die Fallstudie „Aktienbewertung auf Basis des Capital Asset Pricing Model").

$$\underset{\text{Renditeerwartungswert des Wertpapiers i}}{E(r_i)} = \underset{\text{risikofreie Rendite}}{i_F} + \underset{\text{Marktpreis des Risikos}}{\left(E(r_M) - i_F\right)} \cdot \underset{\text{spezifische Risikohöhe}}{\beta_i}$$

mit:

$$\beta_i = k_{iM} \cdot \frac{\sigma_i}{\sigma_M} = \frac{\sigma_{iM}}{\sigma_M^2}$$

und:

k_{iM} Korrelationskoeffizient zwischen der erwarteten Rendite des Wertpapiers i und der erwarteten Rendite des Marktportfolios M

σ_i erwartete Standardabweichung des risikobehafteten Wertpapiers i

σ_M erwartete Standardabweichung des risikobehafteten Marktportfolios M

σ_M^2 erwartete Varianz des risikobehafteten Marktportfolios M

σ_{iM} erwartete Kovarianz zwischen der erwarteten Rendite des Wertpapiers i und der erwarteten Rendite des Marktportfolios M

Im Rahmen des CAPM wird lediglich die Übernahme des systematischen Risikos β_i entgolten, da die unsystematischen, d.h. titelspezifischen Risiken durch geeignete Wertpapiermischung diversifiziert werden können, so daß vom Gesamtrisiko lediglich das systematische marktinhärente Risiko bestehen bleibt. Grundsätzlich stellt das CAPM ein Gleichgewichtsmodell dar, daß auf dem vollkommenen Kapitalmarkt lediglich zwei Zeitpunkte betrachtet.

Da die Renditeforderungen der Eigenkapitalgeber $E(r_i)$ mit den Eigenkapitalkosten des Unternehmens r^{EK} identisch sind, kann das CAPM zur Ermittlung der Eigenkapitalkosten bei Unsicherheit herangezogen werden.

$$r_{CAPM}^{EK_i} = E(r_i) = i_F + \left(E(r_M) - i_F\right) \cdot \beta_i$$

Haben alle Investitionsobjekte eines Unternehmens das gleiche systematische Risiko wie das Unternehmen selbst, so ist die Eigenkapitalrentabilität der Kalkulationszinsfuß. Andernfalls ist für die Investitionsprojekte auf Basis der individuellen Beta-Faktoren mit Hilfe der Wertpapierlinie die Mindestverzinsung zu ermitteln.

Voraussetzungen:

- Das systematische Risiko β_i kann geschätzt werden.
- Die erwartete Rendite des Marktportfolios $E(r_M)$ kann geschätzt werden.

Aufgabe 2

Bei einem verschuldeten Unternehmen spielt zum einen der Leverage-Effekt (vgl. die Fallstudie „Leverage-Effekt und Pyramideneffekt") und zum anderen die Besteuerung von Eigen- und Fremdkapital eine Rolle. Wird unterstellt, daß die Eigenkapitalgeber keine Einkommensteuer zahlen und daß lediglich das investierende Unternehmen eine proportionale Gewinnsteuer s_{ESt} (ertragsabhängiger Steuersatz) zahlt, so gilt folgender formaler Zusammenhang:

$$r^{EK} = r^{GK} + (1 - s_{ESt}) \cdot (r^{GK} - r^{FK}) \cdot VG$$

mit:

r^{GK} Gesamtkapitalrendite
r^{FK} Fremdkapitalzins
VG Verschuldungsgrad FK/EK
EK Eigenkapital
FK Fremdkapital

Da im Kapitalmarktgleichgewicht hinsichtlich eines Unternehmens U, das einer bestimmten Risikoklasse angehört, die Gesamtkapitalrendite r^{GK} der Renditeforderung der Investoren entspricht, können somit die Kapitalkosten unter Unsicherheit mit Hilfe der Wertpapierlinie des CAPM ermittelt werden. Ferner ist der Fremdkapitalkostensatz r^{FK} mit der risikolosen Kapitalanlage- bzw. Kapitalaufnahmemöglichkeit i_F identisch.

$$r_{CAPM}^{EK_U} = E(r_U) + (1 - s_{ESt}) \cdot (E(r_U) - i_F) \cdot VG$$

$$= i_F + (E(r_M) - i_F) \cdot \beta_U + [i_F + (E(r_M) - i_F) \cdot \beta_U - i_F] \cdot (1 - s_{ESt}) \cdot VG$$

$$= i_F + (E(r_M) - i_F) \cdot \beta_U + (E(r_M) - i_F) \cdot \beta_U \cdot (1 - s_{ESt}) \cdot VG$$

Wird für verschuldete Unternehmen

$$\beta_U^{V\tau} = \beta_U \cdot (1 + (1 - s_{ESt}) \cdot VG)$$

gleichgesetzt, lassen sich die Eigenkapitalkosten unter Unsicherheit als Wertpapierlinie formulieren.

$$r_{CAPM}^{EK_U} = i_F + (E(r_M) - i_F) \cdot \beta_U^{V\tau}$$

Für die durchschnittlichen Gesamtkapitalkosten eines Unternehmens gilt somit:

$$r_{CAPM}^{GK_U} = \left(i_F + (E(r_M) - i_F) \cdot \beta_U^{V\tau}\right) \cdot \frac{EK^M}{EK^M + FK^M} + (1 - \tau_G) \cdot i_F \cdot \frac{FK^M}{EK^M + FK^M}$$

mit:
EK^M Eigenkapital zu Marktpreisen
FK^M Fremdkapital zu Marktpreisen

Aufgabe 3

Da das CAPM sowohl das leistungswirtschaftliche als auch das Kapitalstrukturrisiko berücksichtigt, kann das CAPM grundsätzlich zur Bestimmung des Marktwertes einer Unternehmung oder einer Investition herangezogen werden. Die erwartete Rendite einer vollständig eigenfinanzierten Unternehmung läßt sich durch das Verhältnis von Periodengewinn $E(K_{1U}) - K_{0U}$ zum eingesetzten Kapital K_{0U} in $t = 0$ ausdrücken.

$$E(r_U) = \frac{E(K_{1U}) - K_{0U}}{K_{0U}}$$

mit:
$E(K_{1U})$ erwartetes Kapital des Unternehmens U am Ende der ersten Periode
K_{0U} Kapitaleinsatz des Unternehmes U in $t = 0$

Wird der obige formale Zusammenhang mit der Wertpapierlinie des CAPM gleichgesetzt, so ergibt sich:

$$\frac{E(K_{1U})}{K_{0U}} - 1 = i_F + (E(r_M) - i_F) \cdot \frac{\sigma_{UM}}{\sigma_M^2}$$

Wird die Gleichung nach K_{0U}, also dem Gegenwartskurs des Unternehmens bzw. der Investition, aufgelöst, so folgt daraus:

$$K_{0U} = \frac{E(K_{1U})}{1 + i_F + (E(r_M) - i_F) \cdot \frac{\sigma_{UM}}{\sigma_M^2}} = \frac{E(K_{1U})}{1 + i_F + (E(r_M) - i_F) \cdot \beta_U}$$

Übertragen auf eine einperiodische Investitionsentscheidung ergibt sich als Kapitalwertformel:

$$PV = -a_0 + \frac{E(Z_1)}{1 + i_F + (E(r_M) - i_F) \cdot \beta_U}$$

Während a_0 die Anschaffungsauszahlung darstellt, repräsentiert $E(Z_1)$ die Differenz zwischen den unsicheren Einzahlungen $E(E_1)$ und den unsicheren Auszahlungen $E(A_1)$. $E(Z_1)$ visualisiert somit den unsicheren Zahlungsstrom, der mit einem risikoadjustierten Kalkulationszinsfuß von $t = 1$ auf $t = 0$ diskontiert wird.

Ferner gilt:

$$\beta_U = \frac{Cov(E(r_U), E(r_M))}{Var(E(r_M))} = \frac{\sigma_{UM}}{\sigma_M^2}$$

und

$$E(r_U) = \frac{(E(E_1) - E(A_1)) - a_0}{a_0}$$

Die Kapitalwertformel bringt zum Ausdruck, daß eine Sachinvestition dann lohnend ist, wenn die Investitionsrendite größer ist als die vom Kapitalmarkt gegebene Rendite bei gleichem systematischem Risiko, d.h. wenn $PV > 0$ ist.

Eine weitere Möglichkeit, den Marktwert einer Unternehmung oder einer Investition zu bestimmen, besteht darin, geeignete Risikoabschläge von den Erwartungswerten vorzunehmen, um dann sicherheitsäquivalent mit einem nichtrisikoadjustierten Zinssatz zu diskontieren. Hierzu wird zunächst die im Beta-Faktor β_U enthaltene Kovarianz σ_{UM} in Form von Erwartungswerten ausgedrückt, wobei zusätzlich in der Ausgangsgleichung

$$E(r_U) = i_F + (E(r_M) - i_F) \cdot \frac{\sigma_{UM}}{\sigma_M^2}$$

die unternehmensspezifische Rendite durch

$$\frac{K_{1U}}{K_{0U}} - 1$$

und die erwarte Rendite durch

$$\frac{E(K_{1U})}{K_{0U}} - 1$$

ersetzt wird.

$$\frac{E(K_{1U})}{K_{0U}} - 1 = i_F + (E(r_M) - i_F) \cdot \beta_U$$

$$\Leftrightarrow K_{0U} = \frac{E(K_{1U})}{1 + i_F + (E(r_M) - i_F) \cdot \beta_U}$$

Entsprechend gilt für die Kovarianz:

$$\sigma_{UM} = E\left[\left(\frac{K_{1U}}{K_{0U}} - \frac{E(K_{1U})}{K_{0U}}\right) \cdot (r_M - E(r_M))\right]$$

$$= \frac{1}{K_{0U}} E[(K_{1U} - E(K_{1U})) \cdot (r_M - E(r_M))]$$

$$= \frac{COV(K_{1U}, r_M)}{K_{0U}}$$

Wird

$$\frac{COV(K_{1U}, r_M)}{K_{0U} \cdot \sigma_M^2}$$

für β_U in

$$K_{0U} = \frac{E(K_{1U})}{1 + i_F + (E(r_M) - i_F) \cdot \beta_U},$$

eingesetzt, so gilt:

$$K_{0U} = \frac{E(K_{1U})}{1 + i_F + (E(r_M) - i_F) \cdot \dfrac{COV(K_{1U}, r_M)}{K_{0U} \cdot \sigma_M^2}}$$

$$\Leftrightarrow K_{0U} \cdot \left[1 + i_F + (E(r_M) - i_F) \cdot \frac{COV(K_{1U}, r_M)}{K_{0U} \cdot \sigma_M^2}\right] = E(K_{1U})$$

$$\Leftrightarrow K_{0U} \cdot (1 + i_F) + (E(r_M) - i_F) \cdot \frac{COV(K_{1U}, r_M)}{\sigma_M^2} = E(K_{1U})$$

$$\Leftrightarrow K_{0U} = \frac{E(K_{1U}) - (E(r_M) - i_F) \cdot \frac{Cov(K_{1U}, r_M)}{\sigma_M^2}}{1 + i_F}$$

Wird der obige formale Zusammenhang auf einperiodische Investitionsentscheidungen übertragen, so kann folgende Kapitalwertformel bestimmt werden:

$$PV = -a_0 + \frac{E(Z_1) - (E(r_M) - i_F) \cdot \frac{Cov(Z_1, r_M)}{\sigma_M^2}}{1 + i_F}$$

Aufgabe 4

Um zu verdeutlichen, daß die Finanzierungspolitik den Marktwert eines Unternehmens weder erhöht noch optimiert, wird in die beiden Formeln zur Bestimmung des Gegenwartswertes der Faktor

$$\beta_U^V = \beta_U \cdot (1 + VG)$$

für verschuldete Unternehmen eingesetzt, so folgt daraus:

$$K_{0U}^V = \frac{E(K_{1U})}{1 + i_F + (E(r_M) - i_F) \cdot \beta_U^V}$$

bzw.

$$K_{0U}^V = \frac{E(K_{1U}) - (E(r_M) - i_F) \cdot \beta_U^V}{1 + i_F}$$

Da nach MODIGLIANI/MILLER der Verschuldungsgrad irrelevant für den Unternehmenswert ist (vgl. die Fallstudie „Traditionelle These versus MODIGLIANI-MILLER-

Theorem“), gilt auch, daß der Wert zweier unsicherer Zahlungsströme unabhängig davon ist, ob sie isoliert oder kumuliert bewertet werden (Wertadditivitätstheorem). Formal bedeutet dies:

$$K_{0U_1} + K_{0U_2} = K_{0U_{1+2}}$$

Gilt allgemein

$$K_{0U} = \frac{E(K_{1U}) - (E(r_M) - i_F) \cdot \frac{COV(K_{1U}, r_M)}{\sigma_M^2}}{1 + i_F},$$

so kann die Summe zweier Kurswerte wie folgt berechnet werden:

$$K_{0U_1} + K_{0U_2}$$

$$\Leftrightarrow \frac{E\left(K_{1U_1}\right) + E\left(K_{1U_2}\right) - (E(r_M) - i_F) \cdot \frac{COV\left(K_{1U_1}, r_M\right) + COV\left(K_{1U_2}, r_M\right)}{\sigma_M^2}}{1 + i_F}$$

Für die Summe der Kovarianzen ergibt sich:

$$COV\left(K_{1U_1}, r_M\right) + COV\left(K_{1U_2}, r_M\right) =$$

$$E\left[\left(K_{1U_1} - E\left(K_{1U_1}\right)\right) \cdot (r_M - E(r_M))\right] + E\left[\left(K_{1U_2} - E\left(K_{1U_2}\right)\right) \cdot (r_M - E(r_M))\right] =$$

$$E\left[\left(K_{1U_1} - E\left(K_{1U_1}\right)\right) \cdot (r_M - E(r_M)) + \left(K_{1U_2} - E\left(K_{1U_2}\right)\right) \cdot (r_M - E(r_M))\right] =$$

$$E\left[\left(\left(K_{1U_1} + K_{1U_2}\right) - E\left(K_{1U_1} + K_{1U_2}\right)\right) \cdot (r_M - E(r_M))\right] =$$

$$COV\left(K_{1U_{1+2}}, r_M\right)$$

Eingesetzt gilt:

$$K_{0U_1} + K_{0U_2} = \frac{E\left(K_{1U_1} + K_{1U_2}\right) - (E(r_M) - i_F) \cdot \frac{COV\left(K_{1U_{1+2}}, r_M\right)}{\sigma_M^2}}{1 + i_F} = K_{0U_{1+2}}$$

Aufgabe 5

$$\beta_A = \frac{0{,}9}{0{,}5477^2} = 3$$

$$\beta_A^V = 3 \cdot \left[1 + \frac{0{,}5}{0{,}5}\right] = 6$$

$$r_A^{GK} = (0{,}07 + (0{,}15 - 0{,}07) \cdot 6) \cdot 0{,}5 + 0{,}07 \cdot 0{,}5 = 31\,[\%]$$

$$PV^A = -10.000.000 + \frac{3.000.000}{1{,}31} + \frac{8.000.000}{1{,}31^2} + \frac{6.000.000}{1{,}31^3} + \frac{5.000.000}{1{,}31^4}$$

$$= 1.318.533{,}77\ [€]$$

Die Sachinvestition ist für das Unternehmen A lohnend, da diese eine höhere Rendite als eine entsprechende Wertpapieranlage mit gleichem systematischem Risiko erwirtschaftet.

Für das Unternehmen B gilt:

$$\beta_B = \frac{0{,}9}{0{,}5477^2} = 3$$

$$r_B^{GK} = 0{,}07 + (0{,}15 - 0{,}07) \cdot 3 = 0{,}31 = 31\,[\%]$$

$$PV^B = PV^A = 1.318.533{,}77\ [€]$$

Auch bei ausschließlicher Eigenfinanzierung ist die Sachinvestition für das Unternehmen B lohnend.

Aufgabe 6

Der Kapitalwert für die Investition läßt sich wie folgt berechnen:

$$\beta_A = \frac{0{,}9}{0{,}5477^2} = 3$$

$$\beta_A^{V\tau} = 3 \cdot [1 + (1 - 0{,}2) \cdot 1] = 5{,}4$$

$$r_A^{GK} = (0{,}07 + (0{,}15 - 0{,}07) \cdot 5{,}4) \cdot 0{,}5 + (1 - 0{,}2) \cdot 0{,}07 \cdot 0{,}5 = 29{,}58\,[\%]$$

$$PV^A = -10.000.000 + \frac{3.000.000}{1{,}2958} + \frac{8.000.000}{1{,}2958^2} + \frac{6.000.000}{1{,}2958^3} + \frac{5.000.000}{1{,}2958^4}$$

$$= 1.610.720{,}92 \;\; [€]$$

Bei kombinierter Eigen- und Fremdfinanzierung und unter Beachtung einer Gewinnsteuer ist die Sachinvestition für das Unternehmen A lohnender als in der Situation ohne Gewinnsteuer, da sich der risikoadjustierte Kalkulationszinsfuß verringert und sich damit die erwartete Rendite der Sachinvestition gegenüber einer entsprechenden Wertpapieranlage mit gleichem systematischem Risiko verbessert.

Aufgabe 7

Bei der Bestimmung des Kapitalwertes ist retrograd vorzugehen. Zunächst sind für die erste Alternative in t = 3 der Erwartungswert für den Zahlungsstrom und die Marktrendite zu bestimmen.

$$E(Z_3) = 0{,}4 \cdot 160 + 0{,}35 \cdot 80 + 0{,}25 \cdot 120 = 122 \text{ [GE]}$$

$$E(r_M) = 0{,}4 \cdot 0{,}13 + 0{,}35 \cdot 0{,}11 + 0{,}25 \cdot 0{,}09 = 0{,}113 \approx 11{,}3 \; [\%]$$

Anschließend sind die Varianz der Marktrendite in t = 3 und die Kovarianz zwischen dem Zahlungsstrom in t = 3 und der Marktrendite zu ermitteln.

$$\begin{aligned}\sigma^2(r_M) &= 0{,}40 \cdot (0{,}13 - 0{,}113)^2 + 0{,}35 \cdot (0{,}11 - 0{,}113)^2 + 0{,}25 \cdot (0{,}09 - 0{,}113)^2 \\ &= 0{,}000251\end{aligned}$$

$$\begin{aligned}\sigma(Z_3, r_M) &= 0{,}40 \cdot 160 \cdot 0{,}13 + 0{,}35 \cdot 80 \cdot 0{,}11 + 0{,}25 \cdot 120 \cdot 0{,}09 - 122 \cdot 0{,}113 \\ &= 0{,}314\end{aligned}$$

Eingesetzt in die Formel

$$PV_2 = \frac{E(Z_1) - \left(E(r_M) - i_F\right) \cdot \dfrac{COV(Z_1, r_M)}{\sigma_M^2}}{1 + i_F}$$

ergibt sich:

$$PV_2 = \frac{122 - (0{,}113 - 0{,}08) \cdot \dfrac{0{,}314}{0{,}000251}}{1{,}08} = 74{,}74\ [GE]$$

Analog ist für die zweite alternative Ausprägung in $t = 3$ vorzugehen.

$$E(Z_3) = 0{,}50 \cdot 90 + 0{,}40 \cdot 30 + 0{,}10 \cdot 170 = 74\ [GE]$$

$$E(r_M) = 0{,}50 \cdot 0{,}09 + 0{,}40 \cdot 0{,}20 + 0{,}10 \cdot 0{,}17 = 0{,}142 \approx 14{,}2\ [\%]$$

Für die Varianz der Marktrendite und die Kovarianz zwischen Zahlungsstrom und Marktrendite folgt daraus:

$$\begin{aligned}\sigma^2(r_M) &= 0{,}50 \cdot (0{,}09 - 0{,}142)^2 + 0{,}40 \cdot (0{,}20 - 0{,}142)^2 + 0{,}10 \cdot (0{,}17 - 0{,}142)^2 \\ &= 0{,}002776\end{aligned}$$

$$\begin{aligned}\sigma(Z_3, r_M) &= 0{,}50 \cdot 90 \cdot 0{,}09 + 0{,}40 \cdot 30 \cdot 0{,}20 + 0{,}10 \cdot 170 \cdot 0{,}17 - 74 \cdot 0{,}142 \\ &= -1{,}168\end{aligned}$$

Es ergibt sich somit ein Gegenwartswert in $t = 2$ von

$$PV_2 = \frac{74 - (0{,}142 - 0{,}08) \cdot \dfrac{-1{,}168}{0{,}002776}}{1{,}08} = 92{,}67\ [GE]$$

Während sich die erwarteten Rückflüsse und Renditen in $t = 2$ auf

$$E(Z_2) = 0{,}50 \cdot (100 + 74{,}74) + 0{,}50 \cdot (120 + 92{,}67) = 193{,}71 [GE]$$

$$E(r_M) = 0{,}50 \cdot 0{,}15 + 0{,}50 \cdot 0{,}09 = 0{,}12 \approx 12\ [\%]$$

belaufen, ergibt sich für die Varianz

$$\sigma^2(r_M) = 0{,}50 \cdot (0{,}15 - 0{,}12)^2 + 0{,}50 \cdot (0{,}09 - 0{,}12)^2 = 0{,}0009$$

und für die Kovarianz

$\sigma(Z_2,r_M) \quad = \quad 0{,}50 \cdot 174{,}74 \cdot 0{,}15 + 0{,}50 \cdot 212{,}67 \cdot 0{,}09 - 193{,}71 \cdot 0{,}12 = -0{,}5696$

Entsprechend lautet der Gegenwartswert in t = 1

$$PV_1 = \frac{193{,}71 - (0{,}12 - 0{,}05) \cdot \frac{-0{,}5696}{0{,}0009}}{1{,}05} = 226{,}68 \text{ [GE]}$$

Abschließend sind für die Ermittlung des Kapitalwertes in t = 1 ebenfalls zunächst der Erwartungswert des Zahlungsstroms und der Marktrenditeerwartungswert zu ermitteln.

$E(Z_1) = 0{,}50 \cdot (60 + 226{,}68) + 0{,}50 \cdot (40 + 226{,}68) = 276{,}68$ [GE]

$E(r_M) = 0{,}50 \cdot 0{,}10 + 0{,}50 \cdot 0{,}05 = 0{,}075 \approx 7{,}5$ [%]

Analog dem vorangegangenen Schritt sind nun die Varianz und die Kovarianz zu quantifizieren.

$\sigma^2(r_M) \quad = \quad 0{,}50 \cdot (0{,}10 - 0{,}075)^2 + 0{,}50 \cdot (0{,}05 - 0{,}075)^2 = 0{,}000625$

$\sigma(Z_2,r_M) \quad = \quad 0{,}50 \cdot 286{,}68 \cdot 0{,}10 + 0{,}50 \cdot 266{,}68 \cdot 0{,}05 - 276{,}68 \cdot 0{,}075 = 0{,}25$

Somit ergibt sich ein Kapitalwert von

$$PV = -100 + \frac{276{,}68 - (0{,}075 - 0{,}07) \cdot \frac{0{,}25}{0{,}000625}}{1{,}07} = 156{,}71 \text{ [GE]}$$

Die Sachinvestition ist lohnend, da diese eine höhere Rendite als eine entsprechende Wertpapieranlage mit gleichem systematischem Risiko erwirtschaftet.

Literaturhinweise

ADAM, D.: Investitionscontrolling, 3. Auflage, München/Wien 2000.

VAN AUBEL, P., RIDDERMANN, F.: Kapitalmarkttheoriegestütztes Portfoliomanagement: Ein Tag aus dem Leben eines Fondsmanagers, in; *BURCHERT, H., HERING, TH.*: Betriebliche Finanzwirtschaft – Aufgaben und Lösungen, München/Wien 1999, S. 137–146.

HERING, TH.: Investitionstheorie aus der Sicht des Zinses, Wiesbaden 1995.

HERING, TH.: Finanzwirtschaftliche Unternehmensbewertung, Wiesbaden 1999.

KRUSCHWITZ, L.: Finanzierung und Investition, 2. Auflage, München/Wien 1999.

KRUSCHWITZ, L., SCHÖBEL, R.: Die Beurteilung riskanter Investitionen und das Capital Asset Pricing Modell (CAPM), in: Wirtschaftswissenschaftliches Studium, 1991, Nr. 2, S. 67–72.

LINTNER, J.: The Valuation of Risk Assets and the Selection of Risky Investments in Stock Portfolios and Capital Budgets, in: The Review of Economics and Statistics, 1965, S. 13–37.

MOSSIN, J.: Equilibrium in a Capital Asset Market, in: Econometrica, 1966, S. 768–783.

PERRIDON, L., STEINER, M.: Finanzwirtschaft der Unternehmung, 10. Auflage, München 1999.

SCHNEIDER, D.: Investition, Finanzierung und Besteuerung, 7. Auflage, Wiesbaden 1992.

SHARPE, W.F.: Capital Asset Pricing: A Theory of Equilibrium under Conditions of Risk, in: Journal of Finance, 1964, S. 425–442.

STEINER, M., BRUNS, CH.: Wertpapiermanagement, 7. Auflage, Stuttgart 2000.

STEINER, M., WALLMEIER, M.: Lineare Rendite-Risiko-Beziehung von Finanztiteln und das CAPM, in: Das Wirtschaftsstudium, 1999, S. 704–710.

SÜCHTING, J.: Finanzmanagement – Theorie und Politik der Unternehmensfinanzierung, 6. Auflage, Wiesbaden 1995.

UHLIR, H., STEINER, P.: Wertpapieranalyse, 3. Auflage, Heidelberg 1994.

5 Finanzanalyse und Finanzplanung

„Die Konten reden, die Bilanzen schweigen."

HELMAR NAHR

Finanzanalyse mit Hilfe der Kapitalflußrechnung

Aufgabe 1

Erläutern Sie, was unter einer Kapitalflußrechnung zu verstehen ist.

Aufgabe 2

Was ist unter einer derivativen Kapitalflußrechnung zu verstehen? Stellen Sie die Vorgehensweise zur Erstellung einer derivativen zweiteiligen Kapitalflußrechnung unter der Annahme grafisch dar, daß die Fondsausgliederung erst im Anschluß an die Saldierung der zahlungsunwirksamen Posten erfolgt, und erläutern Sie in diesem Zusammenhang die Begriffe „Beständedifferenzenbilanz", „Veränderungsbilanz", „Bewegungsbilanz" und „Fondsnachweisrechnung".

Aufgabe 3

Verdeutlichen Sie tabellarisch die unterschiedlichen Fondstypen, und erläutern Sie kurz allgemein die Eignung dieser Fonds zur Beurteilung der Liquiditätsentwicklung.

Aufgabe 4

Verdeutlichen Sie kurz das Kennzahlensystem der Kapitalflußrechnung, und stellen Sie anschließend tabellarisch die Bestandteile der unterschiedlichen Segmente einer Kapitalflußrechnung dar. Gehen Sie bei Ihren Ausführungen davon aus, daß im Umsatzbereich lediglich die Vorgehensweise bei Vorliegen des Gesamtkostenverfahrens darzustellen ist.

Aufgabe 5

Gegeben seien die folgende Gewinn- und Verlustrechnung für t = 1 sowie die Stichtagsbilanzen für t = 0 und t = 1 (in Euro):

1. Umsatzerlöse	96.025.000
2. Bestandsveränderungen an Erzeugnissen	175.000
3. Andere aktivierte Eigenleistungen	100.000
4. Sonstige betriebliche Erträge	1.680.000
5. Aufwendungen für Material und sonstige Herstellungsleistungen	
a) Materialaufwand für Roh-, Hilfs- und Betriebsstoffe	– 46.200.000
b) Aufwendungen für bezogene Leistungen	– 1.050.000
6. Personalaufwand	
a) Löhne	– 11.812.500
b) Gehälter	– 14.437.500
c) Sozialabgaben	– 3.540.000
d) Altersversorgung	– 2.760.000
7. Abschreibungen auf Sachanlagen	– 1.000.000
8. Sonstige betriebliche Aufwendungen	
a) Sonstige Steuern	– 630.000
b) Übrige	– 12.600.000
9. Zwischensumme	3.950.000
10. Erträge aus Beteiligungen	2.310.000
11. Sonstige Zinsen und ähnliche Erträge	1.050.000
12. Zinsen und ähnliche Aufwendungen	– 700.000
13. Ergebnis der gewöhnlichen Geschäftstätigkeit	6.610.000
14. Steuern vom Einkommen und Ertrag	– 2.520.000
15. Jahresüberschuß	4.090.000
16. Einstellungen in die Gewinnrücklagen	– 590.000
17. Gewinnvortrag aus dem Vorjahr	500.000
18. Bilanzgewinn	4.000.000

Tab. 55: Gewinn- und Verlustrechnung für t = 1

Aktiva	(in Euro)
A. Anlagevermögen	
I. Immaterielle Vermögensgegenstände	174.800
II. Sachanlagen	
1. Grundstücke	3.430.000
2. Technische Anlagen und Maschinen	2.450.000
3. Andere Anlagen, Betriebs- und Geschäftsausstattung	665.000
4. Geleistete Anzahlungen für Anlagen und Anlagen im Bau	
a) Anlagen im Bau	80.000
III. Finanzanlagen	
1. Anteile an verbundenen Unternehmen	2.800.000
2. Beteiligungen	371.000
B. Umlaufvermögen	
I. Vorräte	
1. Roh, Hilfs- und Betriebsstoffe	2.310.000
2. Unfertige Erzeugnisse	6.300.000
3. Fertige Erzeugnisse und Waren	231.000
II. Forderungen und sonstige Vermögensgegenstände	
1. Forderungen aus Lieferungen und Leistungen	11.550.000
2. Forderungen gegenüber verbundenen Unternehmen	9.800.000
3. Forderungen gegenüber beteiligten Unternehmen	1.400.000
4. Sonstige Vermögensgegenstände und Forderungen	1.610.000
III. Wertpapiere	1.750.000
IV. Kassenbestand, Schecks, Guthaben	5.600.000
C. Rechnungsabgrenzungsposten	175.000
	50.696.800

Tab. 56: Aktivseite der Bilanz für t = 0

Passiva	(in Euro)
A. Eigenkapital	
I. Grundkapital	11.944.800
II. Kapitalrücklage	1.190.000
III. Gewinnrücklage	1.610.000
IV. Bilanzgewinn	2.450.000
B. Rückstellungen	
I. Rückstellungen für Pensionen	3.632.000
II. Steuerrückstellungen	1.610.000
III. Sonstige Rückstellungen	15.050.000
C. Verbindlichkeiten	
I. Verbindlichkeiten gegenüber Kreditinstituten	630.000
II. Erhaltene Anzahlungen auf Bestellungen	2.660.000
III. Verbindlichkeiten aus Lieferungen und Leistungen	2.860.000
IV. Verbindlichkeiten gegenüber verbundenen Unternehmen	1.810.000
V. Sonstige Verbindlichkeiten	5.100.000
D. Rechnungsabgrenzungsposten	150.000
	50.696.800

Tab. 57: Passivseite der Bilanz für t = 0

Aktiva	(in Euro)
A. Anlagevermögen	
I. Immaterielle Vermögensgegenstände	168.000
II. Sachanlagen	
1. Grundstücke	3.080.000
2. Technische Anlagen und Maschinen	2.100.000
3. Andere Anlagen, Betriebs- und Geschäftsausstattung	910.000
4. Geleistete Anzahlungen für Anlagen und Anlagen im Bau	
a) Anlagen im Bau	200.000
III. Finanzanlagen	
1. Anteile an verbundenen Unternehmen	2.800.000
2. Beteiligungen	400.000
B. Umlaufvermögen	
I. Vorräte	
1. Roh, Hilfs- und Betriebsstoffe	1.750.000
2. Unfertige Erzeugnisse	6.650.000
3. Fertige Erzeugnisse und Waren	990.000
II. Forderungen und sonstige Vermögensgegenstände	
1. Forderungen aus Lieferungen und Leistungen	19.600.000
2. Forderungen gegenüber verbundenen Unternehmen	14.000.000
3. Forderungen gegenüber beteiligten Unternehmen	1.050.000
4. Sonstige Vermögensgegenstände und Forderungen	700.000
III. Wertpapiere	2.000.000
IV. Kassenbestand, Schecks, Guthaben	8.000.000
C. Rechnungsabgrenzungsposten	500.000
	64.898.000

Tab. 58: Aktivseite der Bilanz für t = 1

Passiva	(in Euro)
A. Eigenkapital	
I. Grundkapital	11.944.800
II. Kapitalrücklage	1.190.000
III. Gewinnrücklage	2.200.000
IV. Bilanzgewinn (davon Gewinnvortrag 5.000)	4.000.000
B. Rückstellungen	
I. Rückstellungen für Pensionen	3.800.000
II. Steuerrückstellungen	3.000.000
III. Sonstige Rückstellungen	18.000.000
C. Verbindlichkeiten	
I. Verbindlichkeiten gegenüber Kreditinstituten	1.000.000
II. Erhaltene Anzahlungen auf Bestellungen	6.463.200
III. Verbindlichkeiten aus Lieferungen und Leistungen	4.400.000
IV. Verbindlichkeiten gegenüber verbundenen Unternehmen	1.700.000
V. Sonstige Verbindlichkeiten	6.900.000
D. Rechnungsabgrenzungsposten	300.000
	64.898.000

Tab. 59: Passivseite der Bilanz für t = 1

Folgende weitere Angaben gilt es zu berücksichtigen:

	t = 0	t = 1
Forderungen aus Lieferungen und Leistungen mit einer Restlaufzeit > 1 Jahr	2.000.000	3.000.000
Verbindlichkeiten gegenüber Kreditinstituten mit einer Restlaufzeit > 1 Jahr	126.000	800.000
Verbindlichkeiten aus Lieferungen und Leistungen mit einer Restlaufzeit > 1 Jahr	0	1.000.000
Verbindlichkeiten gegenüber verbundenen Unternehmen mit einer Restlaufzeit > 1 Jahr	1.810.000	1.700.000
Sonstige Verbindlichkeiten mit einer Restlaufzeit > 1 Jahr	2.500.000	1.500.000

Tab. 60: Veränderung der Verbindlichkeiten

Forderungen und Verbindlichkeiten, zu denen keine dezidierten Angaben hinsichtlich ihrer Fristigkeit vorliegen, sind als kurzfristige Positionen anzusehen. Berechnen Sie die betrieblichen Netto-Einnahmen bzw. -Ausgaben, die Netto-Investitionsausgaben bzw. Netto-Investitionseinnahmen, den Außenfinanzierungssaldo sowie die Fondsveränderung, wenn der Fonds „bald netto verfügbarer Mittel“ ausgegliedert wird.

Aufgabe 6

Beurteilen Sie die Kapitalflußrechnung in Hinblick auf ihre Eignung für eine objektive Analyse der finanzwirtschaftlichen Unternehmenslage.

Lösungen

Aufgabe 1

Während die *Bilanz* eine *zeitpunktbezogene Betrachtung von Vermögen und Kapital* vornimmt, stellt die *Kapitalflußrechnung* im Rahmen einer *zeitraumbezogenen Liquiditätsrechnung* die *Finanzmittelherkunft* der *Finanzmittelverwendung* gegenüber. Durch den Vergleich der Zuflüsse an Geld und anderen liquiden Mitteln mit den Abflüssen für Investitionen bzw. für die Tilgung und die Verzinsung von Fremdkapital sowie für die Rückzahlung des Eigenkapitals wird eine objektive Betrachtung der gegenwärtigen und zukünftigen Finanzlage des Unternehmens angestrebt. Im Unterschied zur Gewinn- und Verlustrechnung (GuV), die ebenfalls eine Zeitraumbetrachtung darstellt, werden im Rahmen einer *Kapitalflußrechung* nicht nur *erfolgswirksame*, sondern auch *erfolgsunwirksame Vorgänge* (z.B. Aktivtausch) erfaßt.

Aufgabe 2

Derivative Kapitalflußrechnungen werden aus den jeweiligen Jahresabschlußdaten zweier Stichtagsbilanzen retrospektiv abgeleitet. Im Gegensatz zur originären Kapitalflußrechnung, die auf den Kontenumsätzen der Liquiditätsbestände basiert, stellt die derivative Kapitalflußrechnung keine objektiv reine zahlungsstromorientierte Betrachtung dar. So sind z.B. Erträge aus dem Abgang von Vermögensgegenständen zahlungswirksam, Erträge aus der Herabsetzung von Pauschalwertberichtigung jedoch nicht.

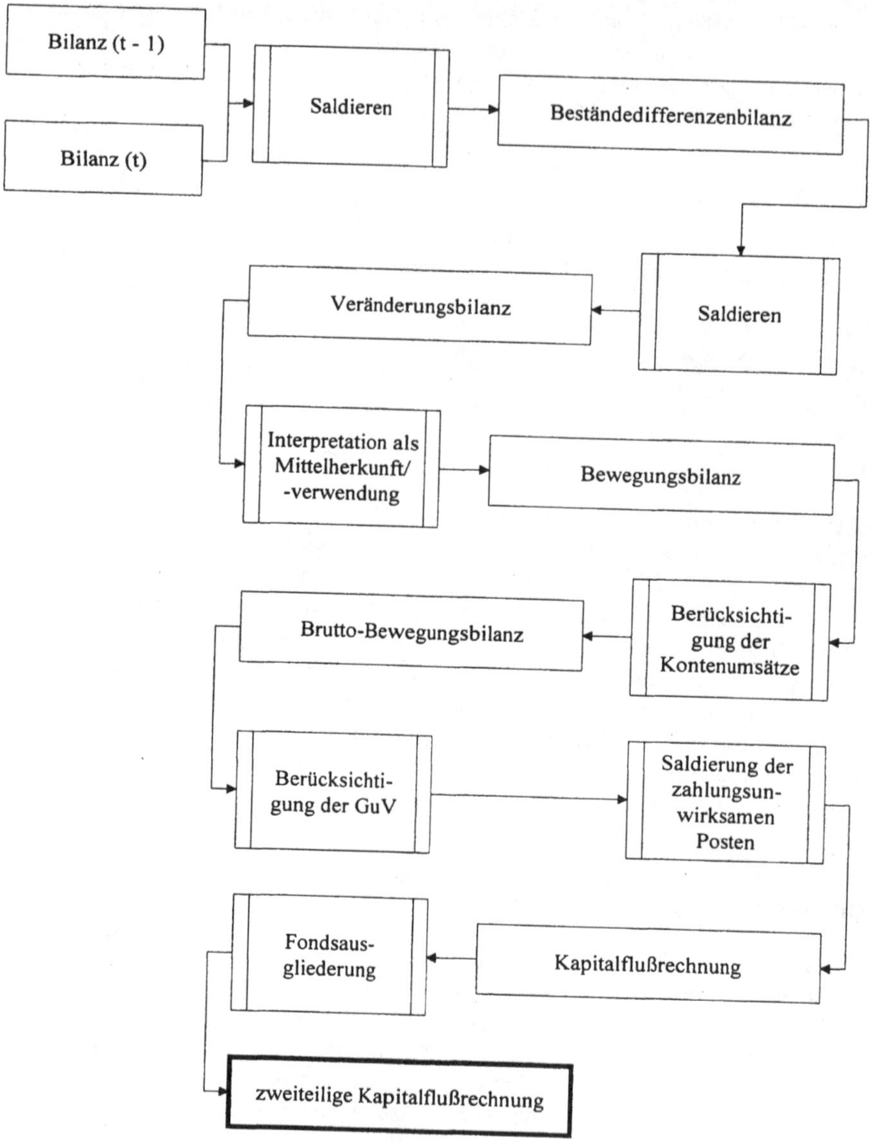

Abb. 48: Erstellung einer Kapitalflußrechnung

Die *Beständedifferenzenbilanz* wird durch die Saldierung der Bestände zweier Stichtagsbilanzen gebildet und ist die Grundlage für die Erstellung einer externen derivativen Kapitalflußrechnung. Sie weist das gleiche Gliederungsschema wie die zugrundeliegenden Stichtagsbilanzen auf. Die Veränderungen der Bilanzposten werden durch das entsprechende Vorzeichen verdeutlicht.

Beständedifferenzenbilanz	
Aktivmehrung A^+ Aktivminderung A^-	Passivmehrung P^+ Passivminderung P^-
Veränderung der Bilanzsumme	Veränderung der Bilanzsumme

Tab. 61: Beständedifferenzenbilanz

Die *Veränderungsbilanz* wird durch die *Umordnung der Bilanzpostenveränderungen* aufgestellt:

$A^+ + P^- = P^+ + A^-$

Veränderungsbilanz	
Aktivmehrung A^+ Passivminderung P^-	Passivmehrung P^+ Aktivminderung A^-
Summe der Beständedifferenzen	Summe der Beständedifferenzen

Tab. 62: Veränderungsbilanz

Durch die *Interpretation der Aktivmehrung* und der *Passivminderung* als *Mittelverwendung* und der *Passivmehrung* und der *Aktivminderung* als *Mittelherkunft* wird die *Veränderungsbilanz* in die die finanzwirtschaftlichen Vorgänge ausweisende *Bewegungsbilanz* transformiert:

Mittelverwendung — Bewegungsbilanz	Mittelherkunft
Aktivmehrung A^+ Passivminderung P^-	Passivmehrung P^+ Aktivminderung A^-
Summe der Beständedifferenzen	Summe der Beständedifferenzen

Tab. 63: Bewegungsbilanz

Werden die Kontenumsätze in die Kapitalflußrechnung integriert, wird die Bewegungsbilanz zu einer Bruttorechnung erweitert. Durch den Ausweis unsaldierter Umsätze wird die bisher statische Kapitalflußrechnung in eine Stromgrößenrechnung umgewandelt, da der bisherige Ausweis der Bestandsveränderungen der Bilanzpositionen durch die sie verursachenden Kontenumsätze ersetzt wird. Dabei stellen *Soll-*

Umsätze auf Bestandskonten die *Mittelverwendung* und *Haben-Umsätze* auf Bestandskonten die *Mittelherkunft* dar.

Werden Gewinn oder Gewinnveränderung durch Erträge und Aufwendungen der Gewinn- und Verlustrechnung ersetzt, so stellen die *Aufwendungen* aus der Gewinn- und Verlustrechnung die *Mittelverwendung* und die *Erträge* die *Mittelherkunft* dar.

Der *Liquiditätsbestand* wird in der Kapitalflußrechnung als *Fonds* bezeichnet, wobei ein Fonds eine Zusammenfassung von ausgewählten Aktiv- und Passivkonten darstellt, für die die Kapitalzugänge und die Kapitalabgänge offengelegt werden sollen.

Die Ausgliederung des Fonds aus der Kapitalflußrechung stellt zunächst einmal nur eine Umgliederung von der einteiligen zur zweiteiligen Kapitalflußrechnung dar. Entsprechend der Ausgliederung des Fonds differenzieren sich die Bilanzkonten in Fondskonten (A_f = aktive Fondskonten; P_f = passive Fondskonten) und in Gegenbestandskonten (A_g = aktive Gegenbestandskonten; P_g = passive Gegenbestandskonten).

Gegenbestandsänderung	
Fondsmittel-verwendung	Fondsmittel-quelle
A_g^+ P_g^-	A_g^- P_g^+
Saldo Fondsmittel-zunahme	

Fondsnachweisrechnung	
Zuflüsse zum Fonds	Abflüsse aus dem Fonds
A_f^+ P_f^-	A_f^- P_f^+
	Saldo Fondsmittel-zunahme

Tab. 64: Gegenbestandsänderung und Fondsnachweisrechnung

Fondsnachweisrechnung (Liquiditätsnachweisrechnung):

$$\Delta F = \underbrace{A_f^+ - P_f^-}_{\text{Fondszuflüsse}} - \underbrace{\left(A_f^- + P_f^+\right)}_{\text{Fondsabflüsse}}$$

Gegenbestandsrechnung (Kapitalflußrechnung):

$$\Delta F = \underbrace{A_g^- - P_g^+}_{\text{Fondszuflüsse}} - \underbrace{\left(A_g^+ + P_g^-\right)}_{\text{Fondsabflüsse}}$$

Es wird deutlich, daß die Fondsrechnung nicht nur eine absolute Zu- oder Abnahme des Fonds offenlegen kann, sondern darüber hinaus auch Veränderungen in der Struktur der Fondskonten expliziert. Zudem lassen sich die Quellen der Fondsmittelzunahme und die Verwendung der aus dem Fonds abgeflossenen Mittel aufzeigen. Insofern verfolgt die Fondsnachweisrechnung das Ziel, die Fondsveränderung darzustellen und zu erklären, um die Liquiditätssituation anhand der Segmente „Umsatzbereich", „Anlagenbereich" und „Kapitalbereich" zu beurteilen.

Fondsänderungsnachweis	Ursachenrechnung
Geldbereich Kurzfristige Forderungen	Umsatzbereich: Einnahmen und Ausgaben aus laufender Geschäftstätigkeit, aus Produktions- und Umsatzprozeß
Wertpapiere Liquide Mittel	Anlagenbereich: Einnahmen und Ausgaben aus Investitionen und Desinvestitionen
Kurzfristige Verbindlichkeiten	Kapitalbereich: Einnahmen und Ausgaben aus Außenfinanzierungsvorgängen im Eigen- und Fremdkapital

Tab. 65: Fondsrechnung und Ursachenrechnung

Aufgabe 3

Zu den vier wesentlichen Fondstypen zählen:

	Geldfonds	Fonds der flüssigen Mittel	Fonds bald netto verfügbar	Fonds des Reinumlaufvermögens
+ Kasse, Bank, Postscheckguthaben	X	X	X	X
+ leicht veräußerbare Wertpapiere	0	X	X	X
+ kurzfr. Forderungen und sonstige Vermögensgegenstände ≤ 1 Jahr	0	0	X	X
+ Vorräte	0	0	0	X
+ aktive RAP	0	0	0	X
– kurzfr. Verbindlichkeiten ≤ 1 Jahr	0	0	X	X
– kurzfr. Rückstellungen	0	0	X	X
– passivische RAP	0	0	0	X

Tab. 66: Fondstypen

Ziel der Kapitalflußrechnung ist es, eine möglichst objektive, d.h. bewertungsunabhängige Abbildung der Liquiditätsströme vorzunehmen.

Grundsätzlich besteht das Problem der Fondsauswahl darin, daß weitgefaßte Fonds in der Regel stärker bilanzpolitischen Maßnahmen unterliegen, als dies bei enggefaßten Fonds der Fall ist. Beispielsweise können Forderungen uneinbringlich werden. In diesem Fall suggeriert die Kapitalflußrechnung im Jahr der Entstehung einen Mittelzufluß. Wird später ein geringerer Bilanzansatz gewählt, so wird dies als Mittelabfluß interpretiert.

Aufgabe 4

Struktur und Kennzahlensystem der Kapitalflußrechnung:

Umsatzbereich	
*	Laufende Betriebseinnahmen
–	Laufende Betriebsausgaben
	= Betriebliche Netto-Einnahmen

Anlagenbereich	
*	Ausgaben für Investitionen
–	Einnahmen aus Desinvestitionen
	= Netto-Investitionsausgaben

*	Betriebliche Netto-Einnahmen
–	Netto-Investitionsausgaben
	= Finanzbedarf/-überschuß

Kapitalbereich (Veränderung)	
*	Eigenfinanzierung
*	Fremdfinanzierung
	= Außenfinanzierung

*	Finanzbedarf/-überschuß
+/–	Außenfinanzierung
	= Veränderung im Geldbereich

Tab. 67: Kennzahlensystem der Kapitalflußrechnung, Teil I

Geldbereich (Fondsänderungsnachweis)
Kurzfristige Forderungen und Verbindlichkeiten, Wertpapiere, flüssige Mittel

Verrechnungsbereich
Gewinnthesaurierung, Sonderposten mit Rückanteil

Tab. 68: Kennzahlensystem der Kapitalflußrechnung, Teil II

Der *Umsatzbereich* nimmt die *Betriebseinnahmen und -ausgaben* auf. Im *Anlagebereich* sind die *Investitions- und Desinvestitionsvorgänge* dargestellt. Die Gegenüberstellung der *Netto-Einnahmen* und *-Ausgaben* ergibt den *Finanzbedarf.* Im *Kapitalbereich* werden *Außenfinanzierungsmaßnahmen* erfaßt. Demgegenüber beinhaltet der *Geldbereich* Änderungen der *Fondsmittel.* Der *Verrechnungsbereich* erfaßt die *fondsunwirksamen Positionen.*

Auf den nachfolgenden Seiten werden die Segmente einer Kapitalflußrechnung tabellarisch dargestellt.

Umsatzbereich	Kapitalfluß MV	MH
Erlöse		
Umsatzerlöse		X
Erhaltene Anzahlungen	Abnahme	Zunahme
Langfristige Forderungen >1 Jahr	Zunahme	Abnahme
Materialausgaben		
Materialaufwendungen	X	
RHB	Zunahme	Abnahme
Unfertige Erzeugnisse	Zunahme	Abnahme
Fertigerzeugnisse, Waren	Zunahme	Abnahme
Bestandsveränderungen GuV	Abnahme	Zunahme
Langfr. Verbindl. aus LuL.	Abnahme	Zunahme
Geleistete Anzahlungen	Zunahme	Abnahme
Personalausgaben		
Pensionsrückstellungen	Abnahme	Zunahme
Altersversorgung	X	
Soziale Abgaben	X	
Löhne und Gehälter	X	
Beteiligungsergebnis	Aufwand	Ertrag
Zinsergebnis	Aufwand	Ertrag
Sonstiger betrieblicher Ertrag		X
Sonstiger betrieblicher Aufwand	X	
Sonstige Rückstellungen	Abnahme	Zunahme
Steuerausgaben		
Steuerrückstellung	Abnahme	Zunahme
Steuern von Einkommen und Ertrag	X	
Sonstige Steuern	X	
Aktive RAP	Zunahme	Abnahme
Abnahme des Damnum	X	
Passive RAP	Abnahme	Zunahme
Aktivierte Eigenleistungen	– X	

Tab. 69: Umsatzbereich

Als Ergebnis werden die *betrieblichen Netto-Einnahmen*, die zur Deckung der betrieblichen Netto-Investitionsausgaben bzw. zur Schuldentilgung und Dividendenzahlung dienen, als Maßstab für den Innenfinanzierungsspielraum ausgewiesen. Im Anlagebereich werden die Investitions- und Desinvestitionsvorgänge sowie die Aufwendungen für die Ingangsetzung und Erweiterung des Geschäftsbetriebes erfaßt. Diese Vorgänge sind als Aktionsparameter zur Erzielung späterer Einnahmeüberschüsse zu verstehen und können auf zwei Arten dargestellt werden.

a) Aus Bilanzveränderungen und GuV:
Hier werden die Netto-Investitionsausgaben indirekt durch Korrektur der Bestandsveränderungen des Anlagevermögens mittels Einbeziehung der aus dem Anlagengitter ersichtlichen fondsneutralen Ab- und Zuschreibungen berechnet.

Anlagebereich	Kapitalfluß	
	MV	MH
Bestandsminderung Anlagevermögen		X
Bestandsmehrung Anlagevermögen	X	
Zuschreibungen		X
Abschreibungen	X	
Umbuchungen (Zunahme)		X
Umbuchungen (Abnahme)	X	
Gewinne aus Anlageabgang		X
Verluste aus Anlageabgang	X	

Tab. 70: Anlagebereich, Teil I

b) Die Finanzströme sind jedoch besser erkennbar, wenn auf die im Anlagengitter mit historischen Anschaffungs- und Herstellungskosten enthaltenen Zu- und Abgänge als Informationsquelle zurückgegriffen wird.

Anlagebereich	Kapitalfluß MV	Kapitalfluß MH
Zugänge (AHK)	X	
Abgänge (Restbuchwert)		X
Gewinne aus Anlageabgang		X
Verluste aus Anlageabgang	X	

Tab. 71: Anlagebereich, Teil II

Als Ergebnis wird der Finanzbedarf/-überschuß ausgewiesen. Anschließend sind im Kapitalbereich die Veränderungen des Eigen- und des Fremdkapitals abzubilden.

Kapitalbereich	Kapitalfluß MV	Kapitalfluß MH
Eigenfinanzierung		
Ausschüttung Bilanzgewinn Vorjahr	X	
Kapitalerhöhung		
Zunahme gezeichnetes Kapital		X
Zunahme Kapitalrücklage (Agio)		X
Fremdfinanzierung		
Veränderung langfr. Verbindlichkeiten	Abnahme	Zunahme
Zunahme des Damnums	X	

Tab. 72: Kapitalbereich

Im Geldbereich werden die Änderungen der Fondsmittel erfaßt.

Geldbereich (Fondsänderungsnachweis)	Kapitalfluß MV	Kapitalfluß MH
Veränderung aktiver Fondspositionen	Zunahme	Abnahme
Veränderung passiver Fondspositionen	Abnahme	Zunahme

Tab. 73: Geldbereich

Der Verrechnungsbereich nimmt die fondsunwirksamen Positionen auf.

Verrechnungsbereich	Kapitalfluß	
	MV	MH
Gewinnthesaurierung		
Bilanzgewinn		X
Einstellung in die Gewinnrücklagen		X
Thesaurierter Teil	X	
Sonderposten		
Veränderung der Bilanzposten	Abnahme	Zunahme
Einstellungen	X	
Auflösung		X

Tab. 74: Verrechnungsbereich

Aufgabe 5

1. Aufstellen der Beständedifferenzenbilanz

Aktiva	(in Euro)
A. Anlagevermögen	
I. Immaterielle Vermögensgegenstände	– 6.800
II. Sachanlagen	
1. Grundstücke	– 350.000
2. Technische Anlagen und Maschinen	– 350.000
3. Andere Anlagen, Betriebs- und Geschäftsausstattung	+ 245.000
4. Geleistete Anzahlungen für Anlagen und Anlagen im Bau	
a) Anlagen im Bau	+ 120.000
III. Finanzanlagen	
1. Beteiligungen	+ 29.000
B. Umlaufvermögen	
I. Vorräte	
1. Roh, Hilfs- und Betriebsstoffe	– 560.000
2. Unfertige Erzeugnisse	+ 350.000
3. Fertige Erzeugnisse und Waren	+ 759.000
II. Forderungen und sonstige Vermögensgegenstände	
1. Forderungen aus Lieferungen und Leistungen	+ 8.050.000
2. Forderungen gegenüber verbundenen Unternehmen	+ 4.200.000
3. Forderungen gegenüber beteiligten Unternehmen	– 350.000
4. Sonstige Vermögensgegenstände und Forderungen	– 910.000
III. Wertpapiere	+ 250.000
IV. Kassenbestand, Schecks, Guthaben	+ 2.400.000
C. Rechnungsabgrenzungsposten	+ 325.000
	+ 14.201.200

Tab. 75: Aktivseite der Beständedifferenzenbilanz

Passiva	(in Euro)
A. Eigenkapital	
I. Grundkapital	0
II. Kapitalrücklage	0
III. Gewinnrücklage	+ 590.000
IV. Bilanzgewinn (davon Gewinnvortrag 5.000)	+ 1.550.000
B. Rückstellungen	
I. Rückstellungen für Pensionen	+ 168.000
II. Steuerrückstellungen	+ 1.390.000
III. Sonstige Rückstellungen	+ 2.950.000
C. Verbindlichkeiten	
I. Verbindlichkeiten gegenüber Kreditinstituten	+ 370.000
II. Erhaltene Anzahlungen auf Bestellungen	+ 3.803.200
III. Verbindlichkeiten aus Lieferungen und Leistungen	+ 1.540.000
IV. Verbindlichkeiten gegenüber verbundenen Unternehmen	– 110.000
V. Sonstige Verbindlichkeiten	+ 1.800.000
D. Rechnungsabgrenzungsposten	+150.000
	+ 14.201.200

Tab. 76: Passivseite der Beständedifferenzenbilanz

2. Aufstellen der Veränderungsbilanz

Aktiva	(in Euro)
Aktivmehrung A⁺	
A. Anlagevermögen	
II. Sachanlagen	
3. Andere Anlagen, Betriebs- und Geschäftsausstattung	+ 245.000
4. Geleistete Anzahlungen für Anlagen und Anlagen im Bau	
a) Anlagen im Bau	+ 120.000
III. Finanzanlagen	
1. Beteiligungen	+ 29.000
B. Umlaufvermögen	
I. Vorräte	
2. Unfertige Erzeugnisse	+ 350.000
3. Fertige Erzeugnisse und Waren	+ 759.000
II. Forderungen und sonstige Vermögensgegenstände	
1. Forderungen aus Lieferungen und Leistungen	+ 8.050.000
(davon mit einer Restlaufzeit > 1 Jahr)	(+ 1.000.000)
2. Forderungen gegenüber verbundenen Unternehmen	+ 4.200.000
III. Wertpapiere	+ 250.000
IV. Kassenbestand, Schecks, Guthaben	+ 2.400.000
C. Rechnungsabgrenzungsposten	+ 325.000
Passivminderung P⁻	
C. Verbindlichkeiten	
IV. Verbindlichkeiten gegenüber verbundenen Unternehmen	– 110.000
(davon mit einer Restlaufzeit > 1 Jahr)	(– 110.000)
	16.838.000

Tab. 77: Aktivseite der Veränderungsbilanz

Passiva	(in Euro)
Passivmehrung P⁺	
A. Eigenkapital	
III. Gewinnrücklage	+ 590.000
IV. Bilanzgewinn	+ 1.550.000
(davon Gewinnvortrag 500.000)	(+ 500.000)
B. Rückstellungen	
I. Rückstellungen für Pensionen	+ 168.000
II. Steuerrückstellungen	+ 1.390.000
III. Sonstige Rückstellungen	+ 2.950.000
C. Verbindlichkeiten	
I. Verbindlichkeiten gegenüber Kreditinstituten	+ 370.000
(davon mit einer Restlaufzeit > 1 Jahr)	(+ 674.000)
II. Erhaltene Anzahlungen auf Bestellungen	+ 3.803.200
III. Verbindlichkeiten aus Lieferungen und Leistungen	+ 1.540.000
(davon mit einer Restlaufzeit > 1 Jahr)	(+ 1.000.000)
V. Sonstige Verbindlichkeiten	+ 1.800.000
(davon mit einer Restlaufzeit > 1 Jahr)	(– 1.000.000)
D. Rechnungsabgrenzungsposten	+150.000
Aktivminderung A⁻	
A. Anlagevermögen	
I. Immaterielle Vermögensgegenstände	– 6.800
II. Sachanlagen	
1. Grundstücke	– 350.000
2. Technische Anlagen und Maschinen	– 350.000
B. Umlaufvermögen	
I. Vorräte	
1. Roh-, Hilfs- und Betriebsstoffe	– 560.000
II. Forderungen und sonstige Vermögensgegenstände	
3. Forderungen gegenüber beteiligten Unternehmen	– 350.000
4. Sonstige Vermögensgegenstände und Forderungen	– 910.000
	16.838.000

Tab. 78: Passivseite der Veränderungsbilanz

3. Interpretation der Veränderungsbilanz als Bewegungsbilanz

Mittelverwendung	(in Euro)
Aktivmehrung A^+	
A. Anlagevermögen	
II. Sachanlagen	
3. Andere Anlagen, Betriebs- und Geschäftsausstattung	+ 245.000
4. Geleistete Anzahlungen für Anlagen und Anlagen im Bau	
a) Anlagen im Bau	+ 120.000
III. Finanzanlagen	
1. Anteile an verbundenen Unternehmen	
2. Beteiligungen	+ 29.000
B. Umlaufvermögen	
I. Vorräte	
2. Unfertige Erzeugnisse	+ 350.000
3. Fertige Erzeugnisse und Waren	+ 759.000
II. Forderungen und sonstige Vermögensgegenstände	
1. Forderungen aus Lieferungen und Leistungen	+ 8.050.000
(davon mit einer Restlaufzeit > 1 Jahr)	(+ 1.000.000)
2. Forderungen gegenüber verbundenen Unternehmen	+ 4.200.000
III. Wertpapiere	+ 250.000
IV. Kassenbestand, Schecks, Guthaben	+ 2.400.000
C. Rechnungsabgrenzungsposten	+ 325.000
Passivminderung P^-	
C. Verbindlichkeiten	
IV. Verbindlichkeiten gegenüber verbundenen Unternehmen	− 110.000
(davon mit einer Restlaufzeit > 1 Jahr)	(− 110.000)
	16.838.000

Tab. 79: Aktivseite der Bewegungsbilanz

Mittelherkunft	(in Euro)
Passivmehrung P^+	
A. Eigenkapital	
III. Gewinnrücklage	+ 590.000
IV. Bilanzgewinn	+ 1.550.000
(davon Gewinnvortrag 500.000)	(+ 500.000)
B. Rückstellungen	
I. Rückstellungen für Pensionen	+ 168.000
II. Steuerrückstellungen	+ 1.390.000
III. Sonstige Rückstellungen	+ 2.950.000
C. Verbindlichkeiten	
I. Verbindlichkeiten gegenüber Kreditinstituten	+ 370.000
(davon mit einer Restlaufzeit > 1 Jahr)	(+ 674.000)
II. Erhaltene Anzahlungen auf Bestellungen	+ 3.803.200
III. Verbindlichkeiten aus Lieferungen und Leistungen	+ 1.540.000
(davon mit einer Restlaufzeit > 1 Jahr)	(+ 1.000.000)
V. Sonstige Verbindlichkeiten	+ 1.800.000
(davon mit einer Restlaufzeit > 1 Jahr)	(– 1.000.000)
D. Rechnungsabgrenzungsposten	+150.000
Aktivminderung A^-	
A. Anlagevermögen	
I. Immaterielle Vermögensgegenstände	– 6.800
II. Sachanlagen	
1. Grundstücke	– 350.000
2. Technische Anlagen und Maschinen	– 350.000
B. Umlaufvermögen	
I. Vorräte	
1. Roh-, Hilfs- und Betriebsstoffe	– 560.000
II. Forderungen und sonstige Vermögensgegenstände	
3. Forderungen gegenüber beteiligten Unternehmen	– 350.000
4. Sonstige Vermögensgegenstände und Forderungen	– 910.000
	16.838.000

Tab. 80: Passivseite der Bewegungsbilanz

4. Ermittlung der betrieblichen Netto-Einnahmen bzw. -Ausgaben

Umsatzbereich	Kapitalfluß	
	MV	MH
Erlöse		
Umsatzerlöse		96.025.000
Erhaltene Anzahlungen	Fondsbestandteil	Fondsbestandteil
Langfristige Forderungen >1 Jahr	1.000.000	
Materialausgaben		
Materialaufwendungen	47.250.000	
RHB		560.000
Unfertige Erzeugnisse	350.000	
Fertigerzeugnisse, Waren	759.000	
Bestandsveränderungen GuV		175.000
Langfr. Verbindl. aus LuL.		890.000
Personalausgaben		
Pensionsrückstellungen		168.000
Altersversorgung	2.760.000	
Soziale Abgaben	3.540.000	
Löhne und Gehälter	26.250.000	
Beteiligungsergebnis		2.310.000
Zinsergebnis		350.000
Sonstiger betrieblicher Ertrag		1.680.000
Sonstiger betrieblicher Aufwand	12.600.000	
Sonstige Rückstellungen		2.950.000
Steuerausgaben		
Steuerrückstellung		1.390.000
Steuern vom Einkommen und Ertrag	2.520.000	
Sonstige Steuern	630.000	
Aktive RAP	325.000	
Passive RAP		150.000
Aktivierte Eigenleistungen		100.000
	97.984.000	106.748.000
Betriebliche Netto-Einnahmen		8.764.000

Tab. 81: Beispielhafter Umsatzbereich

Lösungshinweise:

- Der Wert der langfristigen Verbindlichkeiten aus Lieferungen und Leistungen ergibt sich einschließlich der Verbindlichkeiten gegenüber verbundenen Unternehmen.
- Das Zinsergebnis ergibt sich durch die Saldierung von Zinserträgen und Zinsaufwendungen.

5. Ermittlung der Netto-Investitionsausgaben bzw. -einnahmen

Anlagebereich	Kapitalfluß MV	Kapitalfluß MH
Bestandsminderung Anlagevermögen		706.800
Bestandsmehrung Anlagevermögen	394.000	
Zuschreibungen		
Abschreibungen	1.000.000	
Umbuchungen (Zunahme)		
Umbuchungen (Abnahme)		
Gewinne aus Anlageabgang		
Verluste aus Anlageabgang		
	1.394.000	706.800
Netto-Investitionsausgaben	687.200	

Tab. 82: Beispielhafter Anlagebereich

6. Ermittlung des Finanzbedarfs bzw. -überschusses

Finanzbedarf/-überschuß = Betriebliche Netto-Einnahmen
– Netto-Investitionsausgaben

Hier:

Finanzüberschuß = 8.764.000 – 687.200 = 8.076.800 [€]

7. Ermittlung des Außenfinanzierungsvolumens

Kapitalbereich	Kapitalfluß	
	MV	MH
Eigenfinanzierung		
Ausschüttung Bilanzgewinn Vorjahr	2.450.000	
Gewinnvortrag		500.000
Kapitalerhöhung		
Zunahme gezeichnetes Kapital		
Zunahme Kapitalrücklage (Agio)		
Fremdfinanzierung		
Veränderung langfr. Verbindlichkeiten	326.000	
Zunahme des Damnums		
	2.776.000	500.000
Außenfinanzierungsabfluß	2.276.000	

Tab. 83: Beispielhafter Kapitalbereich

Lösungshinweise:

- Die Veränderung der langfristigen Verbindlichkeiten ergibt sich durch die Saldierung der Veränderung der Verbindlichkeiten gegenüber Kreditinstituten mit einer Restlaufzeit > 1 Jahr und der Veränderung der sonstigen Verbindlichkeiten mit einer Restlaufzeit > 1 Jahr.

8. Fondsnachweisrechnung

Geldbereich (Fondsänderungsnachweis)	Kapitalfluß	
	MV	MH
Forderungen und sonstige Vermögensgegenstände	9.990.000	
Wertpapiere	250.000	
Kassenbestand, Schecks, Guthaben	2.400.000	
Verbindlichkeiten gegenüber Kreditinstituten	304.000	
Verbindlichkeiten aus Lieferungen und Leistungen		540.000
Sonstige Verbindlichkeiten		2.800.000
Erhaltene Anzahlungen		3.803.200
	12.944.000	7.143.200
		5.800.800

Tab. 84: Beispielhafter Geldbereich

Lösungshinweise:

- Der Wert der kurzfristigen Forderungen und sonstigen Vermögensgegenstände ergibt sich aus der Addition der Veränderung der kurzfristigen Forderungen aus Lieferungen und Leistungen, der Veränderung der Forderungen gegenüber verbundenen Unternehmen sowie den Veränderungen der Forderungen gegenüber beteiligten Unternehmen und den Veränderungen der sonstigen Vermögensgegenstände und Forderungen.

Fondsnachweis = 8.076.800 – 2.276.000 = 5.800.800

Aufgabe 6

Mit Hilfe der Kapitalflußrechnung können wesentlich deutlicher als in der Bilanz und in der Gewinn- und Verlustrechnung oder im Rahmen einer Cash-Flow-Analyse Liquiditätsströme offengelegt werden. Ein weiterer Vorteil ist, daß die Finanzströme in einem geschlossenen Kennzahlensystem dargestellt werden. Probleme treten jedoch insbesondere bei der Darstellung der Investitions- und Desinvestitionsvorgänge auf. Aufgrund von Sammelpositionen, wie z.B. „Sonstige betriebliche Erträge“, kommt es zu Verzerrungen zwischen den Kapitalflußrechnungsbereichen und den entsprechenden Kennzahlen. Es wird insbesondere bei der Anwendung der Kapitalflußrechnung deutlich, daß der Grad der bewertungsfreien Abbildung der Liquiditätsströme von dem gewählten Fondstyp abhängt. Selbst der Geldfonds ist möglichen Zu- oder Abschreibungsspielräumen ausgesetzt, wie dies z.B. bei der Existenz von Auslandskonten der Fall sein kann.

Literaturhinweise

AMEN, M.: Erstellung von Kapitalflußrechnungen, München/Wien 1994.

BUSSE VON COLBE, W.: Finanzflußrechnung als Grundlage der Finanzierungsentscheidung, in: *GEBHARDT, G., GERKE, W., STEINER, M. (HRSG.)*: Handbuch des Finanzmanagements, München 1993, S. 25–42.

GRÄFER, H., AMEN, M.: Analyse des Jahresabschlusses, Teil 5: Externe Finanzanalyse mit Hilfe der Kapitalflußrechnung, in: Buchführung, Bilanz, Kostenrechnung, 1992, Nr. 2, S. 77–94.

NADVORNIK, W., FISCHER, R.: Die Kapitalflußrechnung als Instrument der Finanzanalyse, in: *BURCHERT, H., HERING, TH. (HRSG.)*: Betriebliche Finanzwirtschaft – Aufgaben und Lösungen, München/Wien 1999, S. 222–230.

PERRIDON, L., STEINER, M.: Finanzwirtschaft der Unternehmung, 10. Auflage, München 1999.

PFUHL, J.M.: Konzernkapitalflußrechnung, Stuttgart 1994.

Lieber Michael!
Zu Deinem Geburtstag
grobsträhnig-wollige
Grüße
von Deiner
1995

„Eine Bilanz ist die Unzucht in Zahlen.“

UNBEKANNT

Analyse der Vermögens-, Finanz- und Ertragslage mit Hilfe der Fuzzy-Set-Theorie

Aufgabe 1

Erläutern Sie kurz, inwieweit die Vermögens-, Finanz- und Ertragslage eines Unternehmens die wirtschaftliche Situation eines Unternehmens reflektiert.

Aufgabe 2

Erläutern Sie kurz den risikoorientierten Prüfungsansatz sowie die Komponenten des Prüfungsrisikos.

Aufgabe 3

Erläutern Sie kurz die Begriffe „Unsicherheit“, „Unschärfe“ und „Imponderabilien“.

Aufgabe 4

Die Vermögens-, Finanz- und Ertragslage eines Unternehmens soll mit Hilfe eines wissensbasierten Fuzzy-Systems interpretiert werden. Die vereinfachte Struktur der Kriterienhierarchien und die zu berücksichtigenden linguistischen Variablen sowie die generierten Input-Werte (Istwerte) sind der nachfolgenden Tabelle zu entnehmen. Gleiches gilt für die halbtrapezoiden bzw. trapezoiden Zugehörigkeitsfunktionsvorschriften der linguistischen Terme „schlecht“, „mittel“ und „gut“ der linguistischen Variablen über dem dimensionslosen Grundbereich G = [0, 10].

Hierarchieebene 1.	Hierarchieebene 2.	Linguistische Variable	Input-Wert
1.		Vermögenslage	
	2.	Aktiva	6
	2.	Passiva	5
1.		Finanzlage	
	2.	Statische Finanzanalyse	7
	2.	Dynamische Finanzanalyse	6
1.		Ertragslage	
	2.	Rentabilität	8
	2.	Erfolgsspaltung	9

Linguistische Terme der linguistischen Variablen		
schlecht	**mittel**	**gut**
(0, 2, 0, 2)	(4, 5, 2, 2)	(8, 10, 3, 0)

Tab. 85: Beispieldaten für die unscharfe Jahresabschlußanalyse

Als Aggregationsoperator soll der Einfachheit halber der Gamma-Operator ohne Gewichtung verwendet werden; der Kompensationsfaktor Gamma beträgt $\gamma = 0,5$. Plausibilitätsziffern sind nicht zu berücksichtigen. Die jeweils neun Produktionsregeln innerhalb der Kriterienhierarchien „Vermögenslage", „Finanzlage" und „Ertragslage" sind so auszugestalten, daß die möglichen Konklusionen „niedrig", „mittel" und „hoch" jeweils dreimal generiert werden.

a) Erläutern Sie kurz die Grundidee der Fuzzy-Set-Theorie. Wie sind unscharfe Mengen und insbesondere trapezoide Zugehörigkeitsfunktionen definiert, und wie können Zugehörigkeitsfunktionen allgemein miteinander verknüpft werden? Warum kann die Fuzzy-Set-Theorie nicht nur als eine Erweiterung der klassischen Mengenlehre, sondern als Fuzzy-Logik auch als eine Erweiterung der dualen Logik angesehen werden?
b) Ermitteln Sie für die Beispielsituation mathematisch exakt die Zugehörigkeitsgrade zu den unterschiedlichen Klassen der Vermögens-, Finanz- und Ertragslage. Erläutern Sie dabei Ihre Vorgehensweise und insbesondere die generelle Struktur wissensbasierter Fuzzy-Systeme. Stellen Sie zudem die möglichen Kriterienhierarchien für die Vermögens-, Finanz- und Ertragslage nach SCHEFFELS grafisch dar. Ermitteln Sie anschließend die Zugehörigkeit zum integrierenden Meta-Kriterium „Wirtschaftliche Unternehmenslage", das sich aus den Kriterien „Vermögens-", „Finanz-" und „Ertragslage" unter Beachtung des kombinatorischen Kantenproblems im Rahmen des wissensbasierten Fuzzy-Ökonomie-Ökologie-

Technologie-Portfolios bildet. Bestimmen Sie mit Hilfe der Max-Min-Inferenz und des Flächenschwerpunktverfahrens den konkreten Stellwert. Interpretieren Sie das Ergebnis.

Lösung

Aufgabe 1

Nach § 316 Abs. 1 Satz 1 HGB ist bei großen und mittelgroßen Kapitalgesellschaften der Jahresabschluß und der Anhang durch einen Wirtschaftsprüfer zu prüfen. Sind die zu prüfenden Bereiche einwandfrei, so bestätigt der Abschlußprüfer mit dem Wortlaut des § 322 Abs. 1 HGB, daß Buchführung und Jahresabschluß nach pflichtgemäßer Prüfung „*den gesetzlichen Vorschriften entsprechen und der Jahresabschluß unter Beachtung der Grundsätze ordnungsgemäßer Buchführung ein den tatsächlichen Verhältnissen entsprechendes Bild der Vermögens-, Finanz- und Ertragslage vermittelt*". Offensichtlich ist, daß mit Hilfe der Vermögens-, Finanz- und Ertragslagendarstellung nur ein Ausschnitt der wirtschaftlichen Lage eines Unternehmens verdeutlicht werden kann. Die Abbildung der wirtschaftliche Lage soll dabei der aktuellen Situation wie auch der Repräsentation zukünftiger Entwicklungen gerecht werden. So stellt zum Beispiel die Liquiditätssituation eine Begrenzung zukünftiger Handlungsspielräume dar. Zudem soll die wirtschaftliche Lage eines Unternehmens die Gesamtsituation des Unternehmens unter Beachtung sämtlicher relevanter wirtschaftlicher Zielsetzungen widerspiegeln. Da nicht alle unternehmensspezifischen Zielsetzungen sich in den Größen des Rechnungswesens niederschlagen, will der Gesetzgeber zumindest die aus ökonomischer Sicht wesentlichen Zielgrößen berücksichtigt wissen. Während *kurzfristig* die *Zahlungsfähigkeit* des Unternehmens gesichert sein muß, da *Illiquidität* nach § 202 KO zum Konkurs führen kann, besteht das *mittelfristige Ziel* darin, einen angemessenen *Periodenerfolg* auszuweisen. *Langfristig* ist hingegen der Fortbestand des Unternehmens zu sichern. Mit der Darstellung der Vermögens-, Finanz- und Ertragslage versucht der Gesetzgeber die Zielerreichungsgrade offenzulegen. Während die *Finanzlage* die aktuelle und die in näherer Zukunft bestehende *Liquiditätssituation* repräsentiert, können aus der *Ertragslage* Aussagen über den *Periodenerfolg* und dessen zukünftige Entwicklung abgeleitet werden. Die *Vermögenslage* ist das Ex-post-Ergebnis vergangener Zielsetzungen, sie bildet aber vor allem die künftigen *Erfolgspotentiale* ab.

Aufgabe 2

Da die Prüfung aller Geschäftsvorfälle und Bestände im Rahmen der handelsrechtlichen Jahresabschlußprüfung unter wirtschaftlichen Gesichtspunkten in praxi nicht sinnvoll und auch unmöglich ist, besteht das sogenannte *Prüfungsrisiko*. Unter dem

Prüfungsrisiko wird die Gefahr verstanden, daß der Abschlußprüfer wesentliche Fehler oder Falschaussagen im Jahresabschluß nicht entdeckt und somit den Bestätigungsvermerk ungerechtfertigt ausstellt (sogenannter β-Fehler). Gleichsam besteht jedoch die Möglichkeit, daß der Prüfer die Situation falsch einschätzt und dem Unternehmen das Testat fälschlicherweise verweigert (sogenannter α-Fehler). Das Risiko der *Fehleinschätzung* wird als Prüfungsrisiko bezeichnet, wobei sich das Prüfungsrisiko in das *Fehlerrisiko* und in das *Entdeckungsrisiko* ausdifferenzieren läßt. Während Fehler im rechnungslegungsrelevanten Bereich des Informationssystems unter dem Fehlerrisiko subsumiert werden, bildet das Entdeckungsrisiko die Möglichkeit ab, daß der Prüfer diesen Fehler nicht findet. Das Fehlerrisiko kann weiter in das *inhärente Risiko* (Fehler- bzw. Manipulationsanfälligkeit der Jahresabschlußposten) und in das *interne Kontrollrisiko* unterteilt werden. Das interne Kontrollrisiko besteht darin, daß im Rahmen einer *präventiven Kontrolle* fehlerhafte Transaktionen nicht verhindert werden bzw. bei der *detektiven Kontrolle* Fehler oder Manipulationen nicht entdeckt werden. Im Gegensatz dazu wird das Entdeckungsrisiko wesentlich durch die Höhe des *analytischen Risikos*, des *Stichprobenrisikos* und des *sonstigen Testrisikos* determiniert. Das analytische Risiko umfaßt dabei die Möglichkeit, daß Fehler mit Hilfe analytischer Prüfungshandlungen nicht entdeckt werden. Im Gegensatz dazu bildet das Stichprobenrisiko das „Zufallsrisiko" ab, daß ein Prüfer aufgrund einer zufallsgesteuerten Auswahl Fehler nicht entdeckt. Letztendlich umfaßt das sonstige Testrisiko das Restrisiko, welches zum Beispiel darin besteht, daß der Prüfer Ergebnisse falsch interpretiert.

In der *Analysephase* wird der Zeitraum definiert, in dem das Fehlerrisiko mit all seinen Risikokomponenten analysiert wird. Anschließend werden in der *Verifizierungsphase* auf Basis der in der Analysephase gewonnenen Erkenntnisse über das Fehlerrisiko weitere Maßnahmen getroffen, um das verbleibende Entdeckungsrisiko zu reduzieren. Insofern stellt die *risikoorientierte Abschlußprüfung* nicht nur einen Prozeß der *Informationsverarbeitung*, sondern auch der *Informationsgenerierung* dar. Als Vorabinformationen gelten dabei nur Informationenen die es ermöglichen, das Prüfungsrisiko genauer zu beurteilen bzw. weitere Prüfungshandlungen begründet zu initialisieren. Dabei gilt, daß nur durch die Verknüpfung der Vorabinformation mit dem Prüfungsgegenstand die Urteilssicherheit des Prüfers erhöht werden kann. Eine solche Beziehung kann in Form von WENN-DANN-Hypothesen operationalisiert werden, bei der die Vorabinformation die WENN-Komponente darstellt, die mit einem vom Abschlußprüfer aufgestellten Allgemeinsatz zu einer Aussage über den Zustand des Prüfungsobjektes führt. Die Gewinnung von Prüfungsurteilen stellt somit einen *Kreislauf* aus *Erzeugen* und *Testen* von *Hypothesen* über den *Zustand* des *Prüfungsobjektes* dar. Der dargelegte theoretische Zusammenhang sei beispielhaft erläutert. Ist die Anlagenintensität (Anlagevermögen/Umlaufvermögen) gestiegen, so könnte auf eine schlechtere Kapazitätsausnutzung geschlossen werden. Ist jedoch gleichzeitig die Kennzahl „Sachanlagen/Umsatzerlöse" gesunken, so kann vermutet werden, daß es zu keinem Rückgang der Beschäftigung gekommen ist, da entweder bei gleichem Anlageneinsatz der Umsatz ausgedehnt wurde oder der gleiche Umsatz mit weniger Anlagen erzielt werden konnte. Sinkt außerdem die Kennzahl „Vorräte/Umsatzerlöse", läßt sich auf das relative Absinken des Umlaufvermögens schließen, das heißt die Lagerhaltung wurde rationalisiert und der Fertigungsdurchlauf verbessert. Es wird deutlich, daß aus einer Kennzahlenanalyse nur Ergebnisse generiert werden können, wenn die Ist-Ausprägungen einer Kennzahl anhand eines Vergleichsmaßstabes z.B. als „hoch", „durchschnittlich" oder „niedrig" eingestuft werden können.

Aufgabe 3

Während die stochastische Unsicherheit – visualisiert durch Wahrscheinlichkeitsfunktionen – Ereignissen Wahrscheinlichkeiten zuordnet und das Ereignis selbst immer klar definiert ist, bezieht sich die Vagheit auf ein oder mehrere gleichzeitig zu beachtende Attribute eines Merkmals und damit auf die Unschärfen menschlicher Denk-, Formulierungs- und Entscheidungsprozesse. Dabei ist ein Attribut (z.B. „niedrig", „mittel" oder „hoch") oder eine Relation (z.B. „wesentlich größer als" oder „erheblich risikoreicher als") als unscharf definiert, wenn die Menge der Elemente, auf die das Attribut oder die Relation zutrifft, nicht klar von der Menge der nichtzutreffenden Objekte abgrenzbar ist. Diese nicht eindeutig erfaßbaren Gesichtspunkte, deren Quantifizierung aufgrund der Strukturdefektheit, insbesondere der Bewertungsdefektheit der Planungssituation, nicht gelungen ist, werden als Imponderabilien bezeichnet.

Aufgabe 4

a) Reale Entscheidungssituationen sind häufig gleichzeitig durch Unsicherheit und Unschärfe geprägt, so daß es eines Instrumentes bedarf, welches in der Lage ist, alle Arten der Unsicherheit oder Unschärfe abzubilden. Mit der Fuzzy-Set-Theorie, d.h. der Theorie zur Beschreibung und Verknüpfung unscharfer Mengen, welche 1965 von ZADEH entwickelt wurde, steht ein solches Instrument zur Verfügung. Die Fuzzy-Set-Theorie stellt einen Weg dar, die unterschiedlichen Formen der Unschärfe sowie zufällige Unsicherheiten, die in metrischer oder nichtmetrischer Form vorliegen oder aufgrund widersprüchlicher Evidenz entstanden sind, nicht in Form zustandsspezifischer Punktschätzungen abzubilden, sondern die Mehrwertigkeit der Erwartungen bis in die Entscheidungsphase mit Hilfe von Zugehörigkeitsfunktionen fortzutragen. Die fehlende Präzision bzw. die bestehende Vagheit wird somit im Modellbildungsprozeß von vornherein explizit toleriert.

Anstelle der Dichotomie des CANTORschen Mengenbegriffs, bei dem eine Aussage entweder wahr oder falsch sein kann (*tertium non datur*) bzw. ein Element in einer Menge enthalten ist (Zugehörigkeitswert: *1*) oder nicht (Zugehörigkeitswert: *0*), wird in der Fuzzy-Set-Theorie mit Hilfe einer Zugehörigkeitsfunktion der Zugehörigkeitsgrad eines Elementes zu einer Menge betrachtet. Da die Übergänge der Zugehörigkeit fließend sind, wird diese Menge als *unscharfe Menge* bezeichnet. Eine unscharfe Aussage kann somit „ziemlich wahr" und gleichzeitig „etwas falsch" sein. Beispielsweise kann die Anlagenintensität gleichzeitig als „mittel" bzw. „gut" quantifiziert werden. Diese Sichtweise der Unschärfe basiert auf der Annahme, daß die vagen Begriffe „mittel" bzw. „gut" einen reellwertigen, jedoch nicht bestimmbaren Wert beschreiben.

Die Zugehörigkeitsfunktion eines *LR-Fuzzy-Intervalls* wird durch die Notation $\tilde{M} = (v^L, v^R, s^L, s^R)$ festgelegt. Die beiden Punkte m^L und m^R stellen den linken und den rechten Eckpunkt des Gipfelintervalls $[v^L, v^R]$ auf dem Zugehörigkeitsniveau eins dar. s^L und s^R geben die linke und die rechte Schwankungsbreite an. Wird $L(x) = R(x) = max\ \{0;1 - |x|\}$ als Referenzfunktion gewählt, so ergibt sich ein trapezförmiger Funktionsverlauf, bei dem der linke Punkt $(v^L - s^L) = v^U$ und der rechte Punkt $(v^R + s^R) = v^O$ die jeweiligen Intervallgrenzen auf dem Nullniveau darstellen. Im Unterschied zum Fuzzy-Intervall weist eine *LR-Fuzzy-Zahl* nur einen Gipfelpunkt auf, von dem die linke und die rechte Spreizung ausgehen.

$$\mu_{\tilde{M}}^{Int}(x) = \begin{cases} L\left(\left(v^L - x\right)/s^L\right) & \text{für } x \le v^L, s^L > 0 \\ 1 & \text{für } v^L \le x \le v^R \\ R\left(\left(x - v^R\right)/s^R\right) & \text{für } x \ge v^R, s^R > 0 \end{cases}$$

Die Fuzzy-Set-Theorie kann nicht nur als eine Verallgemeinerung der klassischen Mengenlehre, sondern auch als eine Verallgemeinerung der zweiwertigen (dualen) Logik verstanden werden, was durch den Begriff *Fuzzy-Logik* verdeutlicht wird. Der Unterschied zwischen Logik und Mengenlehre zeigt sich bei der Betrachtung der entsprechenden Operationen. Während bei Mengenoperationen die gesamten Mengen mit all ihren Elementen verknüpft werden (als Ergebnis wird wieder eine Menge generiert), findet bei logischen Operationen eine Verknüpfung von Eigenschaften eines betrachteten Objektes statt (als Ergebnis wird ein Element mit einer bestimmten Eigenschaft generiert). Zur kontinuierlichen Verknüpfung dieser Eigenschaften im Rahmen der Fuzzy-Set-Theorie wurden eine Reihe von Operatoren entwickelt. Diese lassen sich in die Klasse der t-Normen (Durchschnittsoperatoren), der t-Conormen (Vereinigungsoperatoren) und der kompensatorischen Operatoren unterteilen, wobei die t-Norm das logische UND, die t-Conorm das logische ODER und die kompensatorischen Operatoren einen Kompromiß zwischen logischem UND und logischem ODER abbilden.

b) Generell stellen *wissensbasierte Systeme* ein Softwaresystem dar, in das problemspezifisches Fachwissen explizit integriert und getrennt von allgemeinem Problemlösungswissen repräsentiert wird. Insofern beinhalten wissensbasierte Systeme sowohl eine Wissensbasis als auch eine Problemlösungskomponente.

Wissensbasierte Fuzzy-Systeme sind regelbasierte Systeme, in deren Wissensbasis qualitatives, unscharfes Wissen in Form linguistischer Variablen und unscharfer Produktionsregeln hinterlegt ist, so daß auch in der Problemlösungskomponente die tatsächliche Unschärfe adäquat berücksichtigt wird. Zudem ermöglichen wissensbasierte Fuzzy-Systeme die approximative Inferenz, welche dem menschlichen Schlußfolgerungsprozeß sehr nahe kommt, mit der Folge, daß im Gegensatz zu klassischen Expertensystemen bei sehr kleinen Veränderungen des Inputs auch nur sehr kleine Variationen des Outputs generiert werden.

Die grundlegende Struktur unscharfer Regelung unterscheidet sich nicht von der einer konventionellen Regelung. Die Bezeichnung „wissensbasiertes Fuzzy-System" im Sinne eines Fuzzy Controllers bezieht sich auf die Art und Weise, in der die Stellgrößen erzeugt werden. Grundsätzlich besteht der Algorithmus eines wissensbasierten Fuzzy-Systems aus den drei Komponenten *Fuzzyfizierung*, *Inferenz* und *Defuzzyfizierung*.

Bei der *Fuzzyfizierung* werden die scharfen Eingangswerte mit Hilfe von Zugehörigkeitsfunktionen, welche die möglichen unscharfen linguistischen Zustandsgrößen innerhalb des Systems repräsentieren, in Zugehörigkeitsgrade zu den jeweiligen unscharfen linguistischen Zustandsgrößen transformiert. Die Bildung von Fuzzy-Vektoren ist notwendig, weil zum einen das Reglerverhalten durch *Produktionsregeln* (*Wenn-Dann-Regeln*) determiniert wird und zum anderen die in der Regelbasis verwendeten Zustandsgrößen als Repräsentanten des menschlichen Expertenwissens in Form linguistischer Variablen vorliegen. Eine linguistische Variable ist dadurch gekennzeichnet, daß sie als Werte keine Zahlen oder Verteilungen, sondern sprachliche Konstrukte (sogenannte Terme) annimmt.

Um die Zugehörigkeitsgrade zu dem jeweils obersten Kriterium im Rahmen einer Fuzzy-Kriterienhierarchie ermitteln zu können, müssen zunächst die scharfen Input-Werte fuzzyfiziert, d.h. in Fuzzy-Vektoren transformiert werden. Die nachfolgenden Abbildungen stellen eine nach SCHEFFELS mögliche Struktur der Kriterienhierarchien „Vermögenslage", „Finanzlage" und „Ertragslage" dar.

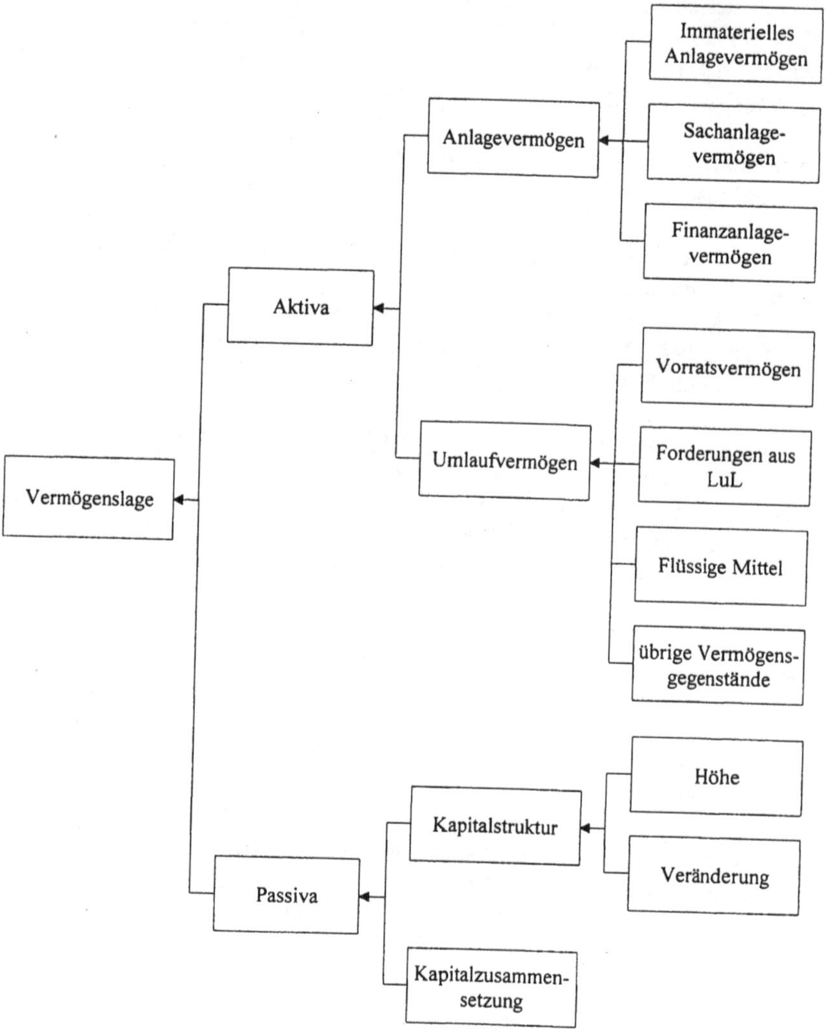

Abb. 49: Kriterienhierarchie „Vermögenslage"

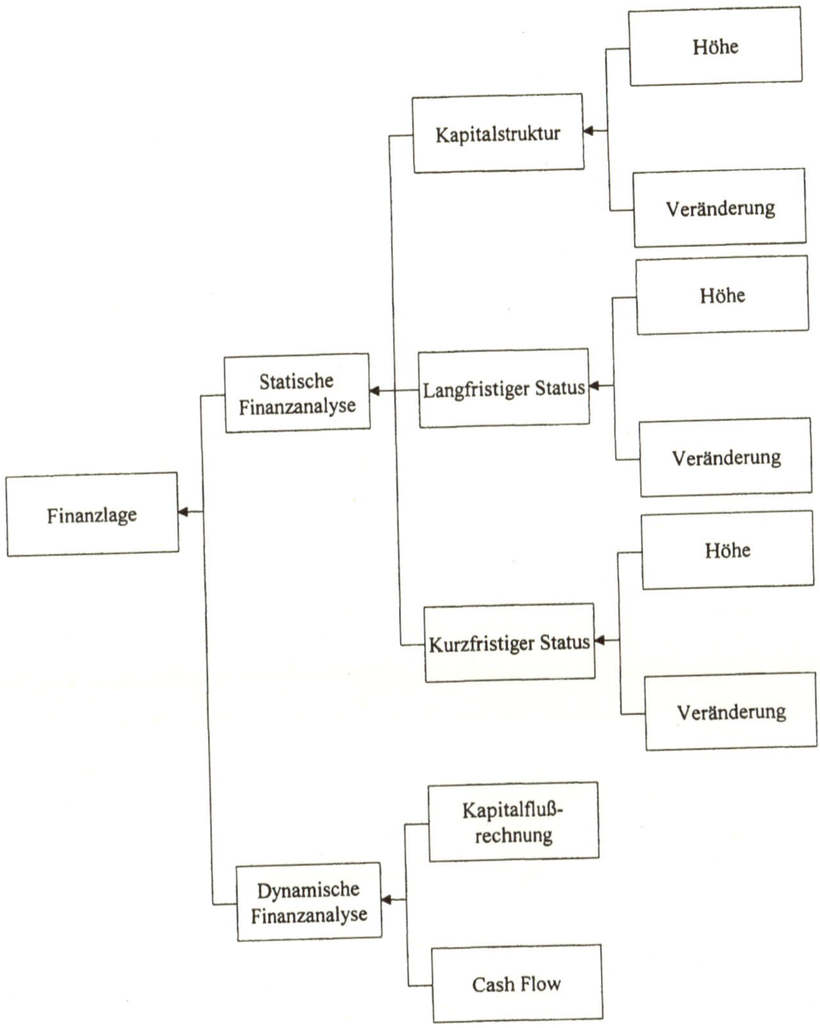

Abb. 50: Kriterienhierarchie „Finanzlage"

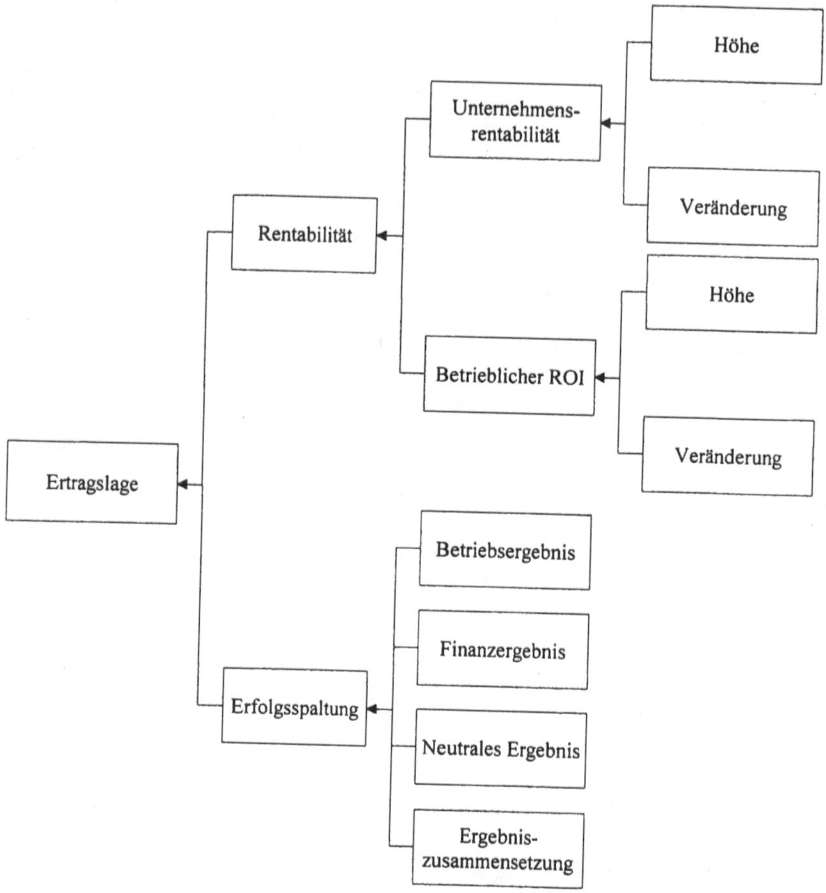

Abb. 51: Kriterienhierarchie „Ertragslage"

Die Analyse der Vermögenslage soll Auskunft über den bilanziellen „Wert" eines Unternehmens liefern, indem der Saldo der nach handelsrechtlichen Ansatz- und Bewertungsvorschriften ermittelten Vermögensgegenstände und Schulden bestimmt wird. Mit Hilfe der Finanzanalyse können dagegen Erkenntnisse darüber gewonnen werden, ob das Unternehmen künftig seinen Finanzmittelbedarf und seine Kapitalaufbringung so regeln kann, daß die Aufrechterhaltung des finanziellen Gleichgewichts sichergestellt ist. Die statische Finanzanalyse stellt eine bestandsorientierte Betrachtungsweise dar, bei der durch Gegenüberstellung interdependenter Aktiv- und Passivposten Erkenntnisse über die zukünftige finanzielle Situation des Unternehmens gewonnen werden kann. Demgegenüber stellt die dynamische Finanzanalyse auf Basis der Kapitalflußrechnung eine Zeitraumbetrachtung dar (vgl. Fallstudie „Finanzanalyse mit Hilfe der Kapitalflußrechnung"). Ferner wird unter der dynamischen

Finanzanalyse auch eine Cash-Flow-Analyse vorgenommen, um zu bestimmen, inwieweit eine Unternehmung überhaupt in der Lage ist einen möglichst hohen Cash Flow zu erwirtschaften. Hingegen wird die Ertragslage eines Unternehmens durch die Fähigkeit determiniert, in Zukunft Gewinne zu erwirtschaften. Während die Rentabilität das Verhältnis vom Periodenerfolg zum investierten Kapital abbildet, weist die Erfolgsspaltung den Unternehmenserfolg in unterschiedlichen Entstehungsbereichen aus. Die entsprechende Fuzzyfizierung der beispielhaften Istwerte ist der nachfolgenden Abbildung zu entnehmen.

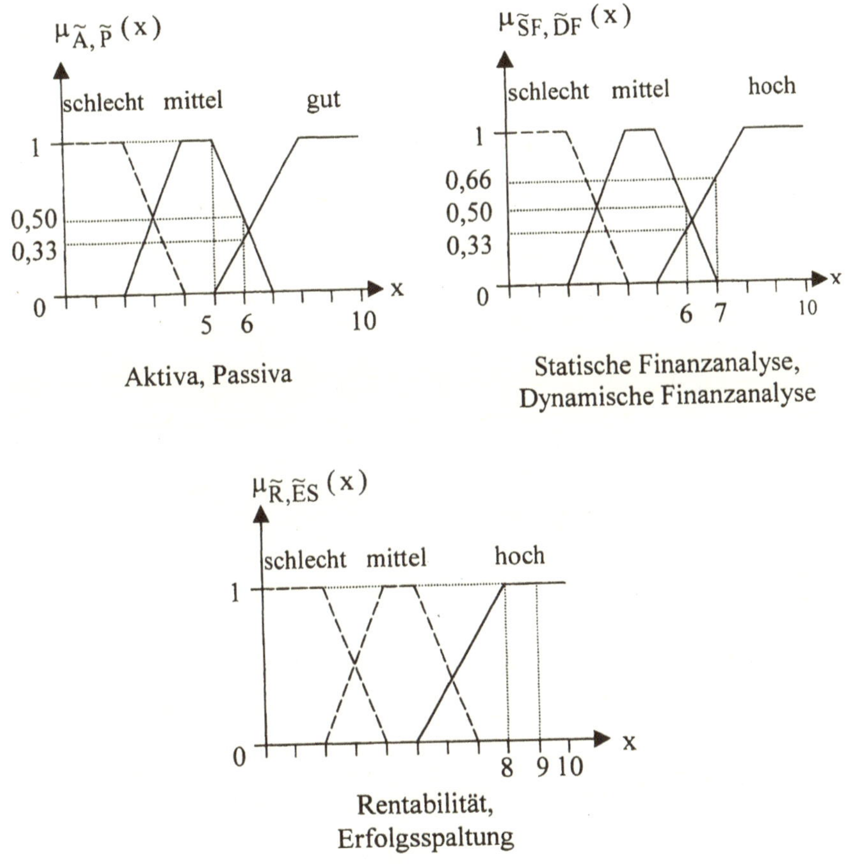

Abb. 52: Fuzzy-Vektoren für die linguistischen Variablen „Aktiva" bzw. „Passiva", „Statische Finanzanalyse" bzw. „Dynamische Finanzanalyse" und „Rentabilität" bzw. „Erfolgsspaltung"

Aus der Abbildung wird deutlich, daß beispielsweise den Passiva mit dem scharfen Input-Wert 5 der Zugehörigkeitsgrad 1 zum linguistischen Term „mittel" der linguistischen Variablen „Passiva" zugewiesen wird. Während hierbei die graduelle Zuordnung eindeutig ist, ist dies im Fall der „Aktiva" nicht mehr gegeben, da dem scharfen Input-Wert 6 sowohl eine graduelle Zugehörigkeit zum linguistischen Term „mittel" (Zugehörigkeitsgrad 0,5) als auch zum linguistischen Term „gut" (Zugehörigkeitsgrad 0,33) zugeordnet wird. Sprachlich könnte die Aktiva-Situation also mit „mehr gut als mittel" charakterisiert werden.

In der *Regelbasis*, dem Kern des Inferenzmechanismus, wird das Erfahrungswissen eines Experten üblicherweise in Produktionsregeln abgebildet. Voraussetzung hierfür ist, daß ein Experte beschreiben kann, wie sich der Regler für alle möglichen Ausprägungen der Zustandsgrößen verhalten soll, damit für jeden Zustand eine zulässige und eindeutige Stell- bzw. Entscheidungsgröße generiert wird.

Während der Bedingungsteil einer Produktionsregel mehrere Bedingungen umfassen kann, enthält die Konklusion genau eine Klausel:

Wenn *Bedingung 1* **und** *Bedingung 2*, **dann** *Schlußfolgerung*.

Die dargestellte Prämissenauswertung (Kompatibilitätsmaßermittlung), d.h. die reellwertige Wahrheitswertermittlung der Voraussetzung, erfolgt in der Regel durch eine UND-Verknüpfung der in den Prämissen enthaltenen Aussagen (UND-Operator). Kompensieren sich die einzelnen Bedingungen, so kann die Ermittlung des Kompatibilitätsmaßes auch durch einen kompensatorischen Operator erfolgen.

Vermögenslage						
Regel	WENN	Aktiva	&	Passiva	DANN	Vermögenslage
1.		niedrig		niedrig		mittel
2.		mittel		niedrig		gut
3.		hoch		niedrig		gut
4.		niedrig		mittel		schlecht
5.		mittel		mittel		mittel
6.		hoch		mittel		gut
7.		niedrig		hoch		schlecht
8.		mittel		hoch		schlecht
9.		hoch		hoch		mittel

Tab. 86: Produktionsregeln für die Regelbasis „Vermögenslage"

Regel	WENN	Finanzlage Statische Finanzanalyse	&	Dynamische Finanzanalyse	DANN	Finanzlage
1.		schlecht		schlecht		schlecht
2.		mittel		schlecht		schlecht
3.		gut		schlecht		mittel
4.		schlecht		mittel		schlecht
5.		mittel		mittel		mittel
6.		gut		mittel		gut
7.		schlecht		gut		mittel
8.		mittel		gut		gut
9.		gut		gut		gut

Tab. 87: Produktionsregeln für die Regelbasis „Finanzlage"

Regel	WENN	Ertragslage Rentabilität	&	Erfolgsspaltung	DANN	Ertragslage
1.		schlecht		schlecht		schlecht
2.		mittel		schlecht		schlecht
3.		gut		schlecht		mittel
4.		schlecht		mittel		schlecht
5.		mittel		mittel		mittel
6.		gut		mittel		gut
7.		schlecht		gut		mittel
8.		mittel		gut		gut
9.		gut		gut		gut

Tab. 88: Produktionsregeln für die Regelbasis „Ertragslage"

Um von den konkreten Zugehörigkeitsgraden der scharfen Input-Werte zu den linguistischen Eingangsgrößen auf die Zugehörigkeitsgrade zu den linguistischen Ausgangsgrößen schließen zu können, bedarf es eines *Inferenz*mechanismus.

In Erweiterung des klassischen *modus ponens* geht das *unscharfe Schließen* (Fuzzy Reasoning) davon aus, daß eine Schlußfolgerung nicht nur volle Gültigkeit bzw. Ungültigkeit aufweisen kann, sondern auch nur in dem Maße „wahr" ist (*modus tollens*), wie die entsprechenden Bedingungen der Regel wahr sind (Zwischenwerte). Zudem können – bedingt durch die Unschärfe der Entscheidungssituation (z.B. mangelnde Exklusionsbedingung) – innerhalb einer Regelmenge die Prämissenteile mehrerer Regeln teilweise erfüllt sein. Daher muß, im Gegensatz zu klassischen Expertensystemen, bei wissensbasierten Fuzzy-Systemen für die gesamte Regelmenge analysiert werden, welche Schlußfolgerungen welchen Erfüllungsgrad aufweisen.

Wenn *Bedingung 1* den linguistischen Term x $\left(\text{mit } \mu_{\tilde{B}I}(x) = \alpha_I\right)$ der linguistischen Variablen X

und *Bedingung 2* den linguistischen Term y $\left(\text{mit } \mu_{\tilde{B}II}(x) = \alpha_{II}\right)$ der linguistischen Variablen Y annimmt,

dann weist die *Schlußfolgerung* den linguistischen Term z $\left(\text{mit } \mu_Z = \alpha_z\right)$ der linguistischen Variablen Z auf.

Die Verknüpfung der Zugehörigkeitsgrade zu den linguistischen Termen der linguistischen Eingangsvariablen im jeweiligen Prämissenteil der Produktionsregeln hat laut Aufgabenstellung mit dem Gamma-Operator ohne Gewichtung zu erfolgen. Allgemein ist der kompensatorische Gamma-Operator wie folgt definiert:

$$\mu_{\tilde{C}}(x) = \left(\mu_{\tilde{A}}(x) \cdot \mu_{\tilde{B}}(x)\right)^{1-\gamma} \cdot \left(1 - \left(1 - \mu_{\tilde{A}}(x)\right) \cdot \left(1 - \mu_{\tilde{B}}(x)\right)\right)^{\gamma}$$

Der Kompensationsfaktor γ, (hier: $\gamma = 0{,}5$) hat das Ziel, den Informationsverlust, der bei ausschließlicher Betrachtung des Minimums (t-Normen) bzw. des Maximums (t-Conormen) entsteht, zu verringern. Werden die zuvor in der Abbildung ermittelten Zugehörigkeitsgrade (Fuzzyfizierung) in die vorangehenden Aggregationsvorschriften eingesetzt, ergeben sich folgende Konklusionen:

<u>*Vermögenslage*</u>

$$\mu_{\tilde{V}}^{\text{mittel}}(x) = (0{,}5 \cdot 1)^{0,5} \cdot (1 - (1 - 0{,}5) \cdot (1 - 1))^{0,5} \approx 0{,}71$$

$$\mu_{\tilde{V}}^{\text{gut}}(x) = (0{,}33 \cdot 1)^{0,5} \cdot (1 - (1 - 0{,}33) \cdot (1 - 1))^{0,5} \approx 0{,}57$$

<u>*Finanzlage*</u>

$$\mu_{\tilde{F}}^{\text{gut}}(x) = (0{,}66 \cdot 0{,}5)^{0,5} \cdot (1 - (1 - 0{,}66) \cdot (1 - 0{,}5))^{0,5} \approx 0{,}52$$

$$\mu_{\tilde{F}}^{\text{gut}}(x) = (0{,}66 \cdot 0{,}33)^{0,5} \cdot (1 - (1 - 0{,}66) \cdot (1 - 0{,}33))^{0,5} \approx 0{,}41$$

<u>*Ertragslage*</u>

$$\mu_{\tilde{E}}^{\text{hoch}}(x) = (1 \cdot 1)^{0,5} \cdot (1 - (1 - 1) \cdot (1 - 1))^{0,5} = 1$$

Die Ergebnisgenerierung sei exemplarisch für die Vermögenslage näher erläutert.

Da der scharfe Input-Wert für die Aktiva sowohl eine Zugehörigkeit zum linguistischen Term „mittel“ als auch zum linguistischen Term „gut“ der linguistischen Variable „Aktiva“ aufweist und der scharfe Input-Wert für die Passiva ausschließlich eine vollständige Zugehörigkeit zum linguistischen Term „mittel“ der linguistischen Variable „Passiva“ repräsentiert, sind von den neun Produktionsregeln lediglich die Regeln fünf und sechs relevant (aktiv). Insofern ergibt sich auf Basis der Produktionsregeln in Abhängigkeit von der Prämissenkombination entweder eine „mittlere“ oder „gute“ „Vermögenslage“. Die konkreten Zugehörigkeitswerte zu den beiden linguistischen Termen der linguistischen Ausgangsvariable „Vermögenslage“ ergeben sich durch die mathematische Verknüpfung der Zugehörigkeitswerte zu den linguistischen Termen der Eingangsvariablen mit Hilfe des Gamma-Operators.

Nachdem die Teilergebnisse sämtlicher Regeln ermittelt sind, werden im nächsten Schritt die Einzelergebnisse durch die Bildung der Gesamtfläche akkumuliert (*Inferenz)*. Ziel des Inferenzmechanismus ist es zu klären, welchen Einfluß die Merkmalsausprägung mit ihren entsprechenden Erfüllungsgraden auf die Gesamtbeurteilung der Konklusionserfüllung hat. Um diesen Einfluß zu quantifizieren und zu visualisieren, werden die Erfülltheitsgrade der Regelbedingungen mit den Zugehörigkeitsfunktionen der Konklusionsausprägungen verknüpft.

In der Literatur werden für den Vorgang der Verknüpfung vornehmlich das *Max-Prod-* und das *Max-Min-Verfahren* diskutiert. Grundsätzlich erfolgt bei beiden Verfahren die Ermittlung des Einflusses jeder einzelnen Merkmalsausprägung der Schlußfolgerung auf die Gesamtbeurteilung der Schlußfolgerung durch eine Reduzierung der Membership Functions aller linguistischen Terme in Abhängigkeit von den jeweiligen Inferenzteilergebnissen.

Bei der Max-Prod-Inferenz werden die Zugehörigkeitsfunktionen der konklusierten linguistischen Terme der linguistischen Ausgangsvariablen mit dem ermittelten maximalen Zugehörigkeitsgrad multipliziert. Im Gegensatz dazu schneidet die Max-Min-Inferenz die Teilflächen der linguistischen Terme der linguistischen Ausgangsvariablen in Höhe der Zugehörigkeitswerte der Vorbedingungen ab. In beiden Fällen stellen die generierten Flächen das unscharfe Regelungsergebnis dar.

Da im Fall der Finanzlage die beiden aktiven Regeln der neun Regeln umfassenden Regelbasis zur gleichen linguistischen Bewertung, hier „hoch“, aber zu unterschiedlichen Ausprägungen innerhalb dieser Bewertungsklasse gelangen, ist zu bestimmen, welcher Erfüllungsgrad und damit welche Schlußfolgerung eindeutig zur Lösung des konkreten Entscheidungsproblems heranzuziehen ist. Hierbei ist es unzureichend, nur die Lösung mit dem höchsten Erfüllungsgrad (Degree of Fulfillment, DOF) zu berücksichtigen, da zum einen Regelwissen unterschlagen wird und zum anderen die

Gewichtung der einzelnen Bewertung ein falsches Bild widerspiegelt. Die Addition der Erfüllungsgrade gleicher linguistischer Ausprägungen ist nicht sinnvoll, da bei mehrfachem Auftreten der gleichen Information der Grenznutzen des Informationszuwachses abnehmend ist. Andernfalls würden zwei Regeln, die zu drei Viertel das Urteil „mittel“ schlußfolgern lassen, einen höheren Zugehörigkeitswert erzielen als eine voll zutreffende Regel. Dieser Wert ist jedoch nicht mehr sinnvoll interpretierbar. Um die dargestellten Probleme zu relaxieren, erfolgt die Bestimmung des DOF-Wertes mit Hilfe der algebraischen Summe.

$$DOF_{Gesamtbeurteilung} = [1 - \Pi\,(1 - DOF_{Regel\ i})]$$

Für die „Vermögenslage“ ergibt sich, basierend auf den Zugehörigkeitsgraden 0,52 und 0,41 zum Term „gut“, der Wert $DOF_{gut} = [1 - (1 - 0{,}52) \cdot (1 - 0{,}41)] \approx 0{,}72$.

Nach der Ermittlung der Zugehörigkeitswerte zu den linguistischen Termen der linguistischen Variablen „Vermögenslage“, „Finanzlage“ und „Ertragslage“ kann auf Basis dieser Zugehörigkeitsgrade gegebenenfalls die integrierende Kennzahl „Wirtschaftliche Unternehmenslage“ ermittelt werden. Dafür sind zunächst wieder Produktionsregeln aufzustellen. Die nachfolgende Tabelle enthält beispielhaft sinnvolle Produktionsregeln auf Basis des kombinatorischen Kantenproblem-Gesichtspunktes zur Generierung der Kennzahl „Wirtschaftliche Unternehmenslage“ .

gut			mittel			schlecht		
$\tilde{V}$	$\tilde{F}$	$\tilde{E}$	$\tilde{V}$	$\tilde{F}$	$\tilde{E}$	$\tilde{V}$	$\tilde{F}$	$\tilde{E}$
gut	gut	gut	mittel	schlecht	gut	schlecht	gut	schlecht
gut	mittel	gut	gut	schlecht	mittel	gut	schlecht	schlecht
gut	gut	mittel	mittel	gut	schlecht	schlecht	schlecht	gut
mittel	gut	gut	gut	mittel	schlecht	mittel	schlecht	mittel
gut	gut	schlecht	schlecht	gut	mittel	mittel	mittel	schlecht
gut	schlecht	gut	schlecht	mittel	gut	schlecht	mittel	mittel
schlecht	gut	gut	mittel	mittel	mittel	mittel	schlecht	schlecht
gut	mittel	mittel				schlecht	mittel	schlecht
mittel	gut	mittel				schlecht	schlecht	mittel
mittel	mittel	gut				schlecht	schlecht	schlecht

Tab. 89: Produktionsregeln auf Basis des gelösten kombinatorischen Kantenproblems

Da im vorliegenden Fall die „Ertragslage“ und die „Finanzlage“ als „gut“ sowie die „Vermögenslage“ zu einem gewissen Grad als „mittel“ und gleichzeitig „gut“ eingestuft wird, ist die „Wirtschaftliche Unternehmenslage“ grundsätzlich als gut zu interpretieren. Mit Hilfe des Gamma-Operators ohne Gewichtung und der algebraischen Summe ergibt sich gerundet ein Zugehörigkeitsgrad zur Interpretation „gut" von:

$$\mu_{\tilde{g}ut}(x) = (0{,}71 \cdot 0{,}72 \cdot 1)^{0{,}5} \cdot (1-(1-0{,}71)\cdot(1-0{,}72)\cdot(1-1))^{0{,}5} \approx 0{,}72$$

$$\mu_{\tilde{g}ut}(x) = (0{,}57 \cdot 0{,}72 \cdot 1)^{0{,}5} \cdot (1-(1-0{,}57)\cdot(1-0{,}72)\cdot(1-1))^{0{,}5} \approx 0{,}64$$

$$DOF_{gut} = [1-(1-0{,}72)\cdot(1-0{,}64)] \approx 0{,}90$$

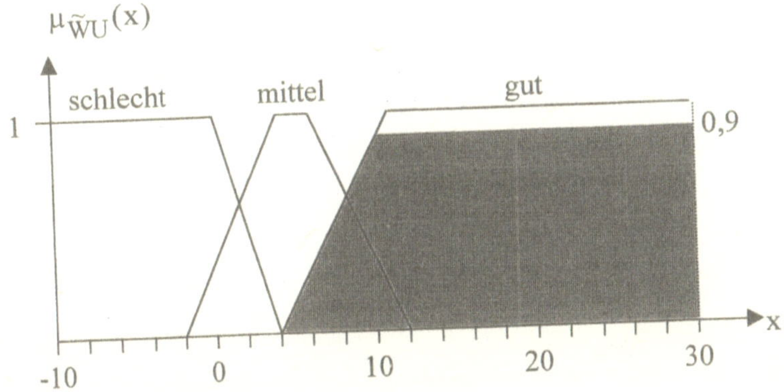

Abb. 53: Unscharfe „Wirtschaftliche Unternehmenslage"

Bei Verwendung der Max-Min-Inferenz werden, wie bereits erläutert, die Teilflächen der linguistischen Terme der linguistischen Ausgangsvariablen – hier „gut" – in Höhe der Zugehörigkeitswerte der Konklusionen abgeschnitten.

Anschließend wird im Rahmen der Defuzzyfizierung das unscharfe Inferenzergebnis in eine scharfe Ausgangsgröße transformiert. Ziel dabei ist es, die in der Ausgangs-Fuzzy-Menge enthaltenen Informationen möglichst inhaltserhaltend zu komprimieren. Die häufigsten Vorgehensweisen der Rücktransformation sind das *Flächenschwerpunktverfahren* (Center-of-Area-Methode, CoA-Methode) und die *Maximum-Methode* (Mean-of-Maximum-Methode, MoM-Methode).

Der Flächenschwerpunkt (x_S) des unscharfen Inferenzergebnisses berechnet sich nach der Formel

$$x_s = \frac{\int_a^b x \cdot \mu_{Out}(x)\,dx}{\int_a^b \mu_{Out}(x)\,dx},$$

wobei $\mu_{Out}(x)$ die Zugehörigkeitsfunktion der Ausgangs-Fuzzy-Menge in den Grenzen a und b darstellt. Für das Beispiel gilt näherungsweise:

$$x_s = \frac{\int_4^{10,28} x \cdot (0{,}1433x - 0{,}5732)\,dx + \int_{10,28}^{30} x \cdot 0{,}9\,dx}{\int_4^{10,28} (0{,}1433x - 0{,}5732)\,dx + \int_{10,28}^{30} 0{,}9\,dx}$$

$$= \frac{\left[0{,}0477x^3 - 0{,}2866x^2\right]_4^{10,28} + \left[0{,}45x^2\right]_{10,28}^{30}}{\left[0{,}0716x^2 - 0{,}5732x\right]_4^{10,28} + \left[0{,}9x\right]_{10,28}^{30}}$$

$$= \frac{\left[0{,}0477 \cdot 10{,}28^3 - 0{,}2866 \cdot 10{,}28^2\right] - \left[0{,}0477 \cdot 4^3 - 0{,}2866 \cdot 4^2\right]}{\left[0{,}0716 \cdot 10{,}28^2 - 0{,}5732 \cdot 10{,}28\right] - \left[0{,}0716 \cdot 4^2 - 0{,}5732 \cdot 4\right]}$$

$$+ \frac{\left[0{,}45 \cdot 30^2\right] - \left[0{,}45 \cdot 10{,}28^2\right]}{\left[0{,}9 \cdot 30\right] - \left[0{,}9 \cdot 10{,}28\right]} = \frac{380{,}5134}{20{,}5692} = 18{,}4992$$

Der hohe Zugehörigkeitswert zur Beurteilung „gut“ und der im Beispiel gleichzeitig hohe Stellwert von x_s = 18,5 verdeutlichen, daß die wirtschaftliche Situation in der dargestellten Situation eindeutig mit „gut“ zu bezeichnen ist.

Literaturhinweise

HERING, TH.: Investitionstheorie aus der Sicht des Zinses, Wiesbaden 1995.

KEUPER, F.: Fuzzy-PPS-Systeme – Einsatzmöglichkeiten und Erfolgspotentiale der Theorie unscharfer Mengen, Wiesbaden 1999.

ROMMELFANGER, H.: Fuzzy Decision Support-Systeme – Entscheiden bei Unschärfe, 2. Auflage, Berlin/Heidelberg/New York 1994.

SCHEFFELS, R.: Fuzzy-Logik in der Jahresabschlußprüfung – Entwicklung eines wissensbasierten Systems zur Analyse der Vermögens-, Finanz- und Ertragslage, Wiesbaden 1996.

ZADEH, L.A.: Fuzzy Sets, in: Information and Control, 1965, Vol. 8, S. 338–353.

ZADEH, L.A.: Fuzzy Sets and Systems, in: Proceedings of the Symposium on System Theory, Polytechnic Institute of Brooklyn, New York 1965, S. 29–37.

ZAEH, PH.E.: Entscheidungsunterstützung in der risikoorientierten Abschlußprüfung – Prozeßorientierte Modelle zur EDV-technischen Quantifizierung der Komponenten des Prüfungsrisikos unter besonderer Würdigung der Fuzzy-Logic, Landsberg/Lech 1998.

ZIMMERMANN, H.-J.: Fuzzy Sets, Decision Making and Expert Systems, Boston/Dortrecht/London 1987.

„Die ‚Fima-Bande' feiert"
PROMOVERE
FIMA
CAPM
BÖRSE
AKTIEN
FUZZY
PORTFOLIO
YEN
DM
1999

Stichwortverzeichnis

Z

www.ingramcontent.com/pod-product-compliance
Lightning Source LLC
LaVergne TN
LVHW042233300926
849161LV00003B/339